U0529102

教育部人文社会科学研究青年基金项目"培养学生公民意识的学校生活建构研究"(11YJC880158)成果

公民意识与学校生活建构

Citizenship Consciousness and
Construction of School Life

张夫伟 张红艳 著

中国社会科学出版社

图书在版编目（CIP）数据

公民意识与学校生活建构/张夫伟，张红艳著．—北京：中国社会科学出版社，2015.10

ISBN 978-7-5161-7073-1

Ⅰ.①公… Ⅱ.①张…②张… Ⅲ.①中小学－公民教育－研究－中国 Ⅳ.①G631.7

中国版本图书馆 CIP 数据核字（2015）第 268343 号

出版人	赵剑英
责任编辑	任　明
特约编辑	纪　宏
责任校对	邓雨婷
责任印制	何　艳

出　　版	中国社会科学出版社
社　　址	北京鼓楼西大街甲 158 号
邮　　编	100720
网　　址	http://www.csspw.cn
发 行 部	010-84083685
门 市 部	010-84029450
经　　销	新华书店及其他书店

印刷装订	北京市兴怀印刷厂
版　　次	2015 年 10 月第 1 版
印　　次	2015 年 10 月第 1 次印刷

开　　本	710×1000　1/16
印　　张	13.75
插　　页	2
字　　数	233 千字
定　　价	58.00 元

凡购买中国社会科学出版社图书，如有质量问题请与本社营销中心联系调换
电话：010-84083683
版权所有　侵权必究

导　言

一　问题的提出

20世纪90年代以后，公民问题在西方学术界迅速成为一门显学，并从哲学、文化学、政治学和历史学等视角加以探讨。一系列重大社会政治问题，如贫穷、民族认同、女性问题、生态问题，似乎都可以在有关公民的问题域中加以解释和分析。大多数学者都把焦点放在公民的资格（包括地位、身份和权利）问题上，也有学者关注现代公民角色问题。在此背景下，公民教育备受社会关注。

国外（主要指欧美国家）受其文化传统和教育范式的影响，公民教育研究大都以人性解放为根本诉求，反对奴役人性、培养盲从臣民的教育观念和教育行为，注重公民在民主社会中权利和责任的统一、公民自由和公民美德的统一，具有强烈的批判性和鲜明的时代感。具体来说，有关公民教育，包括公民意识教育的研究主要从以下维度展开：（1）重读和重释古希腊、古罗马时期公民思想及公民教育思想，尤其是亚里士多德的公民观及教育思想；（2）在继承洛克、卢梭和杜威等近现代思想家关于公民思想和教育遗产的基础上，重视学校在形成公民意识、推动民主进程中所起的作用；（3）自由主义、社群主义、共和主义、多元文化主义、女性主义、生态主义、后现代主义以及全球化视野下的公民观与公民教育思想的探讨。

就国内研究而言，自20世纪90年代中后期以来，尤其是中共十七大以来，有关公民意识问题的研究与讨论达到了空前高涨的程度，成为我国学术研究的一大热点，几乎渗透到政治学、社会学、哲学、文化学、历史学、教育学等人文社会科学所有相关的研究领域，形成了独特的公民意识话语。梳理近年来学者们关于公民意识教育的研究，我们可以发现既有研究主要集中在公民意识的概念、公民意识教育的内涵和意义、公民教育与学校德育的关系、国外尤其是欧美发达国家公民意识教育经验介绍等方面，并且在这些方面取得了较丰富的研究成果，为后续研究的深入开展提供了一定的基础。比较有代表性的研究成果有檀传宝主编的《公民教育引论：国际经验、历史变迁与中国公民教育的选择》，蓝维、高峰等的《公民教育：理论、历史与实践探索》，刘铁芳的《公共生活与公民教育：学校公民教育的哲学探究》。但已有研究尚存在以下有待改进和加强的地方：（1）中小学公民意识培养研究相对滞后。公民意识教育是一个庞大的体系，需要多方的共同努力，其中，学校的力量不可或缺且尤为重要。但现有研究更多是从社会和宏观角度来加以探讨的，关于中小学开展公民意识教育的特殊性研究相当薄弱。就学校层面而言，中小学和大学无疑都肩负着培养公民的使命。而相对于大学而言，中小学阶段是公民意识培养的奠基阶段，地位更加重要，关于此方面的研究亟待加强。（2）学校公民意识教育实践性探索相对薄弱。既有研究侧重于概念、范畴等学理层面的探讨，缺乏对学校生活视阈中公民意识培养的实践策略的深入、细化研究，在一定程度上影响了我国学生公民意识的形成及公民教育的实践进程。（3）中小学公民意识教育的本土化研究相对欠缺。欧美发达国家公民教育起步较早，发展时间较长，形成了较为丰富宝贵的发展经验。因此，介绍欧美发达国家公民教育的发展历程和成功经验成为已有研究的重点之一。但更重要的是，公民意识教育研究理应立足我国国情，扎根我国教育实际，探寻和建构适合我国特色的公民意识教育发展方略和实践路径。

每个国家的发展不能避免全球化、信息化、民主化的影响，中国也是如此。公民意识的养成直接影响着国家民主政治的进程、市场经济的完善和公民社会的建立。如何培养公民意识、如何使人与社会制度之间形成良性互动以深化和促进民主发展是当代相关研究关注的主题。在此时代境遇中，中西方学校教育如何提高学生的公民意识和公民素养，为社会造就合格公民成为教育研究不得不思考、不得不面对、不得不解决的问题。受国外公民教育研究实践化和具体化的倾向的影响，我国公民教育今后的研究重心和研究取向自然会朝着实践化和具体化的方向着力，并且中小学成为不容忽视、不可或缺的重要力量。

事实上，公民意识和公民教育问题早就引起了党和政府的高度重视，相继出台和颁布了一系列文件和政策，为公民意识教育提供了强有力的政策支持。1995 年，原国家教委颁布的《中学德育大纲》规定中学德育工作的基本任务是"把全体学生培养成为热爱社会主义祖国的具有社会公德、文明行为习惯的遵纪守法的公民"。2002年，中共中央颁发的《公民道德建设实施纲要》提出"爱国守法、明理诚信、团结友善、勤俭自强、敬业奉献"的公民道德规范。2007年，中共十七大报告提出"加强公民意识教育，树立社会主义民主法治、自由平等、公平正义理念"，这为学校开展公民意识教育提供了明晰的政策导向。《国家中长期教育改革和发展规划纲要》（2010—2020年）再次强调："加强公民意识教育，树立社会主义民主法治、自由平等、公平正义之理念，培养社会主义合格公民"，更是为公民意识教育提供了强有力的政策支撑，也为学校发展提出了新要求与新挑战。

《中共中央关于全面深化改革若干重大问题的决定》旗帜鲜明地指出：改革开放是党在新的时代条件下带领全国各族人民进行的新的伟大革命，是当代中国最鲜明的特色。全面深化改革的总目标是完善和发展中国特色社会主义制度，推进国家治理体系和治理能力现代化。必须更加注重改革的系统性、整体性、协同性，加快发展社会主义市场经济、民主政治、先进文化、和谐社会、生态文明，让一切劳动、知识、技术、管理、资本的活力竞相迸发，让一切创造社会财富的源泉充分涌流，让发展成果更多、更公平地惠及全体人民。推进这一伟大事业，一方面要建立健全相关的体制、机制，即加强制度建设；另一方面要下功夫着力提高国民的公民意识和公民素养，正如李慎之先生早在1997年11月2日的《改革》杂志的座谈会上所言："千差距、万差距，缺乏公民意识，是中国与先进国家最大的差距。"因此，大力开展公民教育以提高和增强公民意识是摆在我们面前的一道无法回避且不容回避的重大课题。

公民教育是一项系统复杂的社会工程，需要全社会的参与和努力。而学校教育无疑是公民意识教育不可或缺的重要一维，毕竟中小学时期是公民意识启蒙和培育的关键时期。一旦错过这一关键时期，对公民意识培养势必造成无法弥补的损失。而公民教育已经成为当代教育的主题和主旨，甚至有的学者认为公民教育其实是全部教育工作的终极目标，全部教育的终极目标是培养现代民主与法治社会的合格公民。[①] 因此，如何立足中小

---

① 檀传宝主编：《公民教育引论：国际经验、历史变迁与中国公民教育的选择》，人民出版社2011年版，第188页。

学生身心发展的特点开展公民教育，以促进中小学生公民意识的养成自然成为当前学校教育的根本任务。中山大学袁伟时教授在《改革：2014·教育·思潮变迁·传统文化——答新浪网王芳》一文中指出："教育改革的核心，是把培养有自由思想、独立人格的现代公民放到第一位。"现代教育的任务就是要教育公民继承和发展文明，必要的条件是学术自由、思想自由。国内自由学者傅国涌在祝贺袁伟时先生80岁生日时的发言强调："没有公民教育的教育体系本身就是不完整的教育，因为某种意义上说，教育，尤其中小学基础教育，要提供给人的常识教育，是公民教育，是做人教育，是教一个人成为社会的公民，而不是教一个人成为天才。因为教育要提供的是底线教育，而不是高端的教育、成为天才的教育、成为科学家的教育，中小学不可能设定这样一个目标，大学的目标也不是为培养爱因斯坦而设定的。在一个常态社会，教育要提供给人的首先是常识教育、公民教育，如果缺乏健全的常识教育、公民教育，你就是把数理化学得最好又能如何？今天我们的教育迫切需要解决这一问题。"①

经由上述分析可见，置身全面深刻社会转型的时代境遇，为社会造就合格公民成为学校教育不得不思考、不得不面对、不得不解决的问题。但沿用旧有的学校教育理念、教育目标、教育内容、教育方法、教师素养，是无力担负培养中小学生公民意识的历史重任的。事实上，不仅不能担负，相反会在很大程度上制约或阻隔公民教育的实践开展，从而无法切实有效地促进学生公民意识的养成与公民人格的完善。这就需要用现代公民文化与现代教育理念来批判性反思和探索性重构学校生活。如何合理定位学校生活在公民意识培养中的价值？如何直面当前学校公民教育的实践困境？学校教育到底要培养什么样的公民，到底要培养哪些公民意识？要培养学生的现代公民意识，学校教育要持守什么价值立场，遵循什么基本原则，又有哪些实践路径？……这些问题都是学校公民教育必须直面和思考的基础性亦是根本性问题，也是本研究要着力探讨和解决的问题。当然，对于这些问题的思考，既需要学理的深入分析与全面把握，更需要实践的现实观照与可行性探究；既需要追溯历史，正本清源，又需要直面现实，回应现代社会的时代诉求；既需要放眼国际公民教育发展态势和未来走向，又需要扎根本土，探寻适合我国国情的培养中小学生公民意识的学校

---

① 傅国涌：《公民教科书和公民教育》（http://www.aisixiang.com/data/39111.html）。

生活发展样态与实践路径。

二 基本结构

全书除导论、附录和参考文献外，共包括七个部分。

第一章从历史和现实的维度对公民和公民意识加以界定。公民概念是动态的，不同时代的公民概念打上了时代烙印。把握现代公民内涵要注意四个方面：公民是政治、法律和道德身份的结合体；民族国家是界定公民的基本坐标；权利和义务的统一是公民的核心；公民身份的平等性。尽管对公民意识内涵界定有分歧，但大多数研究皆强调公民意识是公民对自身公民角色及其所承载的权利和义务的认知，体现了个体与共同体的多维关系。自由主义、共和主义、社群主义和世界公民主义等理论间的自我辩护、自由对话、相互博弈和交互汲取，共同描绘了公民意识的现代图景。现代公民意识的内容构成可从个体、个体与社会和国家、超国家的维度加以架构。

第二章则从理论和实践层面论证了公民意识培养是学校教育理应担负的时代使命，但又遭遇严重生存困境。现代公民应当具有与国家经济、政治、文化、社会发展相适应的公民意识。社会主义市场经济的完善、民主政治化的进程、法治社会的建立和公民社会的良序运作都需要国民具有现代公民意识。改造社会，必须从改造学校教育开始。公民教育已经成为现代学校教育义不容辞的根本使命。任何轻视学校教育在公民意识培养中重要地位的观点都是错误的。并且，中小学教育对于公民意识的养成起着奠基性作用。反观现实，学校公民教育情况堪忧，主要表现为：学校教育目标的偏失、学校民主精神的缺失、教师公民教育素养的欠缺，这从根本上阻隔了公民教育的有效开展。

第三章提出了学校培养学生公民意识的价值取向和基本原则，起承上启下的作用。为了每一个学生的成长、着眼国际与扎根本土的结合、统一性与多样性的结合、理论探寻与实践关怀的结合是当代学校公民教育持守的基本价值取向。而后主要从目标、内容、对象、过程、实践策略和参与主体的角度论证了基于公民、全面系统、学生公民身份的特殊性、注重适切性、公民知识与公民生活的结合以及学校、家庭与社会的结合等原则。

第四、第五、第六章分别从知识教学、学生参与和教师等不同维度论证了公民意识培养的实践路径和具体策略。

第四章从知识教学的视角切入公民意识培养。通过公民知识的学习来养成学生的公民意识是不可或缺的重要途径，且可以体现对公民教育的重视。根据当前我国社会发展和公民意识的现实状况，应重点加强主体意识教育、权利意识教育、责任意识教育、公德意识教育和法治意识教育。在明晰公民教学的实践逻辑是自由选择与价值引导的建构的前提下，批判性考察了灌输式教学，并强调宣传是另一种形式的灌输，必须彻底摒弃灌输式的教育观念和教育模式。公民教学方式的现代建构应该合理有效运用对话性教学、批判性教学和合作性教学，这是促进中小学生公民意识养成的必然要求。

第五章从学生参与视角切入公民意识培养。参与式公民教育具有重要的教育价值，是发展民主政治的必然要求，是维护个体权益的重要途径，是提高公民教育成效的根本保障。学校作为公共生活场域，持守践行学生自治、创设公共空间、遵循民主精神的基本立场，为学生提供良好的公民生活平台和机会。而后依据空间范围从小到大的顺序，依次从班级、学校和社会三个层面构建全面合理的公民生活体系。

第六章从教师的视角切入公民意识培养。教师必须革新教育理念，恪守教师职业道德规范，用自由、民主、公正的现代公民精神来规约自己的教育教学工作，自觉成为公民教育实践的倡导者和推动者。而这需要教师具备良好的公民教育素养，主要包括公民知识、公民教学能力和公民教育品性。改变教师公民教育素养比较薄弱的现状也绝非易事，亦非朝夕之功，需要多方面的共同努力。至少教师教育、学校和教师个人三方的努力是尤为必要的。

结语指出学校培养学生的公民意识可谓是步履维艰。学校教育作为推动社会变革的有机力量和关键因素，需要在对好教育和好学校的探寻和坚守中积极探索和扎实推进方能实现其价值诉求和目标承诺。

三 研究思路与方法

本书遵循理论研究与实证研究相结合的原则，旨在通过理论梳理、问卷调查、访谈和比较，分析中小学生公民意识的现状以及学校开展公民意识教育的必要性，合理借鉴欧美国家中小学开展公民意识教育的成功经验，并以此为基础创设和优化学校生活，旨在为我国中小学生公民意识的发展打造良好的环境和平台。

具体研究思路为：

文献综述。收集、梳理和整合国内外关于中小学生公民意识培养的研究成果，确立公民意识的含义，梳理公民意识的历史镜像和现代构成，学校生活与民主政治的关系，并撰写研究综述。

分析与调研。以刚入学大一新生为调研对象，全面了解中小学生公民意识的现状以及学校开展公民意识教育的现状，而后从理念和实践层面理性分析学校生活在促进学生公民意识培养方面存在的困境与危机。

借鉴与建构。分析国外尤其是欧美国家中小学公民意识教育的成功经验，并立足我国的基本国情，寻求建构我国中小学生公民意识教育的可能路径。

批判与思考。批判性审视在全球化和社会转型的时代背景下，学校教育如何直面公民教育的实践困境，并在剖析困境之症结的基础上思考破解之道，从而为帮助中小学生成为具有民主法治、自由平等、公平正义理念和社会责任感的合格公民提供学理支持。

理论与实践相结合。立足当前中小学生公民意识的现状，既注重理论诠释、观点梳理和体系建构，更注重于为学校开展公民意识教育提供行之有效的可操作性建议，以切实促进和推动公民教育的健康发展。

运用的研究方法主要有：

文献法。在广泛深入阅读政治哲学、教育学研究领域关于公民、公民意识及公民教育的相关成果的基础上进行批判性分析、合理性借鉴与创新性推进。

问卷调查法。以刚入学的大学一年级学生为调研对象，以整体随机取样的方式发放调查问卷380份，回收有效问卷377份。问卷共设计43道题目，重点考察学生公民意识现状和中小学公民教育实践情况。

访谈法。采取半结构式的深度访谈，通过面谈或QQ访问小学和中学校长各1名，中小学教师10多名，深入了解学校公民教育实践开展的现实状况。

案例法。通过让大学一年级学生反思自己的中小学生活，叙述和撰写自己求学过程中的教育故事，从而为本研究收集整理了一些教育案例作为研究素材，增强了研究的具体性、真实性和鲜活性。

比较法。立足我国当前社会发展的新形势和中小学生公民意识的现状，合理借鉴欧美国家公民教育的成功经验，做到国内外教育资源优势互补，探寻适合我国国情的，有利于公民意识培养的学校生活建构的路径与策略。

目 录

第一章 理解公民意识 (1)
  第一节 公民的实质 (1)
    一 公民的历史演变 (1)
    二 公民的内涵 (5)
  第二节 公民意识的实质 (8)
    一 公民意识的内涵 (8)
    二 公民意识的理论分野 (10)
    三 现代公民意识的多维解读 (14)

第二章 公民意识培养：学校教育的价值承载与实践困境 (24)
  第一节 当代社会境遇要求培养新公民 (24)
    一 社会主义市场经济的完善需要公民意识的养成 (25)
    二 民主政治化进程需要公民意识的养成 (26)
    三 法治社会的建立需要公民意识的养成 (28)
    四 公民社会的良序运作需要公民意识的养成 (29)
  第二节 公民意识培养与学校教育的价值担当 (32)
    一 公民教育：教育的根本使命 (32)
    二 两种观点的澄清 (35)
  第三节 公民意识培养的学校教育现实困境 (40)
    一 学校教育目标的偏失 (41)
    二 学校民主精神的缺失 (45)
    三 教师公民教育素养的欠缺 (49)

第三章 公民意识培养的价值取向与基本原则 (54)
第一节 学校公民教育的价值取向 (54)
一 为了每一个学生的成长 (54)
二 着眼国际与扎根本土的结合 (55)
三 统一性与多样性的结合 (58)
四 理论探寻与实践关怀的结合 (59)

第二节 学校公民教育的基本原则 (60)
一 基于公民 (60)
二 全面系统 (62)
三 学生公民身份的特殊性 (64)
四 注重适切性 (66)
五 公民知识与公民生活的结合 (68)
六 学校、家庭与社会的结合 (69)

第四章 公民意识培养的知识教学之维 (72)
第一节 把公民意识加入课程 (73)
一 公民意识加入课程的必要性 (73)
二 公民意识加入课程的路径 (74)
三 我国公民课程的历史沿革 (79)

第二节 公民意识教学的重点内容 (81)
一 主体意识教育 (81)
二 权利意识教育 (82)
三 责任意识教育 (83)
四 公德意识教育 (84)
五 法治意识教育 (85)

第三节 公民意识教学的实践策略 (87)
一 公民教学的实践逻辑：自由选择与价值引导的建构 (87)
二 灌输式教学的批判性考察 (89)
三 公民教学方式的现代路径建构 (93)

第五章 公民意识培养的学生参与之维 (110)
第一节 参与式公民教育的价值 (110)
  一 参与式公民教育是发展民主政治的必然要求 (110)
  二 参与式公民教育是维护个体权益的重要途径 (111)
  三 参与式公民教育是提高公民教育成效的根本保障 (112)
第二节 参与式公民教育的立场 (114)
  一 提倡学生自治 (114)
  二 创设公共空间 (116)
  三 践行民主精神 (118)
第三节 参与式公民教育的路径 (121)
  一 班级生活的参与式建构 (121)
  二 学校管理生活的参与式建构 (132)
  三 社会公共生活的参与式建构 (143)

第六章 公民意识培养的教师之维 (152)
第一节 教师开展公民教育的价值自觉 (152)
第二节 教师公民教育素养的内容架构 (157)
  一 公民知识 (157)
  二 公民教育能力 (158)
  三 公民教育品性 (162)
第三节 教师公民教育素养的提升路径 (171)
  一 教师教育要突出公民意识培养 (172)
  二 学校为教师赋权增能 (172)
  三 教师自觉提升公民教育素养 (174)

结语 学校公民教育：坚守中前行 (178)

参考文献 (184)

附录一 学生问卷调查 (191)

附录二　教师访谈提纲 ………………………………………（195）

附录三　中国公民的基本权利和义务 …………………………（196）

附录四　《教育部关于培育和践行社会主义核心价值观进一步
　　　　加强中小学德育工作的意见》 ………………………（199）

后记 …………………………………………………………………（204）

第一章

理解公民意识

探讨公民意识培养与学校生活建构,一个根本的前提性问题就是如何理解公民与公民意识。对公民及公民意识概念的正确理解是公民教育理论和实践建构的基石和逻辑起点。只有在正确把握公民与公民意识内涵的前提下,才能够合理、深入地探究学校教育要培育学生哪些公民意识,为什么要培育这些公民意识,以及如何培育公民意识。

第一节 公民的实质

对公民的理解是理解公民意识的前提和基础。对公民认识的差异自然会导致对公民意识认识的差异,即不同的公民观自然会导致不同的公民意识观。因此,在诠释公民意识之前,理解公民就成为不可或缺的了。

一 公民的历史演变

公民这一概念自古希腊产生以来,在其漫长的历史发展过程中,对其认识是不断变化的。并且,不同历史时期和社会发展阶段的公民概念自然会打上时代的印记。

公民一词最早用于古希腊,并为古罗马所沿用,这是哲学、史学、法学、政治学和教育学研究者的共识。英国学者特纳通过对公民词源学的考察,认为公民一词最早源于古代"civitas",罗马时期演变为"civitatus",意指城邦的治理者。在古希腊,公民是指在法律上享有特权的一小部分自由民。妇女、奴隶和居住在希腊的外邦人是不能成为公民的。在亚里士多德看来,唯一能体现公民身份的就是城邦,"凡有权参加议事或审判职能的人,我们就可以说他是那一城邦的公民",而城邦就是"为了要维持自给生活而具有足够人数的一个公民集团"①。公民脱离城邦便不能称其为公民,参与城邦公共事务是公民身份的根本条件。即是说,并不是所有的人都可以成为公民,只有那些参与公共事务的人才是公民。无论是在雅典,还是在斯巴达,公民都代表着特权,是少部分人的事情。只有公民才能进入城邦,参与政治生活。

相较于古希腊的公民身份模式,罗马模式更为复杂,更有弹性,也更具有法律意味。西塞罗强调希腊人赋予法律以公民概念,罗马则赋予法律以选择概念。在罗马帝国时期,外邦人、奴隶等在一定程度上可以不受外在身份限制,自由选择成为罗马的公民。相较于古希腊时期对公民的界定,罗马公民身份开启了在法律面前人人平等的先河,并形成一种制度。罗马公民身份授予专门的权利,通过权利来界定其政治和立法能力,并把这些权利具体化。正式的公民身份包括六种特权。其中,四种是公共权利:服兵役、集会中选举、参与公共职务的资格、行动和申诉的合法权利。另外两种是婚姻资格和交易资格。到公元前1世纪,公民身份已经逐渐扩展到整个帝国的民众。当然,这种罗马公民身份的平等也只是相对而言的,究其实质还是不平等的。比如,作为帝国成员的奴隶依然受制于主人的权力,不能获得自由发展。罗马在授予同盟者和外邦人公民资格时,是根据其与罗马的亲疏远近而定,而非一视同仁地赋予罗马的全体公民。

中世纪,古希腊和罗马帝国形成的公民传统被尘封。所有社会成员成为某一王朝君主的臣民,都得臣服于具有生杀予夺大权的绝对君主,失去了人身自由和人格独立,更不要说政治参与权了。中世纪的法国人可以说是某一王朝的一个臣民,却不能说是法国的公民。中世纪的公民既失去了古希腊罗马时期参与公共事务的权利,也没有现代公民所享有的个体自由。公民转化为臣民,反映不平等关系的臣民概念取代了反映平等关系的古代公民概念。

在12、13世纪期间,新的公民意识在意大利的一些城市得到了发展。同时代的重要制度与社会组织,比如,政府、大学、银行和贸易公司促进了公民意识的成长。另外,文艺复兴时期诸多人文主义学者对古典文化的研究,也对公民意识的复苏产生了不可低估的重要影响。在促进公民意识发展和社会结构变革的过程中,商人起着关键性作用。而在政治上,这些

---

① [古希腊]亚里士多德:《政治学》,吴寿彭译,商务印书馆1965年版,第110页。

商人就是公民。正如有研究者指出："商人为新的城市文明提供驱动力和物质基础。公民的地位给商人的唯物主义赋予价值，并最终从理论上证明来自于自治史的大众参与和代议制政治的合理性。在这样的情境下，公民商人成为中世纪社会具有很高能力的、真正的、潜在的人物。"①

现代公民身份的基本主张以下列假设为基础，即现代意义上的公民出现必须具备一系列结构性和文化性前提：城市文化、世俗化、宗派主义价值的衰落、公民领域理念的出现、宗派主义义务的瓦解和民族—国家管理框架的形成。所以，在英国学者布莱恩·特纳看来，尽管公民身份概念自古希腊政治文化形成以来，一直是西方政治思想的关键领域，但究其本质，公民是一个现代概念。

当代有关公民身份的理念起源于法国大革命及以后。一般认为，现代公民身份的建立以1789年法国大革命的出现作为分水岭。1789年以前，法国的社会成员资格是由臣民、等级、支配等传统观念决定的。作为这种成员资格决定性因素的主权掌握在国王一人手里，他通过宣称自己代表了上帝在人间的统治来树立自己的权威。大革命的核心观念之一是提倡一种崭新的公民身份观念：强调公民必须具有普遍、平等的地位。法国革命者用公民一词象征平等的社会现实，以打破贵族政治的等级差别。作为法国大革命纲领的《人权和公民权宣言》庄严宣布：人人生而自由平等，并始终如此；财产权神圣不可侵犯。这就从根本上否定了旧时代的王权、皇权和特权，人权和法治成为新社会秩序的奠基石。法国大革命所宣扬的自由、平等、博爱的理念很快传播到其他地方。美国的《独立宣言》就强调下面这些真理是不言而喻的：人人生而平等，造物者赋予他们若干不可剥夺的权利，其中包括生命权、自由权和追求幸福的权利。

经过近代资产阶级革命以后，现代公民身份已经完全超越了其最初的内涵，具有了"自由""平等"的意蕴和特质。同时，民族国家与公民绑定在一起，成为界定公民的唯一标尺。到1800年，英国、法国和美国，公民与民族国家成为同一枚硬币的两面。当任何属于国家的个人都具备成为公民的资格，即国籍成为公民资格唯一条件的时候，公民作为个人同特定国家或政治实体间的法律上的联系，已不仅仅是少数人的特权，而逐渐

---

① [英]彼得·雷森伯格：《西方公民身份传统——从柏拉图至卢梭》，郭台辉译，吉林出版集团有限责任公司2009年版，第147—148页。

走向全体社会成员。所有公民在法律面前人人平等，平等地享受国家法律规定的各项权利，平等地服兵役和缴税，履行对国家的义务。

英国学者T. H. 马歇尔对现代公民身份的诠释被奉为经典。在《公民身份与社会阶级》一书中，他将公民身份看作由公民的要素、政治的要素和社会的要素所组成。公民的要素由个人自由所必需的权利组成：包括人身自由、言论自由、思想和信仰自由，拥有财产和订立有效契约的权利以及司法权利。政治的要素指公民作为政治实体的成员或这个实体的选举者，参与行使政治权力的权利。社会的要素指从享有某种程度的经济福利与安全到充分享有社会遗产并依据社会通行标准享受文明生活的权利等一系列权利。三种要素表明了公民身份包含的三种权利：公民权利、政治权利和社会权利。在马歇尔看来，三种权利分别对应于不同的发展时期和保障机构，尽管它们之间存在重叠。其中，公民权利主要发展于18世纪，与之对应的机构是法院；政治权利主要发展于19世纪，与之对应的机构是国会和地方议会；社会权利主要发展于20世纪，与之对应的机构体现为教育体制和社会公共服务体系。

20世纪后半叶，主要受到后现代主义和全球化的影响，以及一系列重大社会问题的出现，如移民问题、原住民问题、难民问题、生态危机问题，都客观上要求重构公民，拓展理解和讨论公民权的思维方式和研究视野。"不仅公民的权利和义务被重新定义，而且，就连成为一个公民意味着什么以及什么样的个体和群体能够拥有这些权利和义务也成为探讨的问题。换言之，表示公民权的三个基本轴线，即外延（包容和排斥的法则与规范）、内涵（权利和责任）和深度（强或弱），都经过了重新定义和改造。"[①] 一些研究者从女性主义、生态主义、后殖民主义、多元文化主义等角度展开研究，提出了各种公民概念，包括性别公民、生态公民、多元文化公民、世界公民。尤其是全球化在很大程度上消解了现代公民赖以存在的合法性依据——民族国家，从而对现代公民身份的基本界定与基本观点形成挑战。全球化意味着经济、政治、文化交流活动跨越了民族国家的界限，从而对迄今为止仍然是界定社会成员资格的国家边界造成了持续的挑战。并且，随着更密切的金融与贸易交流、更高效快捷的通信手段、

---

① ［英］恩斯·伊辛、布雷恩·特纳：《公民权研究：导论》，载［英］恩斯·伊辛、布雷恩·特纳编《公民权研究手册》，王小章译，浙江人民出版社2007年版，第2页。

日益增多的跨国公司，这种态势会进一步加强。有学者指出："如果公民身份所处理的是个人与共同体之间的相互依赖关系的话，我们必须承认，全球化已经改变了这种相互依赖关系的本质和核心。"① 全球化模糊或弱化了界定公民身份的重要的物理和心理边界——民族国家，由此导致了亚国家公民、超国家公民的出现。

二 公民的内涵

时至今日，世界各国都不断运用公民和公民身份的概念，使其成为日常政治的核心话语。舒克指出当代学术研究领域和教育实践领域对"公民"一词的使用非常宽泛，"差不多将它当作了一个空的容器，使用者们可以随意往里灌注他们自己的社会和政治理念"②。事实上，早在古希腊时期，亚里士多德就宣称："公民身份的本质是一个常常引起争议的问题，至今没有一个大家公认的定义。"美国政治学家朱迪思·史珂拉如是说："没有什么概念像'公民身份'那样居于政治的核心地位，也没有哪个概念像公民身份概念那样在历史上那么富于变化、在理论上那么充满争议。"③

美国学者罗格斯·M. 史密斯梳理了公民的四种含义：第一种是从公民最原初的意义加以界定的，指一个拥有参与人民自我治理过程的政治权利的人。这些政治权利包括投票的权利，担任选择产生的或任命的公共职务的权利，在各种不同的陪审团中担任陪审员的权利，以及作为平等的社群成员参与政治辩论的权利。第二种是从法律的角度加以界定的，这是现代世界的通常做法，公民是指那些在法律上被承认为某个特定的、具有正式独立主权的政治共同体之成员的人们。第三种是指那些归属于几乎是任何人类结合体的人们，不管是政治共同体还是其他群体。我可以被称为是我的邻里群体的公民，或健身俱乐部的公民，或我的大学的公民，当然也可以称为是更大的政治共同体的公民。这种用法并不完全是现代的。第四

---

① ［美］基思·福克斯：《公民身份》，郭忠华译，吉林出版集团有限责任公司2009年版，第44页。

② ［英］彼特·H. 舒克：《自由主义公民权》，载［英］恩斯·伊辛、布雷恩·特纳编《公民权研究手册》，王小章译，浙江人民出版社2007年版，第177页。

③ Judith Shklar, *American Citizenship*. Cambridge, Mass: Harvard University Press, 1991, p. 1.

种是公民不仅仅意指着某个群体中的成员资格，还意指某种适当行为的标准。①

托马斯·雅诺斯基认为公民是个人在一民族国家中，在特定平等水平上，具有一定普遍性权利与义务的被动及主动的成员身份。具体来说，把握这个概念要明确以下四个方面：公民身份确定为一民族国家的成员身份；公民身份包含着主动的和被动的权利与义务；公民权利是已载入法律而且供所有公民行使的普遍的权利，而不是非正式的、未载入法律的或仅供特殊群体行使的权利；公民身份是平等的表述，其权利与义务在一定限度之内保持平衡。②

国内学者龚群教授强调公民是现代社会生活的最基本单元。他在梳理亚里士多德公民内涵以及与臣民概念加以比较的基础上，认为公民就是一个有着参与国家政治活动权利同时也能够参与的行为个体，公民也是一个有着相应义务的行为个体。它的权利与义务得到法律的界定。因此，公民身份是一种政治身份、法律身份。③

檀传宝教授强调公民概念既具有历史特殊性和文化特殊性，又具有普适性。关于概念的普适性，界定公民身份核心的要素应该包括以下方面：在公民身份的目标上，公民身份首先是对公民个人自由与权利的确认，还应该是对这一权利的确保；在公民身份的形式上，公民不仅是法律的而且是道德的；在公民身份的边界上，除了国民意义的公民身份之外，还应包括次国家意义上的社区公民和超国家意义上的世界公民。在公民身份的形成方面，应该将重点放到适切的公民教育概念的建设上去。④

蓝维教授主要从法学的角度加以界定，是指具有本国国籍，并依据宪法或法律的规定，享受权利和承担义务的人。主要包括如下含义：公民是自然人个人的一种身份或资格；公民概念揭示了公民之间的平等关系；公民在享受权利的同时也承担相应的义务；公民作为一个法律概念，是与国

---

① [英]罗格斯·M.史密斯：《现代公民权》，载[英]恩斯·伊辛、布雷恩·特纳编《公民权研究手册》，王小章译，浙江人民出版社2007年版，第142—143页。

② [英]托马斯·雅诺斯基：《公民与文明社会》，柯雄译，辽宁教育出版社2000年版，第11—13页。

③ 龚群：《公民与公民教育》，《光明日报》2013年12月7日第11版。

④ 檀传宝主编：《论"公民"概念的特殊性与普适性——兼论公民教育概念的基本内涵》，《教育研究》2010年第5期。

家的法律制度和民主制度紧密相连的。①

综合分析国内外学者关于公民的界定，本书对公民内涵的界定包括以下方面。

第一，公民是政治、法律和道德身份的结合体。从政治角度来说，公民体现了个体与共同体的关系，是一个有权且有能力参与国家政治生活的个体。从法律角度来说，公民是享有法律规定的权利和义务的主体。从道德角度来说，公民是拥有公民美德与公民品行的主体，"公民不同于封建君主的臣民（vassal）、领主的农奴（serf）或君权神授的帝王的臣民（subject），区别首先在于公民具有道德的自律性，能履行较高级的道德行为，因而就能以理想的公民形式塑造'好的公民'"②。

第二，民族国家是界定公民的基本坐标。公民的概念虽然已经从狭义的政治、法律意义上的概念发展成为一个广义的概念，融入了经济的、文化的、道德的乃至生态的内容，并且全球化时代的来临侵蚀或动摇着民族国家的边界。但与此同时，"民族国家在当今时代实际上变得更加重要。因为没有其他什么体系能够像民族国家那样具有赋权的权威。……民族国家在当今世界仍然掌握着大部分合法权力"③。国家构成了公民的首要环境。公民权利和责任主要是在国家层面上得到落实的，享有国家规定的各项权利并履行对国家的各项义务。

第三，权利和义务的统一是公民的核心。公民身份是对公民与国家二者关系的一种规定。"不管民族和种族如何，确保每一个公民都能获得权利和履行义务是维持社会团结的关键。公民身份不论在什么样的条件下运作，都必然包含着权利和义务的组合。"④ 即是说，国家与公民之间是互惠共生关系。公民个体通过获取公民身份而享有真正的权利，国家在保障和维护公民的基本权利的同时，要求公民对共同体发展担负一定的义务。

---

① 蓝维、高峰等：《公民教育：理论、历史与实践探索》，人民出版社2007年版，第9—10页。

② ［英］德里克·希特：《公民身份——世界史、政治学与教育学中的公民理想》，郭台辉、余慧元译，吉林出版集团有限责任公司2010年版，第259页。

③ 郭忠华：《民族国家理论的悖论性发展——安东尼·吉登斯访谈》，《社会科学报》2010年1月21日第3版。

④ ［美］基思·福克斯：《公民身份》，郭忠华译，吉林出版集团有限责任公司2009年版，第45页。

正如国内学者龚群所言：在现代国家的意义上，凡是在一国疆界之内属于这一民族国家的或出生于此的自然人，或全体社会成员，都是该国的公民，政府有义务保护所有公民的生命、财产与自由权，公民同样有维护他们国家尊严的义务。① 一个现代民主国家应该坚持公民权利和义务的结合。

第四，公民身份和地位的平等性。公民身份现代转换的根本特征就是抛弃了公民身份的特权性质，任何个体不论出身、财富、种族、性别，在法律面前人人平等，不存在传统等级社会的高低贵贱之分，不存在某个公民隶属于另一个公民的情况。每个公民皆平等地拥有神圣不可侵犯的自然权利，都具有自主独立的人格，都享有法律规定的各项权利。

第二节　公民意识的实质

一　公民意识的内涵

无论对公民意识进行形而上的研究，还是进行形而下的研究，都需要以公民意识的内涵为逻辑起点。在此意义上，公民意识概念既是公民意识研究的运动方式，又是公民意识研究的分析工具。对于公民意识内涵的不同厘定，不仅赋予公民意识不同的含义，而且成为不同场域公民意识培养的有机力量，因为公民意识概念在本质上是一种对实践性意义的折射和聚集。

究竟如何界定公民意识以揭示其本质规定性，一些学者从政治学、法学、伦理学、心理学等不同的学科角度提出各种不同的解释，形成了公民意识本质解读的多元化图景。

从政治学角度而言，比如台湾学者张秀雄认为公民意识是指当公民要思考身为政治人、社会人的地位与角色时，就个体对公民地位以及由这种地位所决定的思想观念、态度和行为准则的认识。② 蓝维认为公民意识是人们在社会、政治上的自我意识，是公民对社会中的自身以及自我与社会

---

① 龚群：《公民与公民教育》，《光明日报》2013年12月7日第11版。
② 张秀雄：《审议民主与公民意识》，《学术研究》2008年第8期。

关系的自觉与自律。① 朱学勤认为公民意识是近代宪政的产物，包括两方面含义：当民众直接面对政府权力运作时，它是民众对于这一权力公共性质的认可及监督；当民众侧身面对公共领域时，它是对公共利益的自身维护和积极参与。②

从法学角度而言，比如黄稻提出现代意义上的公民意识，指公民个体从公民的法律资格、法律地位出发，对个人同国家、社会和其他公民相互间的法律关系，即对公民法定的权利义务关系，以及对法制原则等的知识、认识、观念和心理活动的总和。③

从伦理学角度而言，比如金生鈜强调公民身份是透过个人在公共生活中的理性、德性之言行而创造的道德身份，蕴含着按照公共价值而行动的伦理精神，是在政治共同体中共同合作、营造良序社会、促进公共福祉的主体身份。公民意识其实是在社会良好的公共生活和公共秩序中养成的公民品质，这种品质就是公民个人的道德。④

不同学者基于不同的价值立场和理论预设，对公民意识的界定，在很大程度上拓宽和加深了人们对公民意识内涵的认识，为我们正确认识和把握公民意识的实质提供了坚实的基础和有益的启迪。若对已有观点加以认真分析，我们便不难发现尽管学者们对公民意识的表述不同，但究其实质，却没有根本的差异。大多数研究者都是基于公民与国家之间的关系，强调公民意识是公民对自身公民角色及其所承载的权利和义务的认知，体现了个体与共同体的多维关系。在综合分析相关学者对于公民意识内涵界定的基础上，我们对公民意识做出如下界定：公民意识是公民对自身公民角色及其所承载的权利和义务的认知，主要包括公民对待自我、个人与他人、个人与社会、个人与国家之间的道德观念、价值取向、行为规范等的自觉认知。

---

① 蓝维、高峰等：《公民教育：理论、历史与实践探索》，人民出版社2007年版，第415页。

② 朱学勤：《书斋里的革命：朱学勤文选》，长春出版社1999年版，第363页。

③ 黄稻：《社会主义公民意识》，辽宁教育出版社1989年版，第15页。

④ 金生鈜：《公民的伦理身份及其养成》，《北京大学教育评论》2014年第2期；金生鈜：《论公民道德教育》，《职教通讯》2002年第3期。

二 公民意识的理论分野

公民意识包括哪些内容,其核心特质是什么,人们基于不同的价值立场和价值旨趣,形成了不同的公民理论流派和基本观点。一般来说,影响比较大的有共和主义、自由主义和社群主义的公民理论,另外,世界公民理论则顺应全球化发展的趋势,跳出民族国家的分析框架和模式,强调世界公民和全球意识,成为当代公民理论的重要一维。而如果从历史变迁即历时性的角度加以考察,共和主义的公民意识观在近代社会以前占据主导性位置。自近代社会以来,尤其是法国大革命以后,自由主义的公民意识观则逐步占据主导性位置。社群主义的公民意识观是在批判新自由主义公民意识观的基础上,对共和主义公民传统的一种复归。世界公民理论则是对自近代以来国家视阈和坐标系内公民意识立场的一种批判和超越。

共和主义是西方政治思想文化中历史最悠久的一种政治文化,其发端可以追溯到古希腊的斯巴达和雅典。自19世纪中叶以后便逐渐式微,逐步被自由主义所取代。到了20世纪70年代中期以后,共和主义思想逐渐复兴,共和主义的公民思想再次引起人们的高度关注。整个共和主义传统的理论前提是:公民认识和理解他们的责任是什么,同时还具有完成这些责任的道德义务。如果公民没有完成其担负的责任,他就很难配得上公民的称号。[①] 在共和主义看来,公民是一个公共共同体的一名成员,因此公民自然担负对共同体的责任。一旦停止了履行作为公民应尽的责任,那么公民的身份也就随之终止。共和主义认为即使是最明智的宪政安排也不足以防范来自共和国内部的和外部的威胁。共和国并不会自动运转,除了良好的政制之外,它的有效运转依赖于公民美德。"公民美德不仅是共和国自由和安全得以保障的重要因素,宪政得以顺利运行的必要条件,而且是增进公共利益的内在动力和抵制公民腐化的一剂良药。"[②] 共和主义强调的公民美德主要有爱国、奉献、勇气、审慎、辩论、参与等。其中,参与是最重要的美德。自亚里士多德以来,参与就是公民美德的核心品质。政治参与不仅是为自由服务的工具,而且也是人们对自身本质负责的一种方

---

① [英]德里克·希特:《何谓公民身份》,郭忠华译,吉林出版集团有限责任公司2007年版,第64页。

② 张昌林:《公民美德与共和——共和主义的视角及其启示》,《华中科技大学学报》(社会科学版)2010年第5期。

式。在参与政治生活中，一个人获得了真正的自由，成为真正的主体和命运的主宰。在亚里士多德看来，真正的公民必定在于参与行政统治，公民的德性就在于既能出色地统治，又能体面地受治于人。在卢梭看来，只有通过参与，才能形成公益和维护公益。阿伦特则主张参与是人的责任，是展现人性卓越、追求公民良善生活的必需，"不享有公共幸福就不能说是幸福的；不体验公共自由就不能说是自由的；不参与和分享公共权力就不能说是幸福或自由的"①。

　　自17世纪以来，自由主义逐渐在西方政治意识形态中占据主导地位。在自由主义传统中，公民身份主要被看作一系列个人的权利。自由主义之所以强调权利并将其放在优先和根本的位置，在于它的立场根本上是个人主义的，要维护和保障的是个体的权益。自由主义将人理解为独立自主，拥有反思意识和价值意识，并有自己人生计划的个体，然后从个体的视角，追问怎样的政治秩序才能合理地保障和促进人的根本利益。自由主义既反对国家全能，也反对市场万能，它关注的中心议题是：什么样的制度安排可以让平等自主的公民个体公平地活在一起，并且能够自由选择有价值有尊严的生活方式。无论是古典自由主义者还是新自由主义者皆强调必须保留某些基本权利，国家在任何情况下都不得侵犯这些权利。洛克确立一套天赋而不可取消的个人权利，用于限制社会的职权，并把这些权利当作防止对私人自由和财产进行干预的屏障。密尔的代表性著作《论自由》则旨在划清个人与社会之间的权力界限，强调个人的行为只要不涉及他人的利害，就不应该受到限制。只有当个体的行为危害到他人的利益，社会才能对个体施加强制性力量。罗尔斯强调正义是社会制度的首要德性，并在坚持个体权利优先这一基本立场的基础上提出了正义原则。自由主义持消极公民观，强调个体权利的优先性，政府存在的价值就是保护个体的权利，主张通过制度建设来治理国家。可见，自由主义与共和主义对公民德性的要求存在根本差异。虽然不同自由主义者强调的公民德性有所区别，但强调自立、宽容、公开讨论和理性对话、不同价值主张者之间的相互尊敬、自我批判和反省能力则没有争议。希特强调自由主义德性的本质特征，如果从积极方面来说，突出表现为三个方面：节制、宽容和理性说服。就节制而言，就是不要太张狂，不要走极端，它们容易滋生偏执。就

---

① ［美］汉娜·阿伦特：《论革命》，陈周旺译，译林出版社2011年版，第238页。

宽容而言，无论是作为个体的公民还是作为某团体的公民，虽然存在差异，但同样都是公民，应当彼此尊重。为此，需要重视移情的培养。就理性说服而言，任何社会都不可避免地存在不一致和张力，自由主义德性希望通过理性说服的方式而非强制的方式缓解或解决这些差异。①

社群主义主要汲取了共和主义关于社群和参与的思想，在批判以罗尔斯为代表的新自由主义的过程中发展起来的。20世纪70年代以来，西方社会面临着生存困境，科学技术的高度发展以及对个体自由的宣扬，并没有导向更有趣、更有价值的生活方式，即不仅未能更好地展现人性的巨大可能性，反而在很大程度上限制了人生活的可能性，使生活变得贫瘠和狭窄，人也逐渐沦为物的工具。麦金太尔认为现代道德和现代社会的危机恰恰在于人类传统德性根基的丧失导致了客观的、非个人的道德标准的丧失。个体价值标准的绝对自主导致了相对主义的泛滥，也割裂了个体与社群之间的联系，消解了社群中的共同价值、规范和利益。在此社会背景下，社群主义者开始检讨和批判自由主义理论的不足，重提以社群为基础的道德生活的重要性，强调公共利益，并且主张公共利益的建立不只是在正式的政治生活中，而应当扩展到人类生活的各个方面。强调共同体或社群的公共利益和公共善是所有社群主义者的根本观点，个体的自由选择能力及各种个人权利都要依托于社群。"社群主义的所有思维理路集中表现在对社群的赞扬上，在他们看来，这是一种理想的人类聚集形式，它有助于促进相互合作、相互关爱和彼此公平，也有助于抵制现代政治体系存在的非人性化势力（dehumanizing weight）。"② 在社群主义者看来，以罗尔斯为代表的新自由主义把正义作为人类社会的首要善，轻视公民美德对于民主制度的价值，是不合理的。社群主义者转而认为有一定水准的公民品德和公共精神对于民主政治来说是重要而独立的要素。社群主义强调的公民美德主要有忠信、诚实、奉献、友谊、博爱、忍耐、审慎、明智、勇敢、公正、正直、仁慈、纯洁、爱国。而贯穿这些美德的主线是公共善或社群的公共利益。从根本上来说，社群主义反对自由主义的个人主义立场，反对自由主义对公民身份的权利解释。在社群主义看来，自由主义固

---

① ［英］德里克·希特：《何谓公民身份》，郭忠华译，吉林出版集团有限责任公司2007年版，第31页。

② 同上书，第79页。

然看到了个体权利的重要性，但也在很大程度上导致了社群、责任、归属感等价值的失落，而理解人的行为的唯一途径是把个人置于社会、文化和历史的背景之中。为此，必须赋予责任以应有的位置，实现权利与责任之间的平衡。

世界主义公民思想历史悠久，最早可以追溯到古希腊时期，只是关于此方面的论述远不如国家或城邦范围内的公民论述。亚里士多德之后，国家共同体视野中的公民及公民教育成为人们关注和研讨的重心。在文艺复兴和启蒙运动时期，世界公民的理念得以复兴。康德、伏尔泰、富兰克林、潘恩、爱默生、梭罗等人皆倡导世界公民的观念。20世纪两次惨绝人寰的世界大战，核武器的威胁，生态环境的恶化，以及全球化趋势的加强，都要求培养具有全球视野和世界主义精神的世界公民。全球化的发展在很大程度上冲击和销蚀着现代公民身份的物理边界和心理边界，仅仅将公民身份限定在民族国家的视野内变得愈发不符合实际。在英国学者奥斯勒和斯塔基看来，世界公民身份建立在人类同胞无论身处何地都团结一致的情感基础之上，扩大了公民身份的视阈，批评对公民身份进行一种狭隘和排他性的界定。世界公民身份并不否认民族国家的合法性和重要性，只不过它首先强调的是普世价值，是全人类的共同利益。"世界主义是颂扬人类多样性的一种世界观。这种世界观认可所有人在尊严和权利方面一律平等，世界各地的人们都享有被认可和受尊重的平等权利。世界公民身份是公民思考、感觉和行动的一种方式，世界公民的行动在当地、国家和全球层面上进行。"[1] 世界公民从根本上把自己看作一个基于人类共同价值观的世界社区里的公民，认为其他国家的公民和他们自己一样有着相同的人性，并在认同人类共同价值观而不是某个国家核心价值观的基础上形成世界公民意识。世界各地的人，无论是白种人，还是黑种人；无论是亚洲人，还是欧洲人；无论是发达国家的人，还是发展中国家的人，所有的人在尊严和权利方面一律平等，世界各地的人们都享有《联合国宪章》和《世界人权宣言》所规定的一切权利。

公民意识的历史变迁正是在各种公民身份理论的此消彼长和相互对话的过程中展开的，也折射了不同历史时期社会发展情况对公民意识历史变

---

[1] [英]奥德丽·奥斯勒、休·斯塔基：《变革中的公民身份：教育中的民主与包容》，王啸、黄玮珊译，教育科学出版社2012年版，第25页。

迁的影响。现代社会公民意识的基本格局可以说是自由主义、共和主义、社群主义和世界公民理论等多种立场和观点相互辩护、对话、博弈与汲取作用下的结果，它们共同勾勒了公民意识的现代图景。

三 现代公民意识的多维解读

关于公民意识的内容构成，国内许多学者提出了自己的观点，有三维结构说、四维结构说、五维结构说。比如，马长山认为公民意识的内核是合理性意识、合法性意识和积极守法精神。① 童怀宇则认为公民意识包括权利意识、义务意识、平等意识、法制观念。② 姜涌提出公民意识系统结构主要有五个方面的内容：一是公民的爱国主义和民族自尊、自信、自强意识；二是公民的自由、平等和主权在民的意识；三是公民的护宪、守法的意识；四是公民的权利与义务意识；五是公民应具备现代文化的心理素质。③ 在另一篇文章中他又指出树立和拥有并且具备公民意识是现代社会制度建立的前提和基础。公民意识应当具有的内容包括：人格意识、责任意识、义务意识、权利意识、纳税意识、自由意识、法律意识。④

在众多关于公民意识内容构成的研究中，章秀英、傅慧芳的研究思路比较有启迪和借鉴意义。章秀英从公民意识的内在逻辑，而不是采取罗列的方式，来诠释公民意识的内容架构。她认为现代公民意识是公民对现代公民身份制度及其蕴含的权利义务的主观反映，体现了个体与共同体的特定关系。个体与共同体的关系维度既包含个体积极地对共同体提出要求的维度，又涉及为了共同体存在和发展而规约个体的维度。基于此，她提出公民意识的构成维度：参与意识和权利意识是公民在与国家和社会关系中的自我肯定，体现个体的个性、主体性和利益主张的维度；而法律意识和公共责任意识则是自我规制，体现主体间性之特质的维度；公民的政治效能感是推动公民积极参与政治，并且滋生对共同体忠诚感和满意感的情感依据。即公民参与意识、权利意识、法律意识、公共责任意识、政治效能

---

① 马长山：《公民意识：中国法治进程的内驱力》，《法学研究》1996年第6期。
② 童怀宇：《论公民和公民意识》，《唯实》2000年第3期。
③ 姜涌：《中国的"公民意识"问题思考》，《山东大学学报》（哲学社会科学版）2001年第4期。
④ 姜涌：《公民意识的自觉》，《理论学刊》2003年第5期。

意识构成公民意识系统的子系统。① 傅慧芳提出可以根据公民意识各要素在系统中体现出的影响大小、等级高低和关系的疏密度，将公民意识要素分为基础层要素、核心层要素和外显层要素，公民意识结构也相应具有基础层、核心层和外显层三个层级。基础层为主体意识，核心层为权利意识与责任意识，外显层则是权利意识和责任意识的进一步划分，并提出民主法治意识贯穿其中。②

如果从公民意识的本质界定来说，关涉的就是公民个体对公民地位的认知以及公民个体与社会、国家之间关系的认知。而全球化时代的来临则使得我们在界定公民意识时，不能仅仅局限于民族国家坐标，还应具有全球意识，做世界公民。日益严重的环境破坏和生态危机促使人类重新定位人与自然的关系，这也使得对公民身份的认识不能仅仅局限于国家层面，还应拓展到自然界。因此，我们对现代公民意识的内容构成从三个维度加以分析，即个体的维度、个体与社会和国家的维度、个体与超国家的维度。

（一）个体维度

1. 自主意识

公民的自主意识即意味着公民是自己的主人，不隶属于任何他人、任何机构和任何政府。无论古典公民观还是近代公民观，公民与国家都不是隶属关系。而臣民则意味着个体与国家是一种隶属关系，并且国家是统治者的国家。因此，个体自然隶属于统治者，忠于国家就是忠于统治者。一旦是隶属关系，那么无论臣民还是公民，都没有资格挑战统治者或国家的行为，其能做的就是俯首听命，臣服于统治者意志。"公民身份如果具有何种实质含义的话，那就是任何专断的做法都不符合公民身份的要求，必须依据客观、透明的标准来对待公民。公民身份还承认，个人具有选择其生活方式的能力，而不为种族、宗教、阶级、性别或者作为其身份的任何其他单一因素所预先决定。……公民身份是一种积极而非消极的地位。简言之，公民身份与支配互不相容，不论这种支配的资源是来自国家、家庭、丈夫、教会、族群，还是来自其他试图否认我们是自主的个体和具有

---

① 章秀英：《公民意识评价与培育机制》，中国社会科学出版社2012年版，第55页。
② 傅慧芳：《公民意识的要素结构探新》，《福建师范大学学报》（社会科学版）2012年第2期。

自治能力的力量。"① 德沃金提出人类尊严的两个维度或原则：内在价值原则和个人责任原则，也可以看作为自主意识提供了经典的理论注脚。内在价值原则主张每个生命都有特殊的客观价值，它是具有潜力的价值。一旦生命开始，便按照其逻辑发挥作用。生命获得成功，潜能得以实现就是好的。否则，生命失败，潜能被浪费，它便是坏的。任何生命的成功或失败本身都是重要的，是我们永远有理由去渴望和追求的。个人责任原则主张每个人都对实现自我生命的成功富有特殊责任，这种责任包括运用判断力，对关于什么生活对他是成功的进行判断。他决不能接受任何其他人有权利将某些个体价值规定给他，或在未经许可的情况下强加于他。这两个原则共同构成了人类尊严的基础和条件。

2. 权利意识

权利在现代公民身份理念和制度中无疑占据重要的位置，并且和公民的自主意识是紧密联系的。"公民的地位意味着共同体对个体的接纳，意味着承认个体对共同体所做出的贡献，同时还意味着赋予个体以自主性。这种自主性通过一系列政治权利得到反映，总是意味着承认权利拥有者的政治能动性。"② 前面我们已有论述，自由主义之所以强调权利并将其放在优先和根本的位置，在于它的立场根本上是个人主义的，其要维护和保障的是个体的权益。公民身份是人的一种基本权利，公民就是拥有权利的人。美国知名的首席大法官厄尔·沃伦强调："公民身份是人的一种基本权利，不过是享有权利的权利，如果丧失了这一无价的所有权，留下来的只是没有国家的人，在他的同胞眼中是一种耻辱和贬毁的。"③ 从理论上来说，所有拥有公民身份的人都可以同等地获得和享有公民权利。在罗尔斯看来，平等的公民身份是由平等自由的原则和机会公平平等的原则所要求的权利和平等所规定的。当这两个原则被满足时，所有人都是平等的公民，即每个人都占据同一地位。在这个意义上，平等的公民权确立了一个

---

① [美] 基思·福克斯：《公民身份》，郭忠华译，吉林出版集团有限责任公司 2009 年版，第 3—4 页。

② 同上书，第 3 页。

③ [英] 德里克·希特：《公民身份——世界史、政治学与教育学中的公民理想》，郭台辉、余慧元译，吉林出版集团有限责任公司 2010 年版，第 350 页。

普遍的观察点。① 权利之所以重要，在于他承认个人的能动性，承认个人拥有值得尊重和肯定的价值，承认所有共同体成员都具有平等的地位。另外，权利对于化解社会冲突，创新社会治理，保持社会稳定与和谐也发挥着重要作用，因为权利意味着每一个人都应该获得同等的尊重，都不能把他人看作实现另一个人目标的工具和手段。美国思想家托马斯·潘恩指出："在权利方面，人生来是而且始终是自由平等的……一切政治结合的目的都在于保护人的天赋的和不可侵犯的那些权利：自由、财产、安全以及反抗压迫。"②

（二）个体与社会、国家的维度

1. 平等意识

福克斯指出："现代公民身份本质上趋向平等主义。"③ 现代社会与传统社会最大的区别之一就是：平等是现代社会而非传统社会的基本特征。托克维尔《论美国的民主》的中心思想就是平等。他在全书一开始就写道：他在美国所见到的事物中，最引起他注意的就是身份平等。身份平等赋予舆论以一定的方向，法律以一定的方针，执政者以新的箴言，被治者以特有的习惯。而在马歇尔看来，公民是一种赋予群体每个正式成员的身份，一切具有这一身份的人在它包含的权利和义务面前都是平等的。公民观念中所包含的平等思想，即使在内容上很有限，也必定会破坏等级制度的不平等，从根本上说，一切的不平等都是从等级的不平等开始的。④ 任何一个国家的公民，不论职务高低，不论能力强弱，不论知识多寡，不论年龄大小，都是国家和社会的主人，这是现代公民文化的基本精神。

2. 认同意识

无论从公民身份的原初意义，还是现代意义上来说，公民都与国家紧密联系在一起。古希腊是公民身份的发源地。在亚里士多德看来，唯一能体现公民身份的就是城邦，参与城邦公共事务是公民身份的根本条件。从

---

① [美] 约翰·罗尔斯：《正义论》，何怀宏、何包钢等译，中国社会科学出版社1988年版，第97页。

② [美] 托马斯·潘恩：《潘恩选集》，马清槐译，商务印书馆1981年版，第143、214页。

③ [美] 基思·福克斯：《公民身份》，郭忠华译，吉林出版集团有限责任公司2009年版，第2页。

④ T. H. Marshall, *Class, Citizenship and Social Development*, Chicago: The University of Chicago Press, 1977, p. 93.

公民身份的现代意义上来说,公民是根据国籍确定其身份的。一个人的国籍规定了他是该国的公民,只有国家才能授予国籍。现代民族国家为公民提供政治和法律地位的同时,也使个体对国家形成复杂的情感关系,尤其是国家认同。金里卡指出:"公民身份不仅是由一系列权利和责任确定的一种法律地位,而且还是一种认同,还是对自己归属某个政治共同体的一种表示。"① 希特强调公民不只是一种标签,不管一个人的法律地位如何,如果对他与其同胞的公共纽带,或者没有对于公共利益的意识,他就不是一个真正的公民。认同感与美德使得公民的概念有了分量。从上述分析可知,认同意识首要和根本的是公民对国家认同。"国家意义上的公民身份对于个体的法律——政治身份来说是最为根本的,不管人们认为何种超国家的身份是何等适当与重要,在事实上仍然是国家公民的身份与大多数人最直接相关。"② 一般来说,公民的国家认同至少包含三个方面的含义:一是对国家的归属感,把自己看作政治共同体的成员;二是对国家的责任感,以积极公民的身份参与公共生活与国家事务;三是对国家的忠诚感,忠于国家共同体,强调国家利益,可以为了国家利益舍弃个人利益。

3. 责任意识

"公民意识的核心内容正是与公民的权利和义务相适应的责任感,包括对国家、家庭和他人负有的责任。"③ 公民与国家之间的目标应该是一致的,国家和政府是公民权利的保护者,而作为拥有权利和义务的公民,其权利行使也不能影响社会稳定。责任担当可说是人之为人的根本,"每一个在道德上有价值的人,都要有所承担,没有承担,不负任何责任的东西,不是人而是物件"④。责任是现代公民应有的品质,"公民身份从来不可能是一系列个体无需对他人承担义务的纯粹的权利……我们可以想象一个社会即使没有对权利加以正式的表达仍然可以正常运转,但很难想象一个成员之间不存在相互责任的人类共同体仍然能够维持稳定。公民身份因

---

① [加] 威尔·金里卡:《多元文化的公民身份——一种自由主义的少数群体权利理论》,中央民族大学出版社2009年版,第272页。

② [英] 德里克·希特:《公民身份——世界史、政治学与教育学中的公民理想》,郭台辉、余慧元译,吉林出版集团有限责任公司2010年版,第375页。

③ 高峰:《公民·公民教育·思想政治教育》,《东北师范大学学报》(哲学社会科学版)2002年第4期。

④ [德] 康德:《道德形而上学原理》,苗力田译,上海人民出版社1982年版,第6页。

此是人类治理的卓越基础"①。当然这种责任不仅包括对自己的责任，更重要的还包括对他人的责任、对社会的责任。对此，托尔维尔指出："世界上没有任何力量可以阻止日益发展的身份平等不去引导人们追求功利和不去使每个公民囿于自己的小天地。因此必须承认，个人利益即使不是人的行动的唯一动力，至少也是现有的主要动力。但是，还要知道每个人对于自己的个人利益是如何理解的。……如果公民在平等之后仍然处于无知和野蛮的状态，则很难预料他们的利己主义不会使他们做出什么样的过分愚蠢的行为；而如果他们舍不得牺牲自己的某些个人福利去造福他人，则很难说他们不会陷入什么样的可悲境地。"② 公民本质上必定意味着和包含着对公共利益的关注，公民与私民最大的不同就在于是否关注公共利益，是否具有公共精神。"公民不只是一种标签，不管一个人的法律地位到底怎样，如果没有对他与其同胞的公共纽带（civic bond），或者没有对于公共利益的意识，那他就并不是一个真正的公民。"③ 所谓的公共精神是指"公民从内心认同自己是国家或社会共同体的一部分，在参与社会公共生活时所具有并表现出来的，对共在他者普遍具有的尊重、理解、善待、关怀、公正、奉献、责任等美好德性的应然精神性品质，要求公民在正视自己的个人正当利益的同时，超越一己之私，关怀他人、关心与积极参与公共事务、自觉维护公共利益和社会公共秩序，努力求得个人利益与公共利益协调一致的道德风尚，是'个人善'与'公共善'的结合"④。

4. 参与意识

亚里士多德强调公民对政治的参与，认为"人天生是一种政治动物"，并且强调真正的公民必定在于参与行政统治。在《政治学》一书中，亚里士多德如此写道："既然所谓恰当即是一视同仁，即在城邦的整体利益和公民的共同利益面前一视同仁，而公民的通常含义是参与统治和被统治的人。不同的政体有不同的公民，但在最优良的政体中，公民指的

---

① ［美］基思·福克斯：《公民身份》，郭忠华译，吉林出版集团有限责任公司2009年版，第4页。
② ［美］托克维尔：《论美国的民主》（下），董果良译，商务印书馆1989年版，第664页。
③ ［英］德里克·希特：《公民身份——世界史、政治学与教育学中的公民理想》，郭台辉、余慧元译，吉林出版集团有限责任公司2010年版，第257页。
④ 田秀云、白臣：《当代社会责任伦理》，人民出版社2008年版，第296页。

是为了依照德性的生活，有能力并愿意进行统治和被人统治的人。"① 在巴伯看来，参与和共同体是公民身份的两个方面，是须臾不能分离的一体两面。共同体源于参与，没有参与的共同体只是理性化的集体主义，而没有共同体的参与只是理性化的个人主义。正如巴伯所指出的那样："公民是学会怎么做出各种公共判断并且能够运用各种公共术语来评价各种善的个体。"② 阿伦特坚信政治是一种无可替代的人类体验，个人在公共领域中的行动是人存在的条件，"没有对公共权力的参与和分享，就无所谓幸福或自由"③。参与公共事务是一个涉及个人尊严和人格完整性的命题，是每一个人内在本性的重要体现。民主社会和非民主社会公民之间的一个重要区别在于他们是经常、偶尔还是从没机会参与公共事务和公共生活，尤其是政治生活。如果一个公民不参与公共事务和公共生活，就不能说他真正拥有公民身份。公民必须通过公开的言说和行动来表明他是真正的公民，即公民的本性必须在公共领域和公共生活中才能得到真正体现。"公民与国家间的关系，应该是一种尊重个体尊严与价值的道德关系。而公民参与则是能给这一关系带来良好影响的重要手段。如果就像精英主义者所要求的那样，完全放弃这种直接参与的权力，将其交给一个小的代表群体，这就是抛弃了政治权利的真正核心。"④ 就现代民主政治而言，公民参与可谓现代民主政治的核心，是政治文明的根本标志，而公民的有序参与则是民主成熟的标志。

5. 美德意识

立足于目的论，无论是苏格拉底、柏拉图还是亚里士多德，都一致认为，人既是德性的存在，又是政治的存在。⑤ 柏拉图认为公民应该具有智慧、勇敢、节制、正义四种美德。亚里士多德强调："要想成为一个善良之邦，参加城邦政体的公民就必须是善良的。而在我们的城邦，所有的公

---

① ［古希腊］亚里士多德：《政治学》，颜一、秦典华译，中国人民大学出版社2003年版，第99—100页。
② ［美］本杰明·巴伯：《强势民主》，彭斌译，吉林人民出版社2006年版，第187页。
③ ［美］约翰·F. 希顿：《阿伦特论委员会民主》，江棘译，载《国外理论动态》2007年第2期。
④ ［英］德里克·希特：《公民身份——世界史、政治学与教育学中的公民理想》，郭台辉、余慧元译，吉林出版集团有限责任公司2010年版，第308页。
⑤ 李长伟：《古典公民教育透析——一个目的论的视角》，《教育研究》2015年第4期。

民都参加了本城邦的政体。应该考察，一个人怎样才能变得善良。因为可以设想一个城邦的公民整体是善良的，但并非个个公民都是善良的，但还是后一种情况更为可取，因为整体的善跟随个人的善。"① 在威尔·金里卡看来，以往的自由主义者相信，自由社会基本缺乏有品德的公民，只要制度设计合理，个体追求私利、不顾公益也不会影响社会的正常发展，因为私利之间会相互制约。但自由社会的实践彻底否定了这一观点。在他看来，一个健康稳定的民主社会，不只依赖正义的制度，也依赖公民的品质和态度。② 麦金太尔认为："正义的秩序是由人来制定并由人去践行的。没有'人'这个内在基础，换言之，没有人的正义德性或没有具备正义德性的人，任何正义的秩序和规则都是无法真正落实的。"③ 托克维尔强调没有共同的概念，就没有共同的行动。而没有共同的行动，依然存在人，却不存在一个社会群体。为了一个社会的存在，公民的全部精神必须永远借助某些主要概念聚合起来，凝成一体。而按照威廉姆·甘斯通的观点，负责的公民要具备四种类型的公民品德：第一，一般品德：勇气、守法、诚信；第二，社会品德：独立、思想开通；第三，经济品德：工作伦理、要有能力约束自我满足、要有能力适应经济和技术变迁；第四，政治品德：要有能力弄清和尊重他人的权利、要有提出适度要求的意图、要有能力评价官员的表现、要有从事公共讨论的意愿。④

（三）超国家的维度

1. 生态意识

西方有一些学者强调生态公民身份已作为公民身份的第四个要素被提出，它既是一个补充，也是作为一种对最初的公民—政治—社会三位一体化权利体系的矫正，它扩大了参与观念，包含了公民对自然的关系，超越了仅仅从公民与国家关系的角度来界定公民身份的视野。生态公民身份的

---

① ［古希腊］亚里士多德：《政治学》，颜一、秦典华译，中国人民大学出版社2003年版，第253—254页。

② 参见［美］安东尼·奥罗姆《政治社会学导论》，张华青、何俊志等译，上海世纪出版集团2006年版，第88页。

③ ［美］A.麦金太尔：《德性之后》，龚群、戴扬毅等译，中国社会科学出版社1995年版，第150页。

④ ［加］威尔·金里卡：《当代政治哲学》（下），刘莘译，上海三联书店2004年版，第519页。

提出，主要是回应过分追求经济发展和 GDP 所导致的环境污染、生态恶化问题而带来的对人们生活质量的损害。自启蒙运动以来，关于公民权的主导思想一直强调，只有人而不是生态群落，才是公民权的权利和责任的可能对象。人因具有理性而能够进行自我治理。自然界只是充当实现人类利益加以利用的对象。这种观念随着科学技术的迅猛发展进一步得以强化。凭借科学技术，人类更加坚信只有人才是世界的主宰者与自然的占有者，人在世界上可以无所不能，无所不为。在这种观念的支配下，人们凭借强大的科学技术将自然界当作被征服与被利用的工具，对其肆意开发与利用。20 世纪尤其是 20 世纪中叶以来，噪声污染、臭氧层破坏、酸雨、全球变暖、淡水资源减少、空气状况每况愈下，人类的生存家园遭到了有史以来最严重、最恶劣的破坏，而人类也体验到由于对自然无限度开发所带来的种种恶果。而生态公民身份的根本价值立场在于强调自然具有与人类同等重要的生态价值，"生态公民身份强调地球作为培育土地、作为居民和作为生活世界的重要性"，"生态公民身份是一种建立在所有生命体都有平等权利基础上的无所不包的范畴"[①]。人类要想拥有一个良好的生存家园，就必须尊重自然、敬畏自然、保护生态环境，做一个生态型公民。从人类发展的角度来说，保护生态环境的责任是为了当前作为整体的共同体和未来的世世代代。从代际公平的角度来看，对于自然的开发和利用，当代人不能无视后代人享用自然资源的权利，而应理性地认识到与后代人合理分配自然资源的责任，自觉考虑和担负为后代人留下适宜生存的自然空间的义务。每一代人都仅仅是自然资源的暂时使用者，而不是绝对拥有者和开发者。

2. 全球意识

民族国家依然是界定公民身份的主要标尺，也是公民可以产生直接影响的主要政治空间。但全球化时代的来临为世界公民的存在提供可能。全球化的到来导致地球村变成了现实，世界变成一个人类命运共同体和责任共同体。世界范围内经济、政治、文化等领域交流的日益频繁和便利，使得世界各国公民之间的关系变得相互依存、休戚与共。另外，全球性危机的日益增多也使得任何一个国家和民族都无力独自应对全球共同的危

---

① [英] 巴特·范·斯廷博根：《迈向全球生态公民身份》，载 [英] 巴特·范·斯廷博根编《公民身份的条件》，郭台辉译，吉林出版集团有限责任公司 2007 年版，第 172、173 页。

机，也使得世界各国的公民应确立一种全球意识。美国学者亨廷顿则从另一种角度强调了确立全球意识的重要性。在亨廷顿看来，全球政治在历史上第一次成为多极的和多文明的。人民之间最重要的区别不是意识形态的、政治的、经济的，而是文化的区别。他还指出，在这个新的世界里，最普遍、重要的危险的冲突不是阶级之间、富人和穷人之间，或其他以经济为标尺的集团之间的冲突，而是属于不同文化实体人民之间的传统。对于全球化时代的文化生存际遇问题，费孝通先生提出的"各美其美，美人之美，美美与共，大下大同"，可被视为处理各民族文化的基本立场和原则。如此，才能保障世界的和平发展。因此，为了人类社会的和平相处，现代公民不仅要了解和认同自己国家的历史文化传统，也应该学会欣赏其他文明的历史文化传统；不仅要了解自己国家的政治经济制度，也要了解世界其他地区的政治经济情况，否则，就会养成夜郎自大或井底之蛙的心理。总之，各国公民对于许多问题的认识思考还要基于世界公民和全球公民身份的角度，着眼于世界整体利益，不仅以民族国家公民身份存在，还以世界公民和全球公民的身份存在。

第二章

公民意识培养：学校教育的价值承载与实践困境

不论是探讨公民意识的历史脉络，还是探讨公民意识的内在构成；不论是探讨不同理论流派视野中的公民意识，还是探讨中西方文化公民意识的理论分野，所有的理论探讨最终都要落实到实践层面，即如何培养具有现代公民意识的合格公民，这是不能回避亦不应回避的根本性课题。于是，教育当然包括学校教育的重要性便是毋庸置疑的了，因为培养公民是教育的本性所依与职责所在。置身现代社会对教育的需要，培养具有现代公民意识的合格公民或民主公民无疑应成为教育的根本目标，这一点已被越来越多的教育研究者和实践者所认可和接受，并且这亦是世界发达国家教育发展的成功经验。

第一节 当代社会境遇要求培养新公民

当下中国处于全面转型时期，改革开放已进入攻坚期、深水区，社会转型和经济转轨带来诸多社会矛盾，结构性、深层次矛盾问题愈益显现。比如，阶层固化，社会底层往上层流动的渠道被堵塞，机制被弱化，由此导致社会两极、贫富分化日益严重，公平正义的法律秩序受到破坏，少数人拥有绝对权力和大量财富的现实状况和多数人没有机会但却渴望平等参与政治生活以获取经济利益矛盾的激化。这或许是社会转型过程中不得不付出的必要代价。要想顺利实现社会转型，缓解或化解转型中所出现的一系列问题，除了进一步建立健全政治、经济和文化制度之外，还需要培养和造就一批具有现代公民意识的合格公民。公民是组成国家的基本社会细胞，现代公民应当具有与国家经济、政治、文化、社会发展相适应的公民意识。否则，任何美好的改革蓝图与价值承诺都只能是"蓝图""承诺"，而无法变为现实，中国社会也无法实现成功转型。

一 社会主义市场经济的完善需要公民意识的养成

当今世界经济发展模式，市场经济业已成为绝对的主导模式。中共十八大报告提出"新四化"，即工业化、信息化、城镇化、农业现代化。而建立社会主义市场经济体系则是我国进行"新四化"建设，实现中华民族伟大复兴的不可或缺的重要内容。作为封建专制传统比较多、民主法治传统很少的国家，中国建立实行宪政、民主和法治的市场经济，是一项极为艰巨、极为复杂的任务。著名经济学家吴敬琏指出：中国过去30年高速增长的奇迹来源于新生的市场经济制度解放了人们的创业精神，可是近年来靠的是政府和国有企业"控制力"的加强，中国经济社会矛盾几乎到了临界点。如果不能靠稳健有序的改革主动消弭产生这些矛盾的根源，各种极端的解决方案就会赢得愈来愈多人的支持。所以，中国克服社会弊病、避免历史悲剧的正道，在于全面建立和完善市场经济体制。

市场经济对自由、平等、法治有着天然的要求。市场经济是一种自由经济、法治经济、道德经济，这已经成为人们的共识。市场经济是经济发展的客观要求和自然结果，代表了经济发展的趋势，符合人类经济发展的规律。鲁洁教授指出："回顾20年中国社会变革的事实，不能不看到的一个最根本的变化就是市场经济的兴起，以及由此而引发的一系列社会生活方式的深刻变化，人们开始从自然经济、计划经济中走出来，从而也逐步挣脱了由血缘、地缘和由依附群体所连结起来的人对人的依赖关系和隶属关系，他们开始可能以一种自由、平等、独立人格的身份参与到市场经济以及其他一切社会活动中来。由此说明市场经济孕育了新的人与人的关系，它为现代独立人格的发展开拓出了新的空间，这也是当代道德教育所面临的可能空间，在这样的空间中为道德教育培养出一代具有独立人格的公民，形成这种人格各种内在道德属性，诸如自主、自由、民主、平等、公正等品质，提供了它的选择的可能。"①

与计划经济对公民的要求不同，市场经济客观上要求主体必须具备自主意识、平等意识、竞争意识、法治意识、诚信意识。有研究者强调：只

---

① 鲁洁：《转型期中国（大陆）道德教育所面临的选择》，21世纪价值教育与公民际学术研讨会论文，2000年6月，第12页。

有大力发展和完善社会主义市场经济，才能破除个体的非主体性自我意识，实现国民政治心理从狭隘顺从心理向参与心理、从人治意识向法治意识、从等级依附到平等自由、从封闭保守到开放创新的全方位嬗变。①

就市场经济是一种自由经济而言，市场经济解构了人对人的依赖关系，要求各主体进行平等自愿的交易，这就需要公民具有自主意识、平等意识和公平竞争意识。就市场经济是一种法治经济而言，市场经济的运作需要交易双方遵守一定的规则，各自履行自己的权利和承担自己的义务，依法运作，这就需要交易双方具有法治意识，明确各自的权利和义务。另外，市场经济还是一种道德经济。市场经济的确立和发展时刻离不开市场主体的道德水准的支撑。当今我国市场经济发展过程出现的诸多事件，比如"三鹿奶粉"事件、"苏丹红"事件、"地沟油"事件、"毒胶囊"事件，固然和政府的监管不力有关，也和公民的道德意识密切相关。市场经济发展过程中出现的大量坑蒙拐骗、假冒伪劣现象，折射了公民道德意识的缺失。每个人都成了"经济人"，聚焦于物质利益的追逐和满足，以至于不论是在商业领域，还是在公共生活中，甚至在家庭生活中，最基本的信任都成了稀缺品。诚信危机已经成为制约市场经济良性发展乃至社会和谐发展的根本性问题。

完善社会主义市场经济体制已经成为当前我国社会的重要课题和艰难课题。《中共中央关于全面深化改革若干重大问题的决定》明确强调要紧紧围绕使市场在资源配置中起决定性作用深化经济体制改革，推动经济更有效率、更加公平、更可持续发展。而要实现社会主义市场经济体制的完善，充分发挥市场经济的活力，就迫切需要公民具备与社会主义市场经济相适应的公民意识。

二 民主政治化进程需要公民意识的养成

1978年改革开放以来，中国的经济发展速度超过了以往任何一个时代，在世界经济发展的坐标系中，发展速度也处于领先位置。经济的快速发展极大提高和改善了人们的物质生活水平。人们在享受经济发展所带来的巨大成果时，对公平、正义、民主的需求与愿望也随之增长，对于民主政治发展有了比以前更多的要求与期待。他们希望自己能切实感受到自己

---

① 卢爱国：《论公民意识培育与社会主义和谐社会的构建》，《学术论坛》2005年第12期。

是国家的主人，成为民主政治的参与者、监督者和践行者，甚至是权力的授权者，从而能够在国家公共问题和政治事务方面发出自己的声音，体现公民个体的力量与价值。由于公共事务和公共生活关系到每一个人的切身利益，所以每个公民都应以某种方式参与进来。一个不能参与政治事务的人，是不能称为公民的。人民是权力的最终主宰者，一切权力归于人民，正是民主的根本要义。换句话说，民主必然意味着所有公民都有权利参与政治生活。"参与的权利是人权的核心，也是人的安全网络反映的原则、目标和价值的基础。……民主有赖于其受益者的关心和积极参与。知情并有知情途径是民主系统中有意义的参与的前提条件。只有那些对系统如何工作有基本了解，了解一个民主社会的机制和机构的人，才能贡献和受益。传播上述信息是民主教育最重要的功能之一，其目的在于培养负责任的公民。"[1] 如果大部分公民被排除在政治生活之外，政治权力仅为少数人所操纵，那么就不能说这个社会的政治是民主的。民主政治的进程和水平取决于公民政治参与的范围、程度和水平。

我们党和政府一直坚持人民民主专政，强调一切权力来自人民，人民当家做主。党的十八大报告明确指出："必须继续积极稳妥推进政治体制改革，发展更加广泛、更加充分、更加健全的人民民主……更加注重健全民主制度、丰富民主形式，保证人民依法实行民主选举、民主决策、民主管理、民主监督。"《中共中央关于全面深化改革若干重大问题的决定》再次强调："发展社会主义民主政治，必须以保证人民当家做主为根本，坚持和完善人民代表大会制度、中国共产党领导的多党合作和政治协商制度、民族区域自治制度以及基层群众自治制度，更加注重健全民主制度、丰富民主形式，从各层次各领域扩大公民有序政治参与"，并特别强调要"发展基层民主。畅通民主渠道，健全基层选举、议事、公开、述职、问责等机制"。习近平总书记在庆祝全国人民代表大会成立 60 周年大会上的讲话中，用 8 个 "能否" 来评价一个国家政治制度是不是民主的、有效的，这 8 个 "能否" 分别是：国家领导层能否依法有序更替；全体人民能否依法管理国家事务和社会事务、管理经济和文化事业；人民群众能否畅通表达利益要求；社会各方面能否有效参与国家政治生活；国家决策

---

[1] "人的安全网络"组织编著：《人权教育手册》，李保东译，生活·读书·新知三联书店 2005 年版，第 400—401 页。

能否实现科学化、民主化；各方面人才能否通过公平竞争进入国家领导和管理体系；执政党能否依照宪法法律规定实现对国家事务的领导；权力运用能否得到有效制约和监督。

民主政治发展的经验和事实表明，公民意识是民主政治得以确立和运行的一个重要条件，"可以把公民身份看作是民主政治的前提。即使没有正式加以规定，民主的治理体系还是包含了权利和义务两者。民主与平等参与的理念联系在一起，同时它还意味着表达意见所不可或缺的公民权利，如言论自由、结社权、抗议权等。民主把公民在政治体中的臣民资格转变成为公民资格。只有承认个体是具有自我管理能力的自主性行动者的条件下，积极公民身份才有可能实现。"① 践行民主政治必须培养公民的民主意识和公共精神，将民主政治所承载的价值理念内化成每个公民公共生活的价值标尺。只有当民主政治所承载的价值在公民心中扎根，并在日常公共生活中展现出来，社会才能是一个自由、平等、公平、正义的良善社会，而个体在社会中生活才能切实体验到公民的尊严。

三　法治社会的建立需要公民意识的养成

在《克力同》一文中，苏格拉底特别强调公民个人对国家法律的服从，即便是遭受来自法律的不公正判决时仍然要服从法律。在他看来，"一个人作为一个公民，不能像一个'逃票乘客'（free rider）*一样，当法律有利于他时，就履行它，当法律不利于他时，就逃避或破坏它"②。有学者指出：当代中国的社会重建有赖于具有自主意识、自律态度、公益精神的公民的成长，有赖于社会生活中公域和私域二元界分的形成，有赖于人们自觉自愿的社会参与和共同协作，更有赖于国家通过法律制度和法治机制的建设，使个人利益与群体利益、私人利益与公共利益之间的关系高度地明晰化、法治化，并在法治基础上实现个人、家庭、社会和国家之间的和谐统一。③ 法治不仅意味着对权力的限制，而且还意味着在法律面前，无论权力大小，无论贫富，无论身份地位，都一律在法律面前平等，都具有法律规定的各项基本权利。古罗马思想家西塞罗强调：我们只有做

---

① [美]基思·福克斯：《公民身份》，郭忠华译，吉林出版集团有限责任公司2009年版，第91—92页。
② 何怀宏：《西方公民不服从的传统》，吉林人民出版社2001年版，第15—16页。
③ 吴鹏森：《社会重建视阈下的公民精神培育》，《探索与争鸣》2013年第8期。

法律的奴仆，才能得到自由。近代思想家洛克也持同样观点，主张没有法律的地方便没有自由。治理国家的根本在于法治，民主社会的基本要求是法律面前人人平等。由于公共权力不能受到有效监督，滥用职权，侵犯公民权益行为无法得到有效遏制，进而导致政府公信力下降，公民对政府和官员缺乏基本的信任，同时，公民普遍缺少尊严感、幸福感。公民只有正常行使宪法赋予的各项权利，法律才有至高无上的地位，才能把权力关进笼子，这已经成为大多数民主国家的共识。

中国传统社会是人治社会和人情社会，而现代国家则强调制度和法治。依法治国是我国的基本立场。在1978年十一届三中全会上，中共中央提出"有法可依，有法必依，执法必严，违法必究"十六字方针。据官方统计，截至2010年底，中国现行有效法律236个、行政法规690多个、地方性法规8600多个，实现了"有法可依"的目标。然而，中国法治建设仍面临如何落实"有法必依"的严峻挑战。近些年来，政府机关领域存在的大量腐败现象，社会领域各种潜规则的大行其道，公民不理性的打砸抢事件，都在很大程度上说明了公民法治意识的薄弱，建设法治社会任重道远。我国群体事件群发，数量逐年增加，在社会中反响比较大的有2008年6月28日在贵州瓮安发生的围攻政府部门的打砸烧事件、2012年3月25日在四川绵阳发生的暴力打砸事件、2012年7月28日江苏启东逾千人打砸政府办公室事件。十八届四中全会以依法治国为主题，并通过了《中共中央关于全面推进依法治国若干重大问题的决定》，这在中共历史上还是第一次，充分彰显了依法治国的重要性和迫切性。依法治国，建设法治社会，必须加强公民的法治意识。

四 公民社会的良序运作需要公民意识的养成

公民社会（civil society）是一个舶来词，大约在14世纪开始为欧洲人所采用。黑格尔第一次明确地将"市民社会"（civil society）与国家（the state）区分开来，并辩证地分析了国家与公民社会之间的关系，强调二者是对立的统一。中国的公民社会产生较晚，"公民社会"概念引起中国学术界重视缘于1978年的改革开放和社会主义市场经济建设。

在相当长的历史时期里，我国一直奉行的是国家高于社会、国家压倒社会的体制，以至于国家与社会高度一体化，社会生活高度政治化，政治绑架了社会和个体生活。社会生活高度政治化在"文化大革命"中得到了淋漓尽致的体现。强国家—弱社会或大国家—小社会的形态主宰了中国历史发展的进程。在这种形态下，公民的自主权利、参与意识难以有生存的空间。政府的作用不是万能的，许多政府不该管或管不好的，如果政府不松手或不放手，不仅不利于问题的解决，反而会加剧社会的不公正。该由社会管理的就应该交给社会，社会的很多事情需要社会自身来调节和解决，不能什么都依靠政府。并且，政府也没有这个能力什么都管。

"个体—国家"这种两极化的模式已经无法适应当前社会发展的态势，在两极之间应该有中间环节——公民社会。在涂尔干看来，解决国家的极度强制力和极度疏忽之间对立的唯一方式是在国家之外建立一组集体的力量，尽管这些集体性力量也要服从国家的行动，但国家所施加的管制性影响会以更大多样性表现出来。这其实就是介于公民个体与国家的公民社会。

公民社会作为沟通和连接公民个体与国家的中介，自然会对社会的稳定和谐发挥至关重要的作用。第一，它可以解决个体想解决但无力解决，而又不在政府职责范围内的一些公共问题。随着个体—国家两级化模式的逐步打破，公民社会将发挥日益重要的作用。第二，它可以通过公共讨论或协商的方式，把公民个体的意见汇聚起来，并向政府反映，缓解了公民利益与政府之间的冲突。第三，它可以反映不同社会阶层的利益需求，尤其是为弱势群体和被边缘化的群体的利益诉求提供了有效的途径。公民社会的良性运作是建立民主文明社会的重要条件，也可以有力维护公民权利，还可以为公民德性的成长提供平台。

大多数西方学者认为公民社会的结构性要素通常包括四个维度：私人领域、非营利组织、公共领域和社区居民自治组织。其中，非营利组织是公民社会的核心组成。公民社会良性发展的根本条件就是各种社团、非营利组织的建立和健康发展。现代社会的一大特征是因利益结构和社会结构的不断分化而带来的大量形形色色社团的产生和存在，其结果是作为独立自主的个体，公民通过参与不同社团而获得不同的利益和价值满足。托克维尔指出："如果一个民主国家的政府到处都代替社团，那么，这个国家的道德和知识方面出现的危险将不会低于它在工商业方面发生的危机。"[①]各种社团组织，为公民参与公共事务的讨论与决策提供了平台，从而为公

[①] ［美］托克维尔：《论美国的民主》（下），董果良译，商务印书馆1988年版，第638页。

民参与社会公共生活乃至国家政治生活提供必备的公民素养训练。

公民社会自然是由关心公共利益、具有公共精神和公共理性的公共人构成的。没有这种公共人，就不会有真正意义上的公民社会。因此，公民意识尤其是公共意识与公共精神的培养就成为公民社会建构的重要组成部分。

人的变革是整个社会变革的基础已经成为人们的共识。没有人的变革就不会有真正意义上社会的变革。只有实现了人的现代化，才能实现社会的现代化。从法律上来说，只要个体拥有某个国家的国籍，那他就是该国的公民，自然享有法律赋予公民的一系列权利和义务。但在现实层面，许多公民既没有享有公民权利，又未能履行公民义务，只享其名而不具其实，这并不是真正意义上的公民。若再进一步考察，则会发现许多中国公民并不具备与现代社会相适应的公民意识，是一群缺乏"公民性"或有待"启蒙与教化"的公民，这直接制约了我国社会走向民主、文明、法治的进程。在托克维尔看来，政治社会的建立并非基于法律，而是基于感情、信念、思想以及组成社会的那些人的心灵和思想的习性，是基于那种自然的以及教育的过程来塑造他们，并准备好使他们成为这样的人。美国民主社会的建立正是由于美国公民具有的"心灵的习性"（habits of the heart）。而加拿大学者金里卡认为，一个现代民主国家的兴旺与稳定，不仅依赖于其自身基本结构的合理性，还依赖于其公民的品质和态度。比如，他们的认同感以及如何看待潜在着竞争的认同形式——国家认同、地区认同、族裔认同或宗教认同；他们宽容异己并共同工作的能力；他们为实现公共利益并使政治当局担负责任而参与政治进程的愿望；他们在其经济要求和影响他们的健康和环境的个人选择中表现出自制力并履行个人责任的意愿。如果公民不具有这些品质，民主国家将很难统治，甚至将变得不稳定。①

对于处于全面深刻转型进程中的当下中国来说，要想建设富强、民主、文明、和谐、自由、平等、公正、法治的现代社会，实现中华民族伟大复兴的中国梦，如果公民不具备与之相适应的现代公民意识，是永远不可能实现上述目标的。李慎之先生尤为关注公民意识对于国家发展和社会

---

① [加]威尔·金里卡：《少数的权利——民族主义、多元文化主义和公民》，邓红风译，上海世纪出版集团2005年版，第324—325页。

进步的重要性,"中国现在要赶上先进国家,要实行现代化,最重要的就是要解放被专制主义所扭曲了的人性,发扬每一个人的本真人性。换言之,也就是要培养人的公民意识,使在中国大地上因循守旧生活了几千年的中国人成为有现代意识的公民,有人的觉悟的公民,成为一个一个独立的、自由的、能主动追求自己的幸福、创造物质财富与精神文明的公民"①。

第二节 公民意识培养与学校教育的价值担当

社会转型呼唤教育的变革。没有教育的变革,就无法造就出社会发展所需要的现代公民,从而无法实现社会的顺利转型,为此,教育必须担负起社会转型为其提出的培养合格公民的历史使命。联合国教科文组织在《学会生存》一书中明确强调:"事实证明,社会体系中的各种矛盾和教育体系的相对无能这两方面是相互关联的。社会的主要目标和指定给教育的目的之间也是紧密相连的。要想打破教育发展中不发达和不平等的这种恶性循环,而不把这两个问题同时加以解决的话,那几乎是不可能的。从上我们可以得出两个结论。第一,教育改革要有社会的和经济的发展目标,这一点在今天比过去任何时候都更加必要。第二,我们很难想象,没有教育的更新,社会也会发展。这一点对所有的社会都是正确的,不管这种社会是属于哪一种类型的,不管这种社会有什么样的主要学说,也不管它们如何设想其未来——不管是改良主义的,还是革命的。"②

一 公民教育:教育的根本使命

教育具有双重目的:促进个体个性化与促进个体社会化。前者就是要彰显人的独特性,挖掘每个人的潜能,让其成为他自己;后者则是要彰显人的公共性,帮助其进入公共生活,更好地适应社会生活,成为合格公民。社会的文明与进步既需要发展人的个性,更需要积极

---

① 李慎之:《修改宪法与公民教育》,《改革》1999年第3期。
② 联合国教科文组织国际教育发展委员会:《学会生存——教育世界的今天和明天》,华东师范大学比较教育研究所译,教育科学出版社1996年版,第89页。

参与社会生活的公民。近代机器大工业提升了教育的重要性，仅仅依靠私人机构和家庭来发展教育远远不能适应社会发展的需要，教育权逐渐从家庭或教会转移到国家和政府手中。教育逐渐从私人事务转变为公共事务。现代国家依靠财政拨款、教育法律法规颁布，建立了独立的公共教育系统和公共教育制度，为国家和社会培养合格的公民便成为学校教育的主要目标。

人不是生就的公民，而是成为公民的。公民不单单是一种称呼，更是一种资格和品性，这就为教育的存在提供了合理性依据。法律视野中的公民，只是意味着一种公民身份或公民资格。如果把公民身份或公民资格落到实处，仅仅依靠法律制度的保障是不足够的，还要求公民必须具有与现代社会特点相适应的民主意识、法律意识、道德意识和权利意识，如此才能成为真正意义上的公民。在制度、教育和个体三方协同作用下，可以不断提升个体的公民德性与公民人格，逐步走向好公民的境界。这事实上就是一个从潜在公民走向现实公民，再不断走向理想公民的过程。

在杜威看来，民主是一种共同生活的方式，人们通过共同参与的探究过程做出决策。社会生活的规则将得到验证。它们不是由拥有权势的大多数人武断地强加给整个社区的公民，而是借由理性和友善来管理公民。而要培养理性、友善、参与公共事务的公民，就必须从儿童抓起，通过学校教育培育儿童的民主素养和理性精神。公民教育的根本使命就是不断挖掘人的内在潜能与天赋，尤其是公共理性与公共德性，为把儿童培养成合格公民和优秀公民奠定坚实的基础。宾夕法尼亚大学的校长古特曼指出：民主社会的公立学校能够且应该严肃对待公民教育，这与严肃对待民主本身紧密相连。公民教育是捍卫民主学校必需的和核心的部分。凯姆利卡则强调学校教育的根本任务之一就是为每一代新人履行其作为公民的职责做准备。我们需要造就有见地、有责任感的公民，这是建立一套公共学校体系和强制实施教育的主要原因之一。公民教育包含着，但也远远超越了公民课程。它不只是学习有关政治生活的制度和程序的基本事实，还包括获得一系列与公民民主实践紧密相连的倾向、美德与忠诚。孩子们不只是或甚至不主要是在公民课上获得这些美德和忠诚，而是在全部的教育体系中接受熏陶。教育公民的目标影响着教什么，怎么教，以及在什么样的教室中教的问题。在此意义上，公民教育不是课程中的孤立子集，而是形成完整课程体系的既定目标或原则之一。①

事实上，欧美发达国家常常把公民教育作为基础教育的一个重要内容，通过开设专门的公民课程或系统的公民教育体系来培养公民意识，造就合格公民。对于发达国家而言，他们对公民教育的重视程度以及公民教育的理论建构与实践探索都走在了前列。在某种程度上可以说，正是由于发达国家公民教育的强大保障了公民意识和公民素质的高水平，从而保障了社会的民主文明程度。

英国一直以来就比较重视公民教育，形成了自己的公民教育特色。20世纪90年代，英国课程委员会根据《克里克报告》把公民教育的目标分为知识、综合技能、态度、道德准则和价值。公民教育的目标就是要教给学生做合格社会成员所应具备的知识、技能与价值，让他们在本地、本国与国际层面上担当起有效的角色，帮助他们成为明确自己的权利和义务的、有知识、有思想、有责任的公民，促进其精神、道德、社会和文化的发展，使之无论在校内还是在校外都更加自信和富有责任感，激励学生在学校、邻里、社区和更广泛的世界起有益的作用，了解经济和民主体制及价值，尊重不同的民族、宗教，培养思考问题和参与讨论问题的能力。②

而美国公民教育从幼儿园到高中，无论哪个层次和年级的教学，都注重公民知识、公民技能和公民人格三个方面的教育。公民教育的直接学科或内容广泛涉及历史学、地理学、哲学、经济学、政治学、人类学、社会学和心理学等学科内容，还有人文科学、数学和自然科学中的部分内容。并且，会随着社会的发展变化增设开放性主题，比如多元文化教育、全球化教育、消费教育、世界公民教育等。"公民教育是或应该是一件基本的事务。没有什么比发展一个有知识的、有效的、有责任的公民更重要。美国人应该认识到公民教育是支撑我们民主政治的根本。思维习惯、坚持民主的倾向不是与生俱来的。民主政治不是机器，可以靠自身来运转，它需要一代接一代的人们用意识来复制它。"③

---

① [加]凯姆利卡：《论公民教育》，载马德普主编《中西政治文化论丛》（第3辑），天津人民出版社2003年版，第276页。

② 檀传宝主编：《公民教育引论：国际经验、历史变迁与中国公民教育的选择》，人民出版社2011年版，第6页。

③ Margaret Stimmann Branson, *The Role of Civic Education*, New York: Associate Director Center for Civic Education, 1998, p. 5.

中国改革虽然取得了巨大的进步，但是中国离建成富强、民主、文明、法治的现代化国家的目标还有很长的路要走。促进社会的成功转型，教育即便不能发挥核心和决定性作用，但毋庸置疑是至关重要的影响力量，是不可或缺的重要一维。没有教育的变革，没有公民教育的健康发展，就不会有社会的顺利转型。如何实施和加强公民教育以促进中小学生公民意识的养成，自然成为今后我国教育改革与发展的根本课题。

二　两种观点的澄清

（一）学校开展公民教育不重要

在公民意识的培养路径方面，有一种质疑学校教育的声音和观点。在他们看来，学校的教育效果是不确定的，甚至是没有多大效果的。成年公民在多大程度上受到学校教育的影响是一个值得讨论的问题。毫无疑问，父母、电视、网络、社区文化对儿童和青少年公民意识的养成，即使不能说比学校教育重要的话，至少也是相当重要的。如此说，并不是意味着学校和教师应当放弃培养好公民的时代职责，而是意味着学校教育必须与家庭和社会联合，共同促进学生公民意识的养成。在我们看来，相较于家庭和社会，学校教育对于公民意识的培养更为重要。我们研究的一个基本立场就是学校对于公民意识的培养是不可或缺的和不可替代的，必须对学校生活在促进公民意识成长方面的重要性予以充分足够的重视。其他的社会机构可以补充和扩展学校提供的公民教育，但却不能取代它。更重要的还在于，现代社会的发展导致学校的价值日益凸显，地位日益重要。法国总统萨科齐在2007年9月初发表的《致教育者一封信》中尤为强调公民教育，他明确指出："说到学校，我不仅想到小学、初中和高中应当把公民教育重新置于教学的首位，我不仅想到男女平等或道德价值的传授，我还想到知识价值，想到我们独立的思维与思考方式。我更想到思维清晰是法兰西的传统，它存在于我们的哲学和科学之中，也存在于我们的语言、文学、艺术之中。"[①] 德国著名教育学家布雷钦卡特别指出："我们生活在一个由学校来实施成长中的一代的绝大部分教育的社会。现代国家作为文化之国首先是一个学校之国。今天的儿童从6岁或7岁就开始上学了。今天

---

① 王晓辉：《萨科齐致信法国教师倡导"重建学校"》，《中国教育报》2007年10月1日第8版。

的青年人也被称为'校园青年'。从来没有像现在这样有那么多的青少年必须在学校度过那么长的时间。从来没有任何一个社会机构像学校那样能够影响如此之多的人。从来没有任何一个机构像学校那样能那么长久地留住如此之多的人。从来没有任何一个机构像学校那样能够对人的人格和生活之道产生如此之多的影响。"①

而在实证研究方面,美国学者阿尔蒙德和维巴通过大规模的调查发现一个很重要的事实,就是各个国家不同教育群体彼此间有很大的差别,且各国情况都一样。各个国家的一致性具体表现在九个方面,分别为:(1) 教育程度较高者比教育程度较低者更能意识到政府对个人的作用。(2) 教育程度较高者比教育程度较低者似乎更多地表明他关注政治选举运动。(3) 教育程度较高的人,拥有的政治信息越多。(4) 教育程度较高者,对更为广泛的政治问题有自己的看法,对政治关注的重点更为广泛。(5) 教育程度较高的人,大都参加政治讨论。(6) 教育程度较高的人,能同广泛范围的人随意讨论政治。而那些教育程度较低的人却多表明有许多人他们是要避免与之讨论的。(7) 教育程度较高的人似乎对自己能够影响政府的能力很自信。(8) 教育程度高的人似乎都是某一团体的成员,并且还是一个积极的成员。(9) 教育程度高的人,似乎都表示对他所处的社会环境充满信心,即坚信他人是值得信赖和有用的。② 这些研究结论的提出无疑为学校公民教育存在的必要性提供了强有力的辩护,也是对认为学校开展公民教育不重要观点的最有效回应。

(二) 中小学尤其是小学公民教育不重要

还有一种观点认为,中小学生绝大部分都是未成年公民,对他们进行公民教育虽有必要,但并不重要。培养学生的公民意识,积极推进公民教育应是大学教育的根本任务,而不是中小学教育的根本任务。此种观点恰恰是对中小学教育重要性缺乏理性的认识。"小学关乎一个民族的整体素质,小学提供的是文明的底线教育,它决不是今天升学流水线上一道工序、一个环节,而是有自身独立的价值;不仅是知识的启蒙,更重要的是人格的熏陶与训练,是全方位的人的教育,是精神成人的起点,和大学一

---

① [德] 布雷钦卡:《信仰、道德和教育:规范哲学的考察》,彭正梅、张坤译,华东师范大学出版社 2008 年版,第 177 页。

② [美] 加布里埃尔·A. 阿尔蒙德、西德尼·维巴:《公民文化——五个国家的政治态度和民主制》,徐湘林、戴龙基等译,东方出版社 2008 年版,第 340 页。

样重要，甚至更加重要。许多人所受的学校教育可能就是小学，不一定有机会接受更高的教育，但他在一所健全的小学所获得的滋养，足以在精神上支撑他的一生。"①

关于中小学和大学哪个更重要的问题，早在民国元年，时任教育总长的蔡元培和教育次长范源濂就时常为小学重要还是大学重要而展开论辩。蔡元培在后来的《自写年谱》中曾对此有专门记载，具体情况如下：②

> 范君说："小学没有办好，怎么能有好中学？中学没有办好，怎么能有好大学？所以我们第一步，当先把小学整顿。"我说："没有好大学，中学师资哪里来？没有好中学，小学师资哪里来？所以我们第一步，当先把大学整顿。"把两人的意见合起来，就是自小学以至大学，没有一方面不整顿。不过他的兴趣，偏于普通教育，就在普通教育上多参加一点意见；我的兴趣，偏于高等教育，就是高等教育上多参加一点意见罢了。

蔡元培主要是从教师素质对于学生成长的重要性而强调高等教育的重要，而范源濂则主要立足于个体发展的基本规律而强调小学教育的重要性。可以说，两位的观点都有其存在的合理性。就公民教育而言，自然需要一批有公民素养和公民精神的教师来开展，否则公民教育就失去了最坚实的保障。但另一方面，如果不从小注重培养学生的公民意识，而等到大学再加以重视，则失去了教育的宝贵时机。一旦错过，再去培养学生的自主、公平、正义、友善、诚信、宽容等公民意识往往会事倍功半，甚至是效果低下或没有效果。苏霍姆林斯基有一个观点：一切都取决于童年期的教育。他对少年（10—15岁）期教育中的困难分析得越多，他就越坚信：凡是童年期教育搞得很马虎的地方，也就很难对少年们进行教育。少年之所以很难对付，甚至是走向违法犯罪，和他们的童年期教育有着很大的直接关系。"没有教育每个人在童年期就要为别人尽力，把自己心里的财富献给别人，用理智和心灵来理解（从而能深刻地感受，热忱地关怀）别人内心世界最细微的活动——痛苦、欢乐、担忧、绝望、悲伤、慌乱……

---

① 傅国涌：《过去的小学》，载傅国涌编《过去的小学》，同心出版社2012年版，第253页
② 同上书，第251页。

我怀着忐忑不安的心情越来越确信,在童年期一个人(受教育者)在很多教育者面前,甚至是优秀的教育者面前,总是表现得非常片面,因为教育者总是根据儿童是否遵守制度和要求来判断受教育者的好坏:是否听话,是否有越轨行为。很多教育者把儿童的听话和顺从看作是内心善良的表现,实际上远非如此。到了少年期一个人就不能满足于如此贫乏地表现自己:他渴望在复杂的公民活动和积极的社会活动中表现自己。由于没有教会他把自己的精神力量献给别人,由于他没有学会自我理解、自我感觉和自我评价,没有学会如何献出自己的力量为别人造福,到了少年期他似乎就不再觉察到自己是生活在人们中间的。"①

国外发达国家的公民教育实践表明:中小学生公民意识的养成对于合格公民的培养起着奠基性作用。美国自建国以来,就非常重视中小学所肩负的培养公民的使命。在开国元勋杰斐逊、麦迪逊等人看来,一个自由民主的社会不仅仅取决于政治制度的建立,还取决于公民的知识、能力与品性。学校存在的根本任务就是要促进公民在知识、能力和品性方面的发展。时至今日,美国民众依然坚信学校担负培育公民的使命。美国在1994年颁布《公民与政府教育国家标准》全国课程标准以规范和引导中小学公民教育实践的顺利开展。英国尤其重视基础教育在公民培养中的重要性,特别是20世纪90年代末以来。1998年《克里克报告》的颁布,是英国中小学公民教育发展历程具有里程碑意义的事件。2000年,专门的公民教育正式纳入中小学课程体系。先从小学开始,在"个人、社会与健康教育"中开展公民教育。自2002年9月,公民教育作为专门的国家课程进入中学,成为法定必修课。

事实上,民国时期,公民教育就已成为许多中小学的重要组成部分。例如,著名学者金克木在回忆自己的小学教育时,谈到当时学校各个年级都开设由修身课改成的公民课,课程由校长亲自教,两个星期一次。金克木印象十分深刻的是校长说的下面的一段话:"我们都学唱国耻纪念歌。什么是国耻?就是日本逼我们承认'二十一条',要我们亡国。为什么日本敢逼迫我们,侮辱我们?因为日本比中国强。日本地比中国小,人比中国少,为什么能比中国强?因为日本的小学生比中国的小学生强。我在日

---

① 蔡汀、王义高等主编:《苏霍姆林斯基选集》(第3卷),教育科学出版社2001年版,第405—406页。

本看见到处都是小学。小孩子个个上学,不上学就罚家长。小学生的一切费用都是政府管。谁伤损了小学老师和学生就是犯法,要抓进监狱关起来。那时中国还没有小学。日本办小学不到二十年,小学生长大了,成了好公民。政府用他们打中国,中国就打不过了。这时才办小学,已经迟了。还不快办,多办,好好办,让所有的小孩子都识字?照这样拖下去,十年二十年以后还是没有好公民,还得挨日本打,还会亡国。我从日本回来,什么事都不干,就把这所八蜡庙改成小学,自己当校长。我要办一辈子小学。你们从一年级就要不忘国耻,立志当好学生,将来当好公民,要中国人在世界上不受人欺负耻笑,不被人心里瞧不起。中国要比上日本就一定要把小学办得比上日本小学。一国有没有希望就是看小学生好不好,要看小学生会变成好公民还是坏公民。不论什么国,小学生是一国的将来。小孩子是一家的性命;小学生是一国的性命,命根子。我们大人不能让你们长大了当亡国奴。"①

公民教育需要从儿童抓起,贯穿和渗透到每一个儿童从小学到中学的教育过程中。民主法治、自由平等、公平正义等公民意识的养成,应成为中小学教育的基本内容。2014年4月1日,教育部印发的《关于培育和践行社会主义核心价值观进一步加强中小学德育工作的意见》进一步强调了中小学在加强公民意识教育方面的必要性和紧迫性,也为我国学校公民教育的实践提供了较明确具体的努力方向和实践路径。该意见明确指出:各级教育部门和中小学校要大力开展公民意识教育,培养公民美德,发扬社会公德,增强国家认同,引导广大学生了解公民的基本权利与义务。要认真落实《中小学法制教育指导纲要》,促进学生树立社会主义民主法治、自由平等、公平正义理念,养成遵纪守法、遵守规则的意识和行为习惯。认真落实《中小学文明礼仪教育指导纲要》,引导学生养成诚实守信、孝敬感恩、团结友善、文明礼貌的行为习惯。

所有关心教育的有志之士都应该充分认识到学校教育,在竞争日趋激烈的世界格局中,在当今中国全面深刻的社会转型中,所扮演的重要角色。在某种意义上可以说,没有学校生活的变革,就没有社会生活的变革。正如陶行知先生所说:"学校生活是社会生活的起点。远处着眼,近

---

① 金克木:《小学校长和国文教员》,载傅国涌编《过去的小学》,同心出版社2012年版,第186页。

处着手，改造社会环境要从改造学校环境做起。"① 批判教育学家阿普尔强调："教育已经成为，并且原本就是，一种构建富有巨大影响的联合行动的舞台，其社会影响也将得到全社会的响应。从本质上讲，它们既是催生持续性的社会运动的核心力量，也是通过构建和捍卫全社区的关怀、珍爱和彼此团结的规范，提升人们干预社会变革进程的技能和倾向的核心力量。"② 中国梦的实现，中华民族伟大复兴的实现，迫切需要一大批具有现代公民意识的公民来肩负起历史发展的重任。而造就这样的公民，中小学校首先担起重任，这是其不容回避、不应回避也无法回避的历史使命，当然也是艰巨的历史使命。

第三节　公民意识培养的学校教育现实困境

尽管学校教育担负着公民意识培养的历史使命，然而反观现实学校教育的所作所为，我们不难发现：学校教育无论从教育目标的确立，还是从课程内容的设置；无论从学校氛围的创建，还是从师资力量的配备，抑或无论从学生公民地位的确认，还是公民教学方法的建构，都没有为公民教育的实践营造良好的生存空间。我国学者肖雪慧曾撰文《公民诞生的条件》特别强调现行学校教育在很大程度上阻隔了公民的诞生。"现行教育无论体制、目标、方法、内容都问题严重。在本文论题内，严重的问题不仅在于义务教育名不副实和各级教育竞相'朝钱看'而使许多人失去受教育机会从而无缘接受应该通过教育获致的公民知识。更严重的还在于政治对教育无所不在的干预和对教育的狭隘定位导致的教育功能异化。教育被长期当作政治工具和意识形态阵地而没有独立性，内容更充斥着与教育的立人使命相背离的党派精神灌输和忠顺训练。其中，在几十年间吞噬了几乎每个中国人的自我、摧毁了中国人民在20世纪上半叶的斗争中逐渐形成的一点公民社会基础的个人崇拜在系统灌输和训练中占有突出位置。与之密切相关的是在教学内容安排上着意回避和扭曲历史及现实中重大真

---

① 陶行知：《我之学校观》，载方明编《陶行知名篇精选》（教师版），教育科学出版社2006年版，第41页。

② ［美］阿普尔：《教育能够改变社会吗？》，王占魁译，华东师范大学出版社2014年版，第35—36页。

相的蒙昧主义。忠顺训练、个人崇拜排斥人的精神平等，对受众来说培植的是一种否定独立人格的跪拜着的精神状态。只要忠顺训练、个人崇拜以及回避和扭曲真实等蒙昧主义还贯注在教育过程，教育在事实上就具有反公民性质，至少是起不了培育公民的作用。无论课本上多么频繁地出现'公民'、'公民道德'、'公民精神'的词汇，都改变不了这一点。"①

一 学校教育目标的偏失

当代著名哲学家、公共知识分子玛莎·努斯鲍姆在其著作《告别功利》的开篇就指出："我们正处在一场全球性的危机中，它规模浩大，极为严重。……对民主自治的未来，这场危机最终很可能造成更大的伤害：这是一场全球性的教育危机。……各国及各国的教育制度都在拼命追求国家的利润，都在轻率地抛弃民主制度生存所必需的技能。这种倾向若是发展下去，世界各国很快就会产生一代代有用的机器，而不能造就完全的公民——他们能独立思考，能批判传统，能理解他人困难和成就的意义。"②教育的目标不仅仅在于培养专家和学者，首要和更重要的还在于提高全体公民的科学文化素质，培养具有自由平等、民主法治、公平正义意识，能够履行公民权利和公民义务，积极参与公共生活的现代公民。

我们在前面已经从社会转型和教育转型的视角诠释了培养合格公民已成为当代学校教育不容回避的历史职责。无论从国家政策层面，还是从学理探讨层面，培养学生公民意识的必要性和紧迫性已经得到认可和重视。但在现实教育实践层面，学校公民教育的开展情况着实堪忧。以人为本的教育理念仅仅停留于口号，立德树人的教育追求成为美好的说辞，成功教育和升学教育依旧是大行其道，成"人"教育步履维艰，公民教育近乎无处安身。急功近利的当代学校教育从培养目标、课程设置、教学设计、学生评价、教师评价等方面都以成功、成才为标准，学校和教师看重的依旧是考试、分数、成绩，而不是什么人格完善、公民意识养成。

据《成都商报》2014年1月12日报道，昝益帆写了一篇《我真想不考试》的期末语文考试作文。昝益帆为广元市实验小学五年级学生，语

---

① 肖雪慧：《公民诞生的条件》（http://www.aisixiang.com/data/52160.html）。
② [美]玛莎·努斯鲍姆：《告别功利——人文教育忧思录》，肖聿译，新华出版社2010年版，第2页。

文和数学一般都在 90 分以上，是老师眼中的好学生。作文有这样一段话："'考考考'老师的法宝，'分分分'学生的命根。我真不想考试。没有期末考试，学生们都开心、快乐，没有一个愁眉苦脸，有了期末考试便使全世界的小学生都得了'忧郁症'。"昝益帆在作文开头这样描述自己不想考试的原因，"考试前，学生们个个惊心动魄，考试时同学们得了'健忘症'。考试后又有了'忧郁症'，发卷子时不就得了心脏病吗？"①

考试文化在高中尤其是高三达到了巅峰。从近几年流行的高考动员口号中，我们就可以清楚地看到考试文化的强大威力。比如，"只要学不死，就往死里学""提高一分，干掉千人""此生只为高考狂，冲进重点为爹娘""分数是硬道理，心态是硬保障，做题是硬功夫，气势是硬标尺""要成功，先发疯，下定决心往前冲""宁可血流成河，也不落榜一个"等等。对于经历过高中生活的学生来说，他们很认可这样一句话——"经历过高考的人生才是完整的人生"。繁重的课业、频繁的考试，几乎没有课外活动成为他们生活的常态。绝大多数高中生的生活简化为学习、吃饭、睡觉，连休息都是快节奏的。

在强大的考试文化面前，学生要做的往往是束手就擒，俯首听命。一位高三学生王××如此描述了自己是如何被教师强迫拉向分数至上的轨道上去的，具体内容如下：

> 我读初一时并没有主动地去学习，成绩排名一直是班级七八名，年级四十名左右。心思没有用于学习，对学习成绩也没有任何期待，那个时期我是傻傻的但却乐在其中。而初中是个重视成绩的时期，尤其是老师，老师衡量学生的标准就是学习成绩。初一升初二的考试，我意外地考了个班级第一，然后一切都变了。重新分班后，我成了老师眼中的重点培养对象。我自己也开始觉得我应该是个尖子生。第一次月考，我考了班级第四，我并没有觉得有什么不对，在教室里和同学说笑。班主任进来冲我吼，"考成这样了还有脸笑……"。然后把我带到办公室单独谈话，然后办公室里在场的所有老师，你一句我一言，就像我犯了法似的。但是，老师们的话是有力度的，我回到座位

---

① 梁梁：《小学生考试作文〈我真想不考试〉老师差点给满分》，《成都商报》2014 年 1 月 12 日。

上大哭了一场。虚荣心是从那个时候开始强大起来的，我希望得到的是表扬而不是批评，我要考第一……从那时候起，我开始小心翼翼地维护我的班级第一。

即便如此，经历过在许多人看来是"非人"高中生活的学生，一旦步入大学生活，竟然又怀念起高中生活的好来。一位2011级教育学专业的学生李××写道：

曾经狂奔舞蹈，贪婪的倔强。伴随着欢笑和泪水，高中生涯在一次永久性的铃声中画上了休止符。时光荏苒，当我再次蓦然回首这走过的十八载光阴时，我突然发现以前的所有不美好全都变成了美好，而我脑海中被风干的记忆永远都只保存着那些可爱的人儿和可爱的心灵，不管当初高三的日子是多么的艰难，现在看来都是无与伦比的美丽。

这足可以看出学生的头脑和思想观念已经被同化了，这恰恰是比考试文化更可怕，更让人感到心痛的事情了。有学者针对当前基础教育中愈演愈烈的功利化趋势，指出："过去的中学之所以值得我们追想、神往，最根本的就是它们常常是超越功利的，没有把功利的目标凌驾在一切之上，陷入功利化的泥潭中，显示出精神上的猥琐和平庸。我们今天的中学（当然不光是中学，大学、小学也一样）最大的弊端就是急功近利，处处以俗世的标准衡量自己的成败得失，处处以功利的目光打量一切，对每个学生的评价、对每个教师的评价、对校长和学校的评价都是按照功利的标准，一切都是量化的，学生的成绩量化，老师的业绩是量化的，上级教育行政部门对学校的评估一样是量化的，这是一个单一的、一元化的、不容置疑的标准"，而过去许多成功的中学之所以成功，"无非就是最大限度地实施了人的教育，不是以培养考试能手、习题高手作为首要的教育目标，而是以培养人——具有独立思考能力的人、具有公民意识的公民为目的"[1]。

考试文化大行其道，在此前提下，让学校和教师再抽出时间和精力，

---

[1] 傅国涌编：《过去的中学》，同心出版社2012年版，第9页（前言）。

去考虑如何开展公民教育，常常变成了一种奢望。各种与考试无关的课程变得无关紧要，可有可无，当然包括与公民意识培养关系密切的《品德与生活》《品德与社会》《思想品德》《思想政治》《历史与社会》等人文课程。这些课程可以随时让位于所谓的"大课""主课"，即与中考和高考紧密相关的语文、数学、英语等课程。笔者带着学生去中小学见习和实习的时候，学校的负责教师总是会让我们的实习生从带"副课"开始，而后才可以上"主课"。在他们看来，这些所谓的"副课"是不重要的，上得好坏与否对学生影响都不大。事实上，这些课程恰恰对培养民主意识、公平意识、批判意识、道德意识等公民意识是至关重要的。努斯鲍姆特别强调："'为考试而教'，这种指导思想正日益占领公立中小学的课堂，它造成了一种氛围，即消极被动的学生和例行公事的老师。优秀的人文教学的标志是创造性和个性，但它们已经很难得到展现。一旦考试能决定学校的全部未来，一些不能得到良好考试成绩回报的师生交流形式，就往往被挤出了课堂。无论一个国家（例如印度）是渴望占据更大的市场份额，还是渴望（像美国那样）努力保护就业，想象力和批判思维能力都似乎是无用的附属品，人们甚至越来越鄙视它们。对所有学生，所有课程已完全失去了人文因素，死记硬背的教学方法主宰了一切。"①

在功利化教育目标导向下所培养的人，"极有可能是一个孤独、自私自利的人，一个受个人利益驱使、可能对社会的要求表现出反感、对不得不回应……'陌生人的需要'感到不快的人。这种人坚信世界是一个不确定、不安全、充满危险的地方；要想在这样一个世界拼出一条路来，人人得具备必要的、令自己能在未来这个杀机四伏的疆场驰骋的技能、知识和品质。自私自利的人对自己的成败得失背负着千斤重担……这样一个人只不过是他/她碰巧暂时寄居的那个地方——在该地方此人与较大的集体之间只有极少的联系——名义上的公民而已。除此之外，他/她还能是什么？"② 北京大学钱理群教授提出"精致利己主义者"的观点，他在武汉大学老校长刘道玉召集的"《理想大学》专题研讨会"上指出：我们正在培养"绝对的、精致的利己主义者"。他们智商高、世俗、老到，善于表

---

① ［美］玛莎·努斯鲍姆：《告别功利——人文教育忧思录》，肖聿译，新华出版社2010年版，第150页。

② ［加］理查森、布莱兹编：《质疑公民教育的准则》，郭洋生、邓海译，教育科学出版社2009年版，第18—19页。

演，懂得配合，更善于利用体制追求一己私利。一旦掌握权力，其危害比一般的贪官污吏更大。

钱理群虽然说的是大学，中小学何尝不是如此。北京大学招生办公室主任秦春华指出："更加令人忧虑的是，小小年纪，他们已经懂得了分数的价值，为了一分的高低而展开激烈的竞争，甚至不择手段。他们也懂得了用分数去讨价还价，通过精巧的计算换取自己所需要的东西，甚至随时根据出价的多少任意变换自己的承诺。古人'千金一诺'在现实利益面前一文不值。许多中学校长告诉我，他们辛辛苦苦花费了3年的道德诚信教育，在高考填报志愿的7天里被击得粉碎。学生前一分钟说的话后一分钟马上就可以不算数，速度之快令人咋舌。'精致的利己主义者'其实在中学就已经出现了。"[①] 这从一个侧面充分说明了现代教育不是在培养关心公共利益与公共善，具有公共精神、公共理性的公民，而是在造就只关心个体利益的精致利己主义者，这可以说是当前学校教育的现实状况的真实写照，当然也是学校教育生存合法性危机的根本所在。

二 学校民主精神的缺失

随着基础教育课程改革的不断深入，教育民主化进程的逐步推进，无论教育管理者，还是一线中小学教师皆一再强调学校是师生平等、学生自治和民主管理的理想场所。"民主的原则要求每一教师能够通过某种有规则的和有机的方式，直接地或通过民主选举出来的代表们，参与在形成他所在学校的管理目的、方法和内容的过程中去。"[②] 但不幸的是，这些仅仅是理想，常常停留在口头、文件和论文中，现实的学校生活常常是不民主或专制的。不论对教师，还是对于学生而言，学校未能践行和维护民主，反而在很大程度上和很多方面渗透着和贯穿着专制思想、等级观念。在笔者所调查的377名刚入学的大一新生中，只有27.5%的学生认为自己的中学是一个民主的机构，52.1%的学生认为基本算是，19.1%的学生认为不是一个民主的机构，另有约1.3%的学生弃权。

学校民主精神缺失的主要表现在四个方面：教育公共性的阙如、学校

---

① 秦春华：《中学教育正被异化为高考强化培训班》，《中国青年报》2013年2月1日第3版。

② ［美］约翰·杜威：《人的问题》，傅统先、邱椿译，上海人民出版社1965年版，第48页。

管理的等级控制、学生参与学校公共事务合法权益得不到保障、学校实践的虚假主义。

所谓教育公共性的阙如就是教育已经不再以培养合格公民为使命，而是以获得最大利益为办学宗旨。教育的公共性并没有得到教育管理机构、学校和教师的认真思考，也从未在实践层面得以认真实施。教育尤其是九年制义务教育本应该为每一个中国适龄儿童和青少年提供公平的教育，保障教育机会公平。然而反观现实，重点学校、重点班级、重点学生的普遍存在，则从根本上违背了人人享有平等的受教育权利的教育公平精神。学校、班级、学生之间的不公平，无视了公民身份的平等，忽视了弱势群体的教育权益和生存权益，缺乏公平正义的价值立场，教育等级化异常明显。

现代学校常常以制度化的方式制造了学校的不平等，形成了不容忽视的等级文化。这种文化可以说弥漫和渗透在学校的各个方面，对学生形成了无所不在的规训。正如福柯所指出的那样："学生在课堂、走廊、校园里的座次或位置；每个学生完成每项任务和考试后的名次；学生每周、每月、每年获得的名次；年龄组的序列；依据难度排成的科目序列。在这套强制性序列中，每个学生依照其年龄、成绩和表现有时处于某一等级，有时处于另一等级。"[①] 比如，在教育管理上推崇金字塔式的垂直管理模式，即"中央管省，省管地方，地方管学校，学校管教师，教师管学生。学生采用干部制管理，班长和班干部对'普通学生'进行管理和监督，并及时向老师汇报各种动向。这种管理方式使每一层的人都向上一级负责而不是为自己的行为负责，从而丧失了人的自主性"[②]。

郑杰在《给教师的一百条新建议》中谈道"谁是学校的主人"，一追问发现如今的学校是一所"无主"的校园。学生不是主人，学校的大小事务从来没有征求过学生的意见；教师不是主人，教师只是被管理的对象，处于被监督的境地；校长也不是主人，校长是别人派来的，是一个被"派来派去"的人，一个连自己的命运都无法掌控的校长怎么会是学校的

---

① [法] 米歇尔·福柯：《规训与惩罚》，刘北成、杨远婴译，生活·读书·新知三联书店2003年版，第166页。

② 张文军：《从控制的课程文化转向自我负责的课程文化》，《全球教育展望》2005年第6期。

主人?① 当然,郑杰的这个观点的确切中了当前学校教育的某些弊病。不过,至于说校长不是学校的主人还是有些偏失的。校长固然是上方任命的,要按照上面教育主管部门的要求开展一系列工作。但在此框架内,校长是有相当大的自主权、话语权和决策权的。受当前教育改革理念和精神的影响,校长的作风和观念虽然渐趋民主化,但从整体上来说,校长还是常常处于不可挑战、不容置疑的权威地位,家长制和一言堂的作风还是比较严重的。许多关乎学校发展、教师切身利益和学生切身利益的公共事务往往是以校长为核心的管理层所决定的。这种强大的等级文化给学生传递了不公平、不民主的观念,不利于学生自由、平等、民主等公民意识的养成。

就学生参与学校公共事务而言,作为学校的主人,学生享有对学校公共事务的参与权、知情权、监督权和一定的决策权。可在现实生活中,学生的这些权利都无法得到落实。在许多老师的眼里,中小学生是没有权利的,仅仅是被教育、被管理、被控制的对象。威海环翠区某小学的王××老师坦言:对于学校事务,别说学生了,就是老师也只有服从。青岛崂山区某小学的郭××老师亦持同样观点:理论上学生和家长是可以参与学校事务的,我们做材料的时候是这样表述的,但现实中几乎所有的学校事务老师都只能是被动接受。

由于不鼓励中小学生参与公共事务,因此在大多数情况下,他们是沉默的,顺从的。即使有机会说话,也不能很好表达自己独立的观点。儿童被当作消极的客体,而不是有自己的动机、观点、思想和意图的道德主体。儿童个体的主观意愿和见地被悬置了,个体的主体性被放逐了,成为学校和教师的附属品,成为社会和他人的工具和手段,而这在很大程度上也阻隔了儿童对未知世界的思考和建构,阻隔了学生公民性的生长。

在中小学生的话语体系和思维图景中,通常可以看出学校与教师权威主义甚至是霸权主义观念对他们思想和行为的控制和规训。中国青少年研究中心副主任孙云晓曾将这种现象概括为"集体失语症"。即使在有机会说话的地方,青少年所表达的声音往往不是他们的真实感受。而成人习惯于按照成人的标准而不是儿童和青少年的标准来评判他们的言行举止。对于此点,一名刚步入大学不久的学生王××在回忆自己的中小学生活时如

---

① 郑杰:《给教师的一百条新建议》,华东师范大学出版社 2004 年版,第 124—126 页。

是写道：

> 在我的记忆里，中国的课堂上，出现的共同场景就是一个老师，一群学生，一方讲台。并且讲台的高度永远比平地高几十厘米，我们美其名曰"尊师"。但是，换个角度，这何尝不是一个捧高老师贬低学生的现象？我们是尊重了老师，但是这种尊重渐渐的被神圣化，我们小心翼翼地在课堂上发表自己的意见，不敢直接指出老师的错误，尽管错误是那么的显而易见。那三尺讲台无形地将老师与学生区别开来，在其间设置了一个无法逾越的鸿沟，学生和老师注定是不同的阵营。

学校教育本身就是引导学生追求真、善、美的，就是传递正义、公平、诚信的思想和力量的。而要想使这些东西真正走入学生的内心世界，转化成他们的内在品格，学校就应该成为此方面的积极践行者，用行动来展现教育的理念和追求。可在现实教育实践中，许多学校常常不能做到知行合一，公开一套理念和做法，背后一套理念和做法；对上级管理机构采取一套程序和表现，对学生则采取另一套程序和表现，使得学校教育披上了虚假的外衣，这从根本上直接挫伤了学生对学校的信任，也直接威胁到学生诚信、公平、正义意识的形成。事实上，学校的虚假现象对学生成长的负面影响是非常大的。关于学校的虚假主义做法，许多中小学生都有亲身的经历。一名2011级小学教育学专业的学生刘××讲述了小学时候的一个事件：

> 自己小学的时候，老师曾经教过我怎么去欺骗。那时我们开设了一门公开课，这是我们最不喜欢的，因为会有好多的人来看，老师特别重视，甚至在正式上课之前就要预演好几遍，老师所提的问题由谁来回答都已经规定好了。这不是一种变相的欺骗么？仅仅是为了一个优秀学校的虚名。一旦有领导来检查什么的，每个学生必须穿校服，带校卡，佩戴校徽，只是为了应付各种检查。上级领导检查是一个很好的督促方式，但是慢慢地却流于形式。学校是一个培养人，引导人向善的地方，不能做欺骗学生的事情。教书育人是老师的使命，为此，老师要做的应是认认真真地去教书，兢兢业业地去育人，而不是

什么名誉、奖金等外在的物质利益。

再比如，素质教育自20世纪90年代就成为教育改革的主导取向，但在很多学生看来，素质教育只是流于表面和口头。现实教育生活中，学生更多时候感受到的是素质教育的造假运动。一位2012级教育学专业的学生王××写下了这样的话语：

> 素质教育进行了许多年，但一直没有贯彻落实。我就读的中小学，素质教育成为一场造假运动。每年上级领导来学校检察时，学校会让学生配合他们进行造假。从表面上看，有了音体美课，实践报告也堆得高了起来。殊不知，所谓的音体美课程常常被其他学科的老师以各种冠冕堂皇的理由霸占或者改成自习课，而一张张实践报告也是学生们绞尽脑汁、苦思冥想，编造出来的成果。高中实行的走班制，对外宣称是大学式上课，可以选自己喜欢的老师的课，实际上，却早已按成绩给你划好班，你只可以选那一个！这样不仅解决了如何应付上级检查问题，同时也把快慢班分到底。我认为这种做法不仅是不尊重学生的表现，也是教育不诚信的表现。这种做法打击了差生的信心和尊严，很容易导致差生更不思进取，影响学生的健康成长。同时，学校是教书育人的地方，却用有色眼镜来对待学生，换着形式来欺骗大众，对学生的身心发展带来极其不利的影响。

三 教师公民教育素养的欠缺

为了更好地了解一线中小学教师公民知识和公民教学的现状，我们围绕以下四个问题：你是如何理解公民意识的、你认为公民意识包括哪些方面、你们学校开展公民教育的状况如何、你会结合自己的学科教学开展公民教育吗，通过面对面访谈和网络访谈的形式进行了调研。

> 老师1（小学）：
> 公民意识就是每一个中华人民共和国公民都要热爱自己的国家，遵纪守法、爱岗敬业，关心国家大事，积极地参政议政，共同促进社会主义事业的和谐发展和中华民族的伟大复兴。公民意识包括个人的

世界观、人生观、价值观，社会主义思想观念和道德认知，以及对于国家及其政党的认知。

小学现在开设有思想品德课程，但是对于公民意识这一块未有涉及，应该是年满十八周岁才算公民。我教数学，数学跟公民意识有点距离，两者没有太多交集，所以应该不会在教学中开展公民教育。

老师2（中学）：

公民意识包括法律意识、道德意识、责任意识、参与意识、监督意识、人身自由意识、服务意识。

我们学校没有专门开设公民意识这门课程，但是在所开设的三级课程中都有体现，我们学校开设了四门校本课程，分别是家艺、厨艺、独轮车、茶艺。这些课程从小处讲是培养学生的某种技能，从大处讲是培养学生的公民意识。

我写的很空泛，说实话我自己对公民意识这个概念都不是太理解，自己这方面的意识都比较淡漠，所以很难写得比较具体。

老师3（中学）：

提到公民意识，我首先想到的是法律意识、安全意识、环保意识。我们经常会感叹：罪犯没有法律意识，溺水者没有安全意识，公共场合乱扔垃圾没有环保意识。我个人认为公民意识是指公民要清楚自己不能干什么，必须干什么，可以干什么，也就是要明白自己的责任、义务及权利。公民意识强的人，不管是在家庭中，还是在社会上，也不管是在工作学习中，还是在生活上，都能扮演好自己的不同角色。除了能做好自己的本职工作外，还能尽力为社会做出更大的贡献，比如参加一些公益活动，以创造和谐社会为终极目标。

公民意识应该包括很多方面，比如：法律方面、安全方面、环保方面、教育方面、医疗卫生方面、思想道德方面等等。

我认为我们学校开展的公民教育还是比较到位的。学校专门设立了安全办公室，针对各方面的安全隐患都考虑得细致入微，还经常组织学生看一些安全教育片。环境卫生责任到人，有专人监督评估，学校食堂及购物中心不提供方便袋。学校教育的目的不只是教书，更是育人，为学生的终身发展服务，定期开展一些有意义的教育活动，例如：班会、家长会、协调会、专家讲座、感恩演讲等等。学校还成立了心理咨询室，以便及时地对部分学生进行心理指导。

我也会适时地结合自己的学科教学开展公民教育，比如：讲到重力势能时，提醒学生不要从高处往下扔东西，否则，后果将会是多么的可怕；讲到刹车运动时，通过演算让学生感受酒后驾车的危害性；讲到向心力时，让学生知道拐弯慢行、过拱形桥慢行的必要性；讲到能量守恒定律时，指出能量虽然守恒，但我们仍要节约，因为还存在能量耗散问题，使能量的可利用品质下降了，还让学生思考、讨论他们是怎样节约能源的，引导学生认识到节约能源也就是进行了环保，并倡导学生要低碳生活。

从上面三位中小学教师的回答可见，他们对公民意识的基本理论和知识了解较少，存在明显的认知偏失，一些老师认为公民意识就是法律意识或道德意识；学校普遍对公民教育不重视，没有开设专门的公民课程；由于学校不重视公民教育和教师个体公民素养的薄弱，自然导致了教师在学科教学中无法渗透公民教育；即便有些老师对公民意识的实质理解没有偏差，也能结合学科特点进行公民教育，但对公民意识的理解不全面、不深入且常常自相矛盾，这也导致公民教育实践的表面化和形式化。

除了教师公民知识方面的匮乏之外，一个更重要、更根本的问题就是教师是否能以现代公民文化的精神与教师的职业道德规范来规约自己的教育教学工作，这直接决定着学生公民意识的养成。《中小学教师职业道德规范》明确规定：教师要关心爱护全体学生，尊重学生人格，平等公正对待学生。对学生严慈相济，做学生的良师益友。保护学生安全，关心学生健康，维护学生权益。不讽刺、挖苦、歧视学生，不体罚或变相体罚学生。然而，在现实教育生活中，一些教师缺乏应有的权利意识和法治观念，随意体罚或变相体罚、讽刺、挖苦、歧视学生的现象依旧不同程度存在。我们每年在主讲教育学相关课程时都会让大学生反思自己的中小学生活，相当一部分学生都写到了体罚或变相体罚现象。2011级教育学专业的学生王××用这样的话语描述了自己的中小学生活：

梦里花落知多少——反思我的中小学教育
请允许我借用一下小四的名作之名，我用它来概括我的中小学生活再好不过，每个孩子在这个时候都是一棵梦之树，那朵朵灿烂之花在温馨的风中随风而动。然后，现实的风夹着残酷而来了。在所谓的

"为你好"的托词中,我们的花儿能留下几个?"多彩的童年",相信每个孩子都认为自己的童年应该是多彩的,可现实中所有的颜色混在一起,却变成了浓重的黑色。大家想想全班受罚是怎样一个壮观景象,我不想再去描述那样的场景,就这样说吧,我的好伙伴多次在梦中哭醒,嘴里竟说着"老师我再也不敢了,你别打我了"的哀求。那时的我没受过罚,多半是因为我姥姥是学校领导的缘故。但是那种恐惧也无时不在,于是,我认真地完成每一份作业,每一项任务,不是因为喜欢,也不是因为兴趣,只是因为惧怕。这是一个怎样的概念呢?一个孩子,是因为害怕受罚而不得不去做某些事情。这不是很可笑么?

除了体罚和变相体罚之外,教师的语言暴力同样是侵犯学生公民权利和人格尊严的不容忽视的重要问题。在很大程度上,这对学生的心灵伤害更大。一位中学教师总结了教师常用的暴力语言:挑战式,挖苦式,告状式,预言式,比较式,结论式,孤立式,记账式,驱逐式,罢课式。不仅如此,无视学生的人格尊严还会带来一些意想不到的后果。刘德华教授在其著作《让教育焕发生命的价值——审视教育中的"罪"与"罚"》中谈到一个故事。故事的大致情况是这样的:①

> 一个女学生回家后向母亲眉飞色舞地描绘老师的施教行为,说老师如何用教鞭敲击一个不开窍的学生,骂其为垃圾。母亲看她那幸灾乐祸的表情,说真令人心寒。然而更让人心痛的是这女孩子下面的话语:骂人垃圾不好听,不过老师也没有错,是为了那个学生好。老师不凶一点,那同学就不会改。他上课总是开小差,这次还摇动椅子说"潜水艇下沉海底八千米",再不管怎么行啊。

如果我们的学生长期生活在这种环境中,耳濡目染,最后觉得习以为常,甚至被老师的观念所洗脑,赞同与接受教师的做法,这其实就在学生心中埋下了心灵冷漠和不正义的种子,这无疑是雪上加霜的行为。

---

① 刘德华:《让教育焕发生命的价值——审视教育中的"罪"与"罚"》,广西师范大学出版社2003年版,第64—65页。

另外一个非常重要的方面是，教师的课堂教学方式存在很大的弊端。基础教育课程改革虽极力摒弃灌输式教学，提倡自主、合作和探究学习，但在现实课堂教学生活中依旧随处可见灌输的影子，依然可见教师强烈的控制色彩，而这从根本上是不利于培养学生的自主自治、批判性思考、人格独立等现代公民意识的。据我们对《思想品德》课程教学方式的调查结果表明：采取单纯讲授的为 15.38%，以讲授为主、偶尔讨论的为 52.25%，教师划知识点、学生背诵的占到了 30.77%。而对《思想政治》课程教学方式的调查结果表明：采取单纯讲授的为 20.16%，以讲授为主、偶尔讨论的为 55.17%，教师划知识点、学生背诵的占到了 21.75%。由此可见，与公民教育直接相关的课程采取的依旧是讲授为主的方式。而我们到中小学调研时，校长和任课教师往往不让我们走进此类课程的课堂，直言这种课程的教学没有观摩价值。他们意思已经非常明确，学生的回答也证实了这一点，即公民教育课程实施的虚化。

尽管学校公民教育的实践面临诸多困境，但绝不能丧失信心，也不能成为学校不担负造就合格公民职责的借口。"生活在现代国家与现代世界是一件复杂的事情。要成为其国家或者这个世界忠诚、负责任、有道德的公民也不是一件容易的事情。尽管这一负担很沉重，但是如果弃之不顾，那么随之而来的麻烦就会更大。因而教育青年、使之成为好的公民是举足轻重的事。"① 并且，危机之中蕴藏着人类每一次努力的期待。这永远都是有可能的，不管是出于某个充分的理由或者并没有什么明显的原因，我们都有可能从危机中觉醒、奋起。处于困境中的学校教育首先要实现自我反思、自我启蒙和自我救赎，明晰自身的本性所在和使命所依。在此引用康德的一段话，"教育或许会变得越来越好，而且每一代都向着人性的完满实现更进一步；因为在教育背后，存在着关于人类天性之完满性的伟大秘密。从现在开始进步就会发生。因为人们现在才开始对一种良好的教育究竟意味着什么，有了正确的判断和清楚的认识。这种设想令人陶醉：人的天性将通过教育而越来越好地得到发展，而且人们可以使教育具有一种合乎人性的方式。这为我们展示了一种未来的、更加幸福的人类的前景"②。

---

① [英]德里克·希特：《公民身份——世界史、政治学与教育学中的公民理想》，郭台辉、余慧元译，吉林出版集团有限责任公司 2010 年版，第 290 页。

② [德]伊曼努尔·康德：《论教育学》，赵鹏、何兆武译，上海世纪出版集团 2005 年版，第 5—6 页。

第三章

公民意识培养的价值取向与基本原则

如何教育学生成为具有自由、平等、公平、民主、法治、富有责任心的合格公民，是一项复杂的系统工程。置身于全球化的时代大潮中，又遭遇我国公民教育面临的现实困境，为此，要想保证公民教育的针对性和实效性，就需要持守一定的价值立场与基本原则，以规范和引导公民教育实践的发展。

第一节 学校公民教育的价值取向

一 为了每一个学生的成长

旨在促进每一个学生的成长是当前我国教育改革与发展的根本理念与立场。《国家中长期教育改革与发展规划纲要》明确提出："树立人人成才观念，面向全体学生，促进学生成长成才。树立多样化人才观念，尊重个人选择，鼓励个性发展，不拘一格培养人才"，"注重因材施教，关注学生不同特点和个性差异，发展每一个学生的优势潜能"。每个学生都不应该被当作工具和手段，都应该被当作本身就是目的的人来对待。要切实把每一个学生的成长和发展作为学校一切工作的出发点和落脚点。每一个学生身上都蕴藏着巨大的潜能，需要我们去发现并挖掘它。教育是筑梦的事业，但教育要为每一个学生筑梦，要为每一个学生播种下自由、平等、民主、理性、公平、正义、善良、爱国的种子。

联合国教科文组织在《学会生存》一书中明确强调教育有两个根本弱点：一个弱点是它忽视了而不是单纯否认个人所具有的微妙而复杂的作用，忽视了个人所具有的各式各样的表达形式和手段；另一个弱点是它不考虑各种不同的个性、气质、期望和才能。在很大程度上，教育的根本使命在于促进每一个学生成长的价值诉求还停留在言辞和理论的层面上，尚未真正落实到现实教育生活之中。如果正视并积极回应教育的这两个根本弱点，学校生活就会有很大改观。笔者调研的烟台开发区实验小学就很好地恪守和践行了让每一个学生健康快乐成长的教育理念，确立了"尚美立人"的办学宗旨，并将这种理念和宗旨贯穿和渗透到学校教育的方方面面，形成了独具特色的学校精神与学校文化。该校校长宫海燕认为：一所好学校应该是师生共同要到达的美好愿景。每一个孩子在清晨醒来的时候，对即将开始的一天充满期待和向往。在背着书包离开学校的时候，对她充满了留恋和不舍。每一个教育者都心平气和，不抱怨，不放弃。像一个播种者，含着期待，将真、善、美的种子深深地埋在每个孩子的心中，从容地为他们遮挡风雨，播撒阳光，顺其自然地收获春华秋实，过一种幸福完整的教育生活。每一朵花都在这里尽情绽放，每一个人都在这里健康成长。

国际知名的心理学家威廉·格拉瑟提出的选择理论认为，人们的所作所为不是他律或外塑的，而是个体的选择，所有的行为都是为了满足一个或多个与生俱来的且根源于基因深层的基本需求。就人类而言，人除了有生存和繁殖（survive and reproduce）的需求之外，更重要的还在于享有归属和爱（belonging）、权力（power）、自由（freedom）以及享受乐趣（have fun）的需求。依据选择理论的逻辑，学习自然是个体选择的结果，所有的学习行为都是为了满足内在的心理需求。如果学校能满足学生的归属和爱的需求、权力需求、自由需求或乐趣需求，学生就会愿意去学校并喜欢学校。反之，则会厌恶与逃避学校。学校公民教育的实践，学校生活的创建需要考虑、尊重与满足学生的内心需求，为学生提供多元化的教育服务，让每一个学生都能自由快乐地成长，让每一个学生成为一个有用的公民。尊重每一个学生，挖掘每个学生潜在的智慧和能力，着力拓宽每个学生的学校生活空间，切实保障每个学生参与学校公共生活的权益，从而放飞每一个学生的希望，点燃每一个学生心灵的火花，提升每一个学生的公民意识与公民人格，理应成为学校公民教育的根本理念。

二　着眼国际与扎根本土的结合

在严复看来，西方近代文明的实质在于"力今以胜古"，是眼睛向前看，不是凡古皆好，唯古是尚。而这正是中西文明的最大差别，是中国文明无论如何也要补充的地方。严复在《论世变之亟》一文中指出:"尝谓中西事理其最不同而断乎不可合者,莫大于中之人好古而忽今,西之人力今以胜古;中之人以一治一乱、一盛一衰为天行人事之自然,西之人以日进无疆、既盛不可复衰、既治不可复乱为学术政化之极则。"① 就公民文化与公民教育而言,较之于欧美发达国家,我国一方面缺少现代公民文化与公民精神,另一方面公民教育实践开展时间比较短。因此,我国学校公民教育实践的开展必须合理借鉴欧美发达国家公民教育发展的成功经验,汲取别人之长为我所用。

2014年9月5日,在庆祝全国人民代表大会成立60周年大会上,习近平总书记纵论中国政治制度,"只有扎根本国土壤、汲取充沛养分的制度,才最可靠、也最管用","中国特色社会主义政治制度之所以行得通、有生命力、有效率,就是因为它是从中国的社会土壤中生长起来的"②。虽然习近平总书记论述的是政治制度,但其蕴含的道理对于我国公民教育实践的开展同样是适用的。中国学校公民教育发展目标的确定和发展模式的选择,从根本上必须立足于中国国情,必须着眼于我国的文化传统,必须着眼于为实现我国社会成功转型培养合格公民,即必须打上中国烙印。我国著名教育家晏阳初曾强调:"外国的公民教育未必可直接模仿为中国的公民教育。外国的公民活动亦未必可直接模仿为中国的公民活动。有外国的历史文化和环境,而后产生出他特有的公民教育。有我国的历史文化和环境,亦当有我国所特有的公民教育,方能适应我国的需要。要知道什么是中国的公民教育,非有实地的、彻底的研究不可。我国办理教育数十年,成效未著,原因固然复杂,而我国从事教育者奴隶式的抄袭外人,漠视国情,也不能不说是失败的一个大原因。"③

对于当下公民教育的实践开展来说,西方公民文化更侧重权利意识,而中国文化传统更侧重责任意识。而现代公民观坚持权利和责任的相统一。西方文化具有儒家文化所不可替代的独特价值,儒家文化也具有西方文化所不可替代的独特价值。无论是西方文化,还是以儒家文化为代表的中国文化都无法涵盖人类发展的所有价值。儒家文化中的仁、礼、恕、

---

① 严复:《论世变之亟》,辽宁人民出版社1994年版,第19页。
② 习近平:《扎根本国土壤 汲取充沛养分的制度最可靠也最管用》(http://news.xinhuanet.com/politics/2014-09/05/c_1112384336.htm)。
③ 晏阳初:《晏阳初全集》(第1卷),湖南教育出版社1989年版,第65页。

和、信、孝等价值理念，都是具有永恒性和普遍性的价值理念，可以成为和西方文化提倡的自由、民主、平等、理性、人权等价值理念对话互释的资源，共同成为我国公民教育的重要内容。钱穆先生强调："文化是民族的生命，没有文化，就没有民族。文化是一个民族生活的总体，……不是指每个人的生活，也不是指学术生活，或经济生活、物质生活、精神生活等。它是一切生活的总体。英国人有英国人的生活，德国人有德国人的生活，印度人有印度人的生活，……这个生活就是它的生命，这个生命的表现就成为它的文化。"① 北京大学汤一介教授说："我对中国文化非常热爱，因为我爱我的祖国，我就必须爱我的祖国的文化，一个没有文化的国家是没有希望的；一个国家必须有自己的文化传统，而且，只有珍惜自己传统的国家才是有希望的国家。"②

公民教育的开展坚持着眼国际与扎根本土的结合，还意味着学校教育要培养的公民是具有全球意识与世界眼光的公民。习近平总书记在2015年新年致辞中指出："中国人民关注自己国家的前途，也关注世界的前途。非洲发生了埃博拉疫情，我们给予帮助；马尔代夫首都遭遇断水，我们给予支援，许许多多这样的行动展示了中国人民同各国人民同呼吸、共命运的情怀。当前世界仍很不安宁。我们呼唤和平，我真诚希望，世界各国人民共同努力，让所有的人民免于饥寒的煎熬，让所有的家庭免于战火的威胁，让所有的孩子都能在和平的阳光下茁壮成长。"③ 这就为我国学校公民教育的培养目标指出了明晰的方向。全球化使得国家之间的交往与沟通更加频繁，联系更加紧密，但与此同时，各国之间在文化传统、道德观念、宗教信仰等方面也存在诸多差异。这就需要公民了解世界，了解其他文化。"教育不但应致力于使个人意识到他的根基，从而使他掌握有助于他确定自己在这个世界中的位置的标准，而且应致力于使他学会尊重其他文化。……应当作为我们的指导思想的乌托邦是：在接受我们的精神和

---

① 钱穆：《从中国历史来看中国民族性及中国文化》，香港中文大学出版社1979年版，第13页。

② 汤一介：《我们要有文化上"反本开新"的自觉》（http://www.gmw.cn/xueshu/2014-05/13/content_ 11300790.htm）。

③ 《国家主席习近平发表二〇一五年新年贺词》（http://politics.people.com.cn/n/2014/1231/c1024-26308959.html）。

文化差异的基础上,使世人有更多的相互了解、更有责任感和更加团结。"① 在苏霍姆林斯基看来,"要使少年的思想、感情和感受的领域逐渐扩大——把眼光从自己所在的村庄、城市和州扩大到自己的祖国,扩大到当代的现实和对未来的展望,这是极为重要的。……当一个人的个人利益由于包括了许多人的利益而扩大了范围的时候,这个人也就成为一个公民了"②。如果我们的学校教育单纯强调国家利益和民族利益,而忽略对生活于其他民族、文化和国家公民的尊重、理解,就容易导致狭隘的民族中心主义。

三 统一性与多样性的结合

公民身份是一个单一概念,表述的是国家与公民个体之间的双边关系,这在许多人看来是显而易见的。但这种单一的公民身份界定,过去可能是合理正当的。但在一个多元文化并存的现代社会里,再持守单一的公民身份已经不合时宜。"社会与国家不再被看作是同质性的,公民身份也必须相应被看作是由各种认同、义务和权利组合而成的概念,而不是一个单一的概念。"③ 为此,我们必须在正视公民身份普遍性和统一性的同时,还要客观认识到公民身份的多样性和差异性。"如果想要使公民身份真正具有包容性,那就必须承认,我们还需要有一种承认差异的政治。"④ 在杨看来,要使公民在文化上真正平等,必须承认群体差异。并且要特别关注不利群体,因为文化上被排斥的群体在政治上处于不利的地位;与此同时,文化上被排斥的群体通常有独特的需要,"一个民主化的公共领域应该给身处其中的受压迫或处境不利的群体提供有效的代表权以及承认这些群体特殊声音和观点的机制"⑤。金里卡则提出"多元文化公民身份"的

---

① 联合国教科文组织:《教育——财富蕴藏其中》,联合国教科文组织总部中文科译,教育科学出版社1996年版,第35—37页。

② [苏]苏霍姆林斯基:《公民的诞生》,黄之瑞等译,教育科学出版社2002年版,第288页。

③ [英]德里克·希特:《何谓公民身份》,郭忠华译,吉林出版集团有限责任公司2007年版,第117页。

④ [美]基思·福克斯:《公民身份》,郭忠华译,吉林出版集团有限责任公司2009年版,第72页。

⑤ [美]艾丽斯·马瑞恩·杨:《政治与群体差异:对普适性公民观的批评》,载许纪霖主编《共和、社群与公民》,江苏人民出版社2004年版,第291页。

概念与观点，强调文化无论对于个人地位而言，还是对于认同而言，都具有重要意义。如果只强调公民身份的统一性，而忽略多样性，势必会导致对少数文化和少数群体公民权的侵犯，弱势文化群体遭到主流文化群体的不公正对待，从而加剧文化之间的冲突。

但是，我们也要认识到如果过分强调多样性，而忽略统一性，则会导致对公民身份的解构。在福克斯看来，差异政治的危险就在于差异变成了最基本的政治原则。差异虽然是政治存在的必要条件，但政治的全部关切点在于寻找妥协的空间，创造共同的利益，并建立起能够使差异和平共处的治理体系。公民身份本质上是社会性的，是一个包含着差异的共同方案，是一个人为维持其生活而共同建立起来的方案，过分强调差异则使这种方案变得不可能。不仅如此，过分强调差异还会在很大程度上消解公民的国家认同意识。"一个国家如何才能协商和平衡文化分化的要求与公民身份整合的要求之间的关系，从而维持——事实上，目的就在于维持——其政治和道德的完整性？如果授予公民身份的时候过于慷慨，导致群体分化的结果，那么，国家的公民统一性也会相应出现分裂。但如果不授予公民权，则种族、文化怨恨方面的因素又将导致疏离感，造成以反叛或者分离的形式分裂国家。"① 我国是一个由 56 个民族组成的多民族、多文化国家，全球化时代中的学校公民教育如何协调和平衡统一性与多样性的关系，处理主流价值观与少数民族文化价值观，是一个无法回避的根本性问题。

四 理论探寻与实践关怀的结合

当前的公民教育实践与公民教育理论还存在严重的脱节。客观来说，公民教育研究已成为国内政治学和教育学领域研究的前沿问题和重要问题，并且取得了一系列丰硕的成果。这自然在很大程度上深化和拓展了人们对公民教育的理性认识，也加强了对实施公民教育必要性和紧迫性的认识。但公民教育理论研究上的繁荣并没有带动公民教育实践的蓬勃发展，当然包括学校公民教育实践的开展。有研究者甚至认为现有的公民教育无论就理论研究而言，还是就实践开展而言，都存在根本性的不足。就理论

---

① ［英］德里克·希特：《何谓公民身份》，郭忠华译，吉林出版集团有限责任公司2007年版，第116页。

研究而言，当前我国公民教育研究主要是平面的研究，表现在两个方面：一是对国外公民教育基本经验的介绍；二是描述我国公民教育的基本内容与要求，对公民教育如何可能的哲学探究缺少。就实践开展而言，也表现在两个方面：一是公民教育并未体现在教育的根本价值上，从而未能实现全过程、全方位的渗透；二是以被动的公民教育为主，即以公民义务为主导的公民知识教育占据主流，向着公共生活的积极的公民人格与公民价值教育明显不足。①

就学校公民教育实践来说，一方面，学校公民教育开展情况很不理想，大多数学校公民教育的开展仅仅是依托"品德与生活""品德与社会""思想道德""思想政治"等课程的教学。这些课程大多数时候能够正常开设，但教学方式却存在较大问题。以初中"思想品德"为例，调查统计表明：采取教师划知识点、学生背诵知识点这一教学方式的比例高达30.77%，采取完全讲授的占15.38%，采取讲授为主，偶尔讨论的比例达到52.25%。另一方面，现有的学校公民教育实践基本上是在理论的真空状态下加以开展的，毕竟我们对于公民教育的根本精神与基本原理缺乏应有的理性认识。比如，教师在谈论公民、权利、参与、民主自治等概念时，对其意义的理解惊人的模糊不清，容易被误读误用。尽管我们没有理由乐观认为，发展更好的教育理论会导致公民教育实践的改善和优化，也有可能会出现漂亮的理论却是蹩脚的实践。但在很大程度上可以说，没有对公民教育基本原理和基本观点的透彻理解，没有对公民教育理论的深入研究，没有形成科学合理的公民教育体系，公民教育实践的开展及其目标的达成只能是一种奢望。

第二节　学校公民教育的基本原则

一　基于公民

培养公民是学校教育的根本使命。那究竟怎样的公民才算是合格公民呢？学校教育到底要培养什么样的公民呢？这是学校公民教育必须予以思

---

① 刘铁芳：《公共生活与公民教育：学校公民教育的哲学探究》，教育科学出版社2013年版，第14、22页。

考和回答的基本性问题。不同的公民观自然会导致不同的公民教育价值立场与实践路向。前面我们已有论述，自由主义、社群主义、共和主义、世界公民理论皆有自己的公民与公民意识观。一般来说，自由主义视野中的好公民可谓是强调个体利益优先和根本的"权利公民"，而社群主义和共和主义视野中的好公民则是注重公民德性与公民参与的"责任公民"，世界公民理论视野中的好公民自然是超越了民族国家利益的"世界公民"。自由主义视野的公民观可被称为消极公民观，社群主义和共和主义的公民观可被称为积极公民观。

金里卡提出"孤立主义的多元文化主义"概念，意指某些群体自愿地把自己孤立于更大的社会之外，避免参与政治或文明社会的主流机构，从而不参与选举，也不试图影响政府决策，并且谋求不受外界的任何干涉。就这部分人而言，他们放弃了公民权利和公民义务，属于"不完全公民"。显而易见，这种孤立主义的多元文化主义使得某些人群躲避了国家的公共生活，当然也不会促进他们民主公民品质的形成。如果这部分人为数不多，并且表里如一地信奉他们的这一孤立立场，是不会对整个社会的民主公民实践造成威胁的。从某种意义上说，他们是免费搭车的人。对于一个民主国家来说，应该允许这样人的存在，否则这个国家就不是民主的。强制公民参与公共生活、参与选举本身就是不民主的。但就民主社会建设和发展而言，自然更需要积极参与公共生活、有社会责任感、履行自己公民权利和义务的公民了。德国前总理施密特在评价德国道德现状时指出：绝大多数德国公民生活得中规中矩。然而，在一些公共领域，道德却正走向瓦解。在社会的边缘和某些角落，肆无忌惮的利己主义、私欲和贪婪正以前所未有之势蔓延。基于此，他特别强调责任和勇气在道德重建中的作用。施密特视野中的责任包括两个层次：第一个层次是自由权的行使不能以损害他人的权利为前提；第二个层次是公民有义务通过参加公共生活，向他人显示自己的公正和团结之心。他更强调积极的责任，鼓励公民个体对公共生活的积极参与。对于学校教育而言，我们要提倡和追求的自然不是孤立主义的多元主义视野下的公民，而肯定是明晰自己的公民身份、公民权利和公民义务，并积极参与公共事务的公民。也就是说，学校教育培养的应是积极公民，而非消极公民。

英国《克里克报告》强调教育至少要从国家和地方两个层面改变英国的政治文化，包括两个方面：一是使人们认为自己是积极公民，愿意、能够并且准备着影响公共生活，在言说和行动之前能够批判地思考；二是发挥现有社区参与和公共服务的优势并传承给年轻人，让他们自信可以找到参与和行动的新路径。英国公民教育所要培养的公民包含道德、政治素养和积极参与三个方面。就社会和道德责任而言，儿童从一开始就要学会自信，在课堂内外对权威人士和周围的人，其言行举止都要有道德、负责任并为社会所接受，这个方面是其他两个方面的前提。就政治素养而言，是指学生学习如何通过知识、技能和价值在公共生活中发挥有效作用。公共生活涉及范围广泛，包括了解冲突解决和决策的实际知识及准备，范围涉及地方、地区、国家、欧洲以及国际事务。就社区参与而言，了解并积极有效地参与社区生活，包括为社区服务。

至于世界公民，学校公民教育肯定要培养具有世界眼光和全球视野、遵循人类普遍价值和整体利益的公民，但其培养重心和主体自然是民族国家的民主公民。正如金里卡所言："全球化无疑会创造一个新的公民社会，但是它还没有创造出任何我们可以视之为跨国民主公民的东西。我也不太清楚我们是否应追求成为这种形式的公民。我们许多重要的道德原则应当是世界性范围的——如人权原则、民主原则和环境保护原则——我们应设法在国际上推广这些理想。但是，我们的民主公民在可预见的将来仍然只会是国内的民主公民。"①

简而言之，现代公民教育的根本目标自然不是培育听话、服从、无人格独立意识和自主意识的臣民，亦不是培养只关心私人利益、置公共利益与公共精神于不顾的私民，而是培养具有自主意识、民主意识、参与意识、公共精神和社会责任感，并具有全球视野的现代公民。学校公民教育公民观的确立需要整合不同的公民观，在尊重差异的基础上谋求共识，以更好地培养现代社会所需要的具有现代公民意识的合格公民。

二 全面系统

公民意识的养成需要以全面发展教育为平台和支撑。湖南师范大学的刘铁芳教授强调公民教育是整体教育的基本目标，公民教育内含着教育的基本价值取向，应使公民教育不仅仅作为学校教育活动中单一的德育活

---

① ［加］威尔·金里卡：《少数的权利——民族主义、多元文化主义与公民》，邓红风译，上海世纪出版集团2005年版，第361—362页。

动,而成为关涉整个学校生活品质的教育精神指向。公民人格的孕育有赖于广博的教育基础,学校教育是一个整体,这意味着公民教育需要上升为学校整体目标方能实现。只有学校教育整体指向的不是个人私己性欲求的无限扩展,才能真正开启教育的公共性。在此意义上,公民教育不是作为应试教育的补充,而是作为教育的根本目标,应当贯穿学校教育的始终,渗透在学校生活的方方面面。① 著名经济学家吴敬琏阐释了南开教育成功的奥秘:"我虽然只在南开念过两年书,但南开给予我的基本训练方面的影响,却是极其深远的。除语文、数学等功课外,从逻辑思维、语言表达,'公民'课上关于如何开会、如何选举、如何表决的训练……都使我终身受用不尽。'高贵',指的并不是生活上的奢侈和安逸,也不是目中无人和颐指气使,而是对德、智、体、美四育并进的高素质要求。"②

2011 年发生的药家鑫事件、2012 年的复旦投毒案事件都在某种程度上折射了教育的问题。我们就以药家鑫事件为例来加以说明。药家鑫被判死刑是他为自己的疯狂选择所付出的代价,尽管这个代价有些沉重。之所以是选择,是因为没有人强迫他这么做,是他自觉自愿去做的。之所以疯狂,是因为在那种情况下,他竟然忍心对一个陌生人连捅数刀。这不是什么应激情况下的举动,毕竟受害人当时对他没有构成任何威胁。对于药家鑫来说,车祸之后,他非但没有及时报警救人,反而担心受害人重伤不死会给自己带来无尽的麻烦,摊上沉重的债务,而选择用连捅数刀的方式残忍地杀害了受害人。这种行为的性质是极其恶劣的,是对别人生命和尊严的无情践踏。但我们对问题的探讨不能停留在对药家鑫的控诉和指责层面,还需进一步追问:是什么造就了今日的药家鑫?我们的社会,我们的教育难道不应为此担负一定的责任吗?我们的社会在给我们的学生传递什么样的价值观念,我们的学校和家庭又给孩子提供了什么样的成长环境,传递了什么样的价值观念?我们的社会更看重的是个人的成功和物质利益的获取,学校和家庭对升学和分数的看重最终指向的依然是成功和物质利益,至于那些关乎个体人格健全的正义感、道德良知、诚信都变得那么无足轻重,可有可无。毋庸置疑,对于药家鑫此类事件的发生,学校教育难

---

① 刘铁芳:《公共生活与公民教育:学校公民教育的哲学探究》,教育科学出版社 2013 年版,第 66 页。

② 傅国涌:《看民国的一间中学如何办学》,《羊城晚报》2013 年 4 月 4 日 B5 版。

辞其咎，理应反思自身的观念和实践。

依据杜威的观点，学校并非仅仅是为生活做准备，学校本身就是生活。在很大程度上，学校生活是学生生命生长的地方，是学生天性与潜能得以展现的地方，是为学生的美好生活筑梦的地方，为此，应该为学生的健康成长提供系统全面的教育影响。朱永新领衔和倡导的新教育实验就是要打破应试教育的藩篱，力图通过营造书香校园、师生共写随笔、培养卓越口才、聆听窗外声音、构筑理想课堂、建设数码社区，让学生过一种幸福完整的教育生活。如果学校教育只把重心放在学术学习和智力开发上，对学生的成长和发展是不公平的，也是不利于学生的健康成长的。全国特级教师霍懋征曾提出"十个学会"来实现学生的全面发展，即学会做人、学会自律、学会学习、学会思考、学会乐群、学会审美、学会创造、学会健身、学会生活、学会劳动。我国学者秋风明确指出："一个非常严重的问题是，现在的教育体系，从幼儿园到博士，纯粹是技术性知识的传授，包括社会科学人文科学也是这样。没有跟他们讲道、没有讲怎样养成君子人格，没有德性的耳濡目染。如果社会上的精英都是从这样的教育体系下训练出来，那么他们当然会缺乏必要的公共精神，和从事公共事务的能力。"[①] 成为一个合格公民，需要全面的教育观作为支撑。学生在学校里应该过一种丰富多样、和谐全面的生活。很难想象，一个对生活缺乏整体认识的人会成长为一个合格公民。我们也很难想象，一个不注重学生全面发展的学校，能够培养出具有良好公民意识和公民人格的现代合格公民。现代公民意识的养成有赖于学校提供全面的教育影响，否则合格公民的培养就失去了坚实的基础。

三 学生公民身份的特殊性

对于中小学生，我们必须明确两个观点：一是学生是公民；二是学生是准公民。就权利而言，学生作为公民享有法律所规定的各项权利（除选举权和被选举权），与成年公民并没有什么不同。《儿童权利公约》为儿童的公民地位提供了经典的理论注脚。在所有人的尊严都应受到尊重的基础上，《儿童权利公约》强调每一个儿童都是自己权利的拥有者，他们

---

① 何蕴琪：《我们需要怎么样的公民教育——与王人博、秋风一席谈》，《南风窗》2013年第3期。

的权利并不来源于或依赖于他们的父母或任何其他成年人。承认儿童的公民地位意味着他们不再仅仅被视为受保护的客体,而是作为主体像所有成年人一样拥有公民权利。尽管 18 岁以下的儿童青少年没有选举权和被选举权,但他们仍然是公民。在英国教育学者奥斯勒和斯塔基看来,儿童不是正在等待成为公民(citizens-in-waiting),而是拥有自己权利的公民。公民教育是对享有权利的公民进行的教育,而不是对等待成为公民的人进行的教育。①

长期以来,受中国集体本位文化和臣民文化传统的影响,我国社会和各级教育对公民权利皆存在较严重的认识不足和实践缺失的问题。在权利文化和权利意识整体缺失的情况下,学生的公民权利更是无法引起人们的应有关注。从小学到大学,学生常常被简单地看成是公民教育的消费者,而不是拥有社会权利、文化权利和政治权利的公民,不是民主学校建构的主体和公民教育实践的参与者。至于学校公共事务和重大决策征求儿童和青少年的意见,更是无从谈起。为此,学校公民教育的开展,必须对学生作为公民享有的各项权利予以认可和尊重。

作为准公民,中小学生是一个需要且渴望成长的存在。在阿伦特看来,儿童具有双重特性:他是一个新人又是一个成长着的人。这双重特性对应的是一种双重关系,即他和世界的关系、他同生命的关系。如果儿童不是一个新人,而只是一个未发育完全生物的话,教育的任务就变成了生存教育,教会他们如何谋生,如何维系自己的生命。而作为一个新人,由于他对这个世界还不熟悉,他必须缓慢地被引入,让其顺利地与原有的世界接轨。为此,教育者作为一个世界的代表,必须为这个直接承担责任,引领儿童进入持续变化的世界之中。基于对儿童特性的认识,阿伦特强调:"教育的要义在于,我们要决定我们对世界的爱是否足以让我们为世界承担责任,是否要让它免于毁灭,因为若不是有新的、年轻的面孔不断加入进来和重建它,它的毁灭就是不可避免的。教育同时也是要我们决定,我们对我们孩子的爱是否足以让我们不把他们排斥在我们的世界之外,是否要让他们自行做出决定,也就是说,不从他们手里夺走推陈出新、开创我们从未预见过的事业的机会,并提前为他们重建一个共同世界

---

① [英]奥德丽·奥斯勒、休·斯塔基:《变革中的公民身份:教育中的民主与包容》,王啸、黄玮珊译,教育科学出版社 2012 年版,第 96 页。

的任务做准备。"①

为此，在尊重学生主体性的同时，还自然要强调儿童需要接受成年公民（主要指教师）的引导，需要社会和成年公民保护他们的合法权益。《儿童权利公约》强调要给予儿童利益最优先的关注。"儿童的最大利益"也成为《儿童权利公约》的根本指导原则。联合国大会第二十七届特别会议通过的《适合儿童生长的世界》强调通过捍卫以下原则和目标来建立一个适合儿童生长的世界。（1）儿童第一。在所有关于儿童的行动中，将儿童的最高利益作为首要考虑。（2）消灭贫穷：投资于儿童。（3）对所有儿童一视同仁。无论男孩女孩，生来都是自由而享有同等尊严和权利的，必须停止对儿童一切形式的歧视。（4）照顾每一个儿童。儿童的生存、保护、成长和健康发展以及适当的营养是人类发展的重要基础。防治各种传染病、消除营养不良的主要原因、并在安全的环境中抚养儿童。（5）为所有儿童受教育。所有女孩和男孩都必须能获得并完成优质的免费义务初级教育，这是基础教育的基石。必须消除中小学教育中的性别差异。（6）保护儿童不受伤害和剥削。必须保护儿童不受任何暴力、虐待、剥削和歧视行为以及各种形式的恐怖主义和扣押人质行为之害。（7）保护儿童免受战争影响。（8）防治艾滋病毒或艾滋病。（9）倾听儿童的意见和确保他们参与。我们必须尊重他们表达意见以及按照其年龄和成熟程度参加与他们有关的所有事项的权利。（10）为儿童保护地球。必须保护我们的自然环境，尽可能减少自然灾害和环境退化对儿童的影响。

四　注重适切性

卢梭特别强调教育成年人采取的方法要和教育儿童的方法完全相反。在儿童的不同年龄段，教育内容和教育方法也应体现出差异性，遵循儿童身心发展的特点与需要。康德指出不同年龄阶段学生所受的教育应与其年龄相称，否则，教育效果就会适得其反。"成长中的少年的服从与儿童的服从不同，它指的是服从于义务的规则。出于义务而做某事意味着：听从理性。对儿童谈义务，那是白费口舌。他们至多只能认识到，义务是某种一旦违犯惩罚就会随之而来的东西。儿童只能为本能所引导，而一旦他们

---

① ［美］汉娜·阿伦特：《过去与未来之间》，王寅丽、张丽丽译，译林出版社2011年版，第182页。

长大，就必须接触义务的概念。羞耻概念也不能用于儿童，而应在少年阶段才引入。"① 为此，公民教育的实践必须遵循不同阶段学生发展的特点和需要，有针对性地选择教育内容，逐步引导学生进入公共生活与公共领域，渐次习得公共价值与公共精神，从而不断提升学生的公民意识与公民人格。在此方面，欧美发达国家的公民教育实践已经提供了很好的范例。

美国公民教育课程内容的设置就非常强调适切性，即与学生的年龄特征相适应，循序渐进地培养、拓宽与提升学生的公民意识。小学阶段的公民教育内容，大多是以培养基本的国家认同与爱国主义情感为主。初中阶段的公民教育，重点则转向政治、历史事件与人物等方面。而进入高中阶段，难度与深度均有所体现，涉及政府制度、经济体制、权利法案、国际关系等。②

再比如法国的公民教育，小学阶段主要以熟悉社会生活的基本准则、了解国家各级各类政治机构和政治制度的基本情况为主，而中学阶段的公民教育课程则围绕人和公民两大概念来组织，逐步侧重学生公民实践和参与能力的培养。初中四年公民教育的主题在不同年级有不同的侧重点：初中一年级，公民教育从人的权利和义务的概念出发来构建，主要是由于学习情境发生了巨大变化，需要学生在新的情境中重新确认自己的身份，获得他人的认可和尊敬，参与学校的生活；初中二年级和三年级，围绕着构成民主社会的价值观念来展开，如平等、团结、自由、安全和正义等；初中四年级则突出法兰西共和国、欧洲和当今世界中的公民身份维度，呈现一幅政治运作的总图画。③ 高中公民教育的具体主题在不同年级也有不同的侧重点。高一年级侧重"从社会生活到公民资格"，包括四个主题：（1）公民资格和公民性；（2）公民资格和整合（以及出生率问题）；（3）公民资格和劳动；（4）公民资格和家庭关系的变革。高二年级的中心问题是"如何通过现存制度行使其公民资格"，包括四个主题：（1）公民资格的行使，代表制和政治权利的合法性；（2）公民权利的行使，政治参与和集体行动的形式；（3）公民资格的行使，共和国和地方主义；（4）

---

① ［德］伊曼努尔·康德：《论教育学》，赵鹏、何兆武译，上海世纪出版集团 2005 年版，第 38 页。

② 檀传宝主编：《公民教育引论：国际经验、历史变迁与中国公民教育的选择》，人民出版社 2011 年版，第 33 页。

③ 汪凌：《法国普通高中公民教育课程》，《全球教育展望》2001 年第 7 期。

公民资格的行使和公民的义务。这一阶段，学生要掌握权力、代表制、合法性、共和国、民主、防卫和法治国家七个概念。高三年级侧重经受当今世界变革考验的公民资格。

五 公民知识与公民生活的结合

公民首先是国家赋予的一种社会身份或法律身份，但它不仅仅意味着一种身份，更意味着一种生活方式。"公民必须能够去做，而不是仅仅能够成为公民。"[①] 学校公民教育所要培养的公民意识，如参与、权利、责任、民主、诚信都应该与学生的日常生活实践紧密联系。公民教育固然需要开设相关的课程，学习相关的理论和知识，但从根本上要培养学生的公民意识与公民人格则必须依托于充满公民精神的学校生活实践，即让学校公民教育转变成日常生活形式，让学生在做公民的过程中形成公民意识，在行动实践中提升公民性，从而使公民意识的形成从小成为一种生活方式和行为习惯。公民是在进行理性言说、自由沟通、利益表达、积极参与公共事务的过程中成长起来的，没有公民行动的实践就不会有真正公民的诞生。培育学生的公民意识，让公民意识内化为学生的人格，根本上取决于学校能否为学生提供公民行动实践的机会，让学生在做公民的过程中，通过自己的感受、体验、经历而逐步成长为公民。并且，还必须真正按照公民的精神来开展教育活动，正如纽曼所言："所教的民主原则与教育的实际过程之间必须一致，否则，学生理所当然地就会不相信所教的民主原则，同时也对教育的过程产生怀疑。教育必须证实这些主要的民主原则，并将它们运用到教育的过程中。"[②]

托克维尔认为美国的国民教育之所以对民主制度的维护具有重要意义，正是由于其教育强调在实践中培养学生的公民性。"真正的知识，主要来自经验。假如美国人不是逐渐地习惯于自己治理自己，他们学到的书本知识今天也不会为他们的成功提供太大的帮助。……美国的居民不从书本去汲取实际知识和实证思想。书本知识只能培养他们接受实际知识和实证思想的能力，但不能向他们直接提供这些东西。美国人是通过参加立法

---

① ［英］德里克·希特：《何谓公民身份》，郭忠华译，吉林出版集团有限责任公司2007年版，第183页。

② ［美］柯尔伯格：《道德教育的哲学》，魏贤超译，浙江教育出版社2000年版，第303页。

活动而学会法律,通过参加管理工作而掌握政府的组织形式的。社会的主要工作,每天都是在他们的监视之下,甚至可以说是通过他们的手来完成的。"① 在很大程度上,民主不是会不会、能不能的问题,而是让不让做的问题。强调学生年龄小、经验不足、理性弱,不能进行民主实践,究其实质就是个假问题和伪问题,是对学生基本权利的剥夺,是对学生理性能力的忽视和不信任。即便对于小学生而言,他们依旧有参与学校公共生活的权利,亦具备一定的自治和管理能力。即便学生在此方面的能力不足,我们也不能以任何借口剥夺学生这些方面的权利。剥夺学生这些方面的权利也从根本上剥夺了培养学生民主意识、参与意识、自治意识等公民意识的机会,而培养学生此方面的公民意识恰恰又是学校教育不可推卸的重要职责。以美国为例,美国的中小学生的事务都由学生自治,学生间的领导职务都经由民主竞选程序获得。重要的公共决策要在公开辩论的基础上达成共识,所有学生的言论自由和思想自由都受到绝对保护。美国还有一个专门的组织叫"美国孩子投票",这是一个非营利、无党派、面向普通民众的一个组织,宗旨就是通过让现在的年轻人参与选举过程而保证未来的民主。点击"教育"这个栏目,就会找到适合每个年级的选举相关活动。

教育从来不是真空中的活动,本身就是社会生活的重要组成部分,与政治、经济、文化等因素紧密交织在一起。为此,公民教育的开展必须立足于鲜活具体的生活实践,充分利用报纸上的、社区里的大量事件、案例分析、焦点事件来组织公民教育,并让学生身体力行地进入社区,进入社会,在广阔的社会生活大舞台上实现公民性的成长。

六 学校、家庭与社会的结合

公民意识的培育,学校固然发挥着重要的作用,是不可替代的。但仅仅依靠学校教育的力量和参与,是无法托起公民意识培养的重任的。教育是一项非常复杂的系统工程。中国教育改革的成功需要政府,需要社会各界,需要家庭、学校、社会教育等多方面力量的配合,这已经成为大家的共识和常识。教育是培养人的,但人的成长和发展是多因素综合作用的结果和产物,这自然就决定了教育的复杂。

学校教育不能决定人的发展,学校教育也不能决定教育改革的成败,

---

① [美] 托克维尔:《论美国的民主》(下),董果良译,商务印书馆1989年版,第353页。

但学校教育可以对人的发展起着一种奠基和引领作用。也正是由于学校在教育体系中的独特价值，世界各国皆非常重视公立学校的改革与发展。但学校教育再重要，也只是影响个体发展的重要因素，而非决定性因素。关于此点，杜威早有论述："在我看来，设想学校能成为产生创造新社会秩序所需要的理智的和道德的变革，即态度、思想倾向和目的的变革的主要机构，这是不现实的。这种看法忽视了学校以外塑造心灵和品格的强大力量不断在起作用。它忽视这样的事实，即学校教育只是许多教育机构之一，在某些方面，充其量不过是一个比较次要的教育力量。"① 即便就学校教育而言，在应试教育与考试文化依旧大行其道的当下，学校培养公民的使命和责任也常常得不到应有的重视，与公民教育相关的课程也是常常被随意停开或挪作他用。

在培育公民意识的过程中，国家、父母和教师都扮演着重要的角色，"在公民、父母以及职业教育者之间广泛地分配教育权威支撑着民主的核心价值：以最具包容性形式出现的有意识的社会再生产"②。众所周知，父母是孩子的第一任也是最有影响力的教师。尽管有越来越多的人强调和呼吁学校要在公民教育中发挥更积极的作用，但任何时候都不应忽略和轻视父母所肩负的主要教育责任和发挥的重要教育作用。《卡拉马佐夫兄弟》中的主人翁阿辽沙在小说结尾如是说道："你们要知道，一个好的回忆，特别是儿童时代，从父母家里留下来的回忆，是世上最高尚，最强烈，最健康，而且对未来的生活最为有益的东西。人们对你们讲了许多教育你们的话，但是从儿童时代保存下来的美好、神圣的回忆也许是最好的回忆。如果一个人能把许多这类的回忆带到生活里去，他就会一辈子得救。甚至即使只有一个好的回忆留在我们的心里，也许在什么时候它也能成为拯救我们的一个手段。"③

学校在重视与家庭和父母的沟通时，还必须加强与社会的互动，充分利用社会资源。对于社会资源的利用，既可以让社会资源走进学校，也可以让学生走出学校，走进社区和社会。具体来说，学校可以邀请社会知名

---

① [美] 约翰·杜威：《教育和社会变动》，载赵祥麟、王承绪编《杜威教育名篇》，教育科学出版社2007年版，第241页。
② [美] 艾米·古特曼：《民主教育》，杨伟清译，译林出版社2010年版，第45页。
③ [俄] 陀思妥耶夫斯基：《卡拉马佐夫兄弟》，耿济之译，人民文学出版社1981年版，第869页。

人士，比如，人大代表、政协委员、律师等为学生适时开展与公民教育相关的讲座。学校还要合理利用当地的博物馆、图书馆、爱国主义教育基地、法院、检察院，组织学生参观、访问或旁听。充分利用社会资源来培养中小学生的公民意识也是世界发达国家公民教育的重要特点。在某种程度上，社会资源利用的情况如何决定了学校公民教育的水平和效果。

经由上述分析可见，学校必须加强与家庭、社会的联系，让家庭和社会积极参与学生的学校生活，从而构建一个全方位、立体化的教育网络，形成教育合力，共同致力于学生公民意识的养成。

第四章

公民意识培养的知识教学之维

自学校产生以来，学习知识就是学校教育的基本内容和基本手段。一方面，教育本身就意味着通过知识教学，实现知识的传递和传播，将外在的知识内化为个体的知识；另一方面，教育还借由知识的学习实现个体人格的完善与心灵的充盈。杜威在批判传统教育思想重知识、重课堂教学、重教师的基础上，转而重经验、重"做中学"、重学生，让学生在亲身实践中实现生活的展开与生命的成长，代表了现代教育改革的精神和方向。但教育改革的理论与实践证明，强调实践的重要价值，并不意味着知识教学的退场。任何时期的教育发展都不得不重视知识的教学，不得不重视知识的育人价值。赫钦斯指出："教育意味着教学；教学意味着知识。知识是真理。真理在任何地方都是相同的。"[①] 知识教学过去是、现在是，未来依旧是学校教育的基本手段。就公民意识的培养而言，通过公民知识的学习来养成学生的公民意识是不可或缺的重要途径。并且，这在很大程度上也体现了对公民教育的重视。知识教学本身没有问题，关键问题是教学什么样的内容和如何教学的问题。"教育的职责就是帮助学生发展成为良好的公民。如果学生仅仅是因为有人告诉他们应该成为好人而没有成为好人，那么我们就必须去了解一下他们所学的内容和他们以怎样的方式学习这两个方面是如何影响其良好品性特质的发展的。'蓝带学校'通过以不同的指导方法来鼓励学生努力学习的方式向学生提供本职工作的机会，正是通过这样的方式学校帮助学生发展了品性。"[②] 如果我们解决好了课程内容的设置和教学方法的优化问题，那么知识教学的公民教育价值便会更

---

① [美]赫钦斯：《普通教育》，载华东师范大学教育系、杭州大学教育系编译《现代西方资产阶级教育思想流派论著选》，人民教育出版社1980年版，第200页。

② [美]墨菲：《美国"蓝带学校"的品性教育——应对挑战的最佳实践》，周玲、张学文译，中国轻工业出版社2002年版，第170页。

好地体现出来。

第一节　把公民意识加入课程

一　公民意识加入课程的必要性

当下我国大多数中小学都笼罩在考试文化的阴影之下，教育被简化成智育，德育、体育和美育的目标和内容则被悬置一边。就智育而言，教师也常常把其简化为知识教学和技能训练。这样一种狭隘的教育使学生轻视生活意义、社会责任感、公共精神等方面的教育。事实上，课程中蕴含着丰富的公民意识资源。

课程在整个教育体系中处于关键和核心位置，"教育中关键的不是形式，而是教育的内容：教什么和学什么"①。课程直接回应了"什么知识最有价值"这一对社会发展尤为重要和根本的问题。实质上，课程集中体现了一个国家的教育理念和教育目标，并且教育理念和教育目标的达成也取决于课程的实践。正是基于此，世界各国的教育改革往往以课程改革作为突破口，以此来推进教育的改革与发展。

为此，要想使公民意识培养在学校教育中占有一席之地，首先要解决的就是明确公民意识培养是学校教育的重要目标，并在课程中有所体现。教师需要确立培养学生的公民意识是教育的重要任务，而后洞察、挖掘与利用课程中蕴含的道德问题、价值问题，帮助学生意识到成为一名好学生、一名好公民是一种义务和责任，这种义务和责任能深刻地塑造他们的公民意识和公民人格。通过公民教育，学生获得必要的知识、观念、经验以及过一种更有意义的社会生活的能力。忽略课程肩负的公民教育使命和课程中的公民教育资源，就无法保证公民教育目标的达成。在正规课程和非正规课程中培养公民意识是一项复杂的工作，需要进行广泛而深入的跨学科的公民研究。

---

① ［美］凯文·瑞安：《在学校中培养品德——将德育引入生活的实践策略》，苏静译，教育科学出版社2010年版，第86—87页。

二 公民意识加入课程的路径

（一）加强公民意识在课程标准中的分量

课程标准是规定某一学科的课程性质、课程目标、内容目标、实施建议的教学指导性文件，它对学生在经过一阶段的学习后在知识、技能、情感、态度与价值观等方面的变化做出的表述，实际上反映了国家对学生学习结果的期望。它是教材编写、教学、评估和考试命题的依据，是国家管理和评价课程的基础。因此，在整个课程体系和课程建设中占据十分重要的位置。

在2001年教育部颁布的《基础教育课程改革纲要》及其制定的义务教育阶段各学科课程标准中，对公民意识的内容有所表述，特别是"品德与生活""品德与社会""思想品德"和"思想政治"等课程标准中，但表述尚缺乏足够的力度和分量。而在2011年颁布的义务教育各学科课程标准中，在目标和内容等方面增强了公民意识的表述和分量。比如，2001年版《义务教育思想品德课程标准》（实验稿）只在总目标中提到"为使学生成为有理想、有道德、有文化、有纪律的好公民奠定基础"，但这一目标内容在分类目标中，并没有明确涉及公民意识培养的内容。而2011年版的《义务教育思想品德课程标准》不仅将总目标中的"好公民"改为"合格公民"，更切合教育和社会现实。更重要的还在于，在分目标"情感、态度、价值观"一维中，明确提出"树立规则意识、法制观念，有公共精神，增强公民意识"。而在"能力"目标一维中，则明确提出"逐步掌握交往与沟通的技能，学习参与社会公共生活的方法"。

尽管2011年颁布的义务教育阶段各学科课程标准加大和加重了公民意识方面的比重和分量，但与国外发达国家对公民教育的重视程度相比，还有一定的差距，尤其是还没有制定专门的公民教育方面的课程标准。美国公民教育中心1994年颁布了《公民与政府教育国家标准》，规定和说明了中小学各个年级要达到的公民教育目标和标准，其规定的课程目标为：培养知识丰富，能负责任地参与政治生活，而且乐意献身于美国宪政式民主的基本价值和原则的优秀公民。该标准对公民教育的内容要点进行了具体规定。英国则在1998年专门成立了公民教育咨询委员会，并于当年提交了《克里克报告》，提出了英国学校公民教育的国家计划。

（二）设置专门公民课程

在欧美发达国家，学校公民教育一直是培养公民意识的重要途径。学校、教师、教科书是重要的政治社会化媒介。通过它们，可以有效传递公民观念，合理规约公民行为，培育公民意识和完善公民人格。而在学校公民教育的实践中，开设专门的公民课程，将其作为必修课程已成为当代许多西方发达国家公民教育发展的共识。

1988 年英国颁布的《教育改革法案》取消了学校对于课程设置的自主权，实现了国家对课程的统一监管。随后不久，国家又颁布了《课程指导之公民教育》，将公民教育作为交叉课程之一，正式纳入国家中小学课程体系。1997 年新工党上台执政后，便加大了改革公民教育课程的力度。1998 年，在政府的鼎力支持下，由克里克爵士领衔的"公民教育咨询委员会"提交了关于公民教育的报告书，即《克里克报告》。报告从课程设置、授课方式入手，为日后中小学公民教育的发展提出了很多建设性的意见。2000 年英国政府正式将公民教育列为中小学的基础课程之一。从 2002 年 9 月开始，公民教育成为中学阶段（11—16 岁）的法定必修课，其学科地位得到了国家法律的确认，公民教育在正式的国家课程体系中占有一席之地。

《克里克报告》对公民教育课程的主要倡议包括如下方面：[1]

（1）公民和民主教学对学校和国家非常重要，因此公民教育是所有学生的必修课程。所有学校都必须承担这一任务。

（2）公民教育的目的是掌握与民主的本质和实践相关的知识、技能和价值；学生成为公民的义务、责任、权利和发展的主体；参与对个人、学校和社会进步有价值的社区活动；了解地方、国家和全球事务和问题以及成年生活的经济现实。

（3）每一个关键阶段都要有达到特定成果的标准，而不是详细的学习计划。学校也许希望将公民教育要素和其他科目（如历史和地理）结合起来，这有助于学校的灵活教学，保障所有的学生都达到要求。顾问团认为跨课程指导的尝试并没成功，有着内在的不利因素。

---

[1] Kerr D., "Changing the Political Culture: the Advisory Group on Education for Citizenship and the Teaching of Democracy in Schools", *Oxford Review of Education*, Vol. 25, No. 1&22, January 1999.

（4）学校每个关键阶段的公民教育课不得超过总课程时数的5%。时间如何分配，学校自行决定。

（5）所有5—16岁的学生都要检测其学习成果。顾问团建议在关键阶段1和阶段2（5—11岁儿童）可以凭借个人、社会和健康教育课进行简单、基本的检测。

（6）国家教育部要确保16岁之后学生的教育和培训，而不管其专业或学术课程情况如何。

（7）公民教育要求对学校来说是全新的，为此需要设立一个独立的公民教育委员会来确保新举措以合理的速度推进，避免任何的政治倾向性，监督和汇报公民教育进展情况。

20世纪80年代后，法国开始重建与重构公民教育课程，公民教育在基础教育的地位得到强化。1981年，政府以突出人权教育为基本原则重构了公民教育。1985年，法国开始以教育部的名义，颁布有关公民教育的详细的官方指引、学习规划和教学时间分配等方面的文件。1996年出台了新的初级中学公民教育指导方针与教育大纲。2000年颁布了《公民、法律和社会教育》课程教学大纲，该课程是专门对高中生进行公民教育而开设的必修课程，打破了此前在高中不设公民教育课的现象。21世纪初，法国又对公民教育进行了重大调整，但强调公民融入公共政治文化依旧是其关注的核心内容。

在我国公民教育实践的课程路径方面，德育课程是公民意识教育的主要载体和基本途径。我国公民意识的基本精神和基本内容也主要体现在德育课程标准和德育教科书中。具体来说，就是依托小学阶段的"品德与生活"和"品德与社会"、初中阶段的"思想品德"和高中阶段的"思想政治"来促进学生公民意识的养成。

我国《品德与生活课程标准》（2011）指出："基础教育必须加强社会主义核心价值体系教育，培养学生良好的公民道德素质和勇于探究的创新精神与实践能力。……品德与生活课程是一门以小学低年级儿童的生活为基础，以培养具有良好品德与行为习惯、乐于探究、热爱生活的儿童为目标的活动型综合课程。"课程目标确定为："旨在培养具有良好品德和行为习惯、乐于探究、热爱生活的儿童。"

《品德与社会课程标准》（2011）指出："良好品德是健全人格的根基，是公民素质的核心。……品德与社会课程是在小学中高年级开设的一门以学生生活为基础、以学生良好品德形成为核心、促进学生社会性发展的综合课程。"课程目标确定为："旨在培养学生的良好品德，促进学生的社会性发展，为学生认识社会、参与社会、适应社会，成为具有爱心、责任心、良好行为习惯和个性品质的公民奠定基础。"

《思想品德课程标准》（2011）指出："思想品德课程是一门以初中学生生活为基础、以引导和促进初中学生思想品德发展为根本目的的综合性课程。……帮助学生过积极健康的生活，做负责任的公民是课程的核心。"课程目标确定为："以社会主义核心价值体系为导向，旨在促进初中学生正确思想观念和良好道德品质的形成与发展，为使学生成为有理想、有道德、有文化、有纪律的社会主义合格公民奠定基础。"

《全日制普通高中思想政治新课程标准》指出："思想政治课的教学，与初中思想品德课相互衔接，与时事政策教育相互补充，与人文、社会学习领域其他科目的教学相互支撑，与学校其他各项德育工作相互配合，实现思想政治教育的目标。"课程目标确定为："学习相关的哲学社会科学知识；学会运用马克思主义的基本观点和方法，与时俱进地观察问题、分析问题、解决问题；具备即将成人的青年在现代社会中生活应有的自主、自立、自强的能力和态度；具有爱国主义、集体主义和社会主义思想，初步形成正确的世界观、人生观和价值观。"

就目前情况而言，学校首先要正确认识到公民教育与德育的不同，深刻解读德育课程标准关涉的公民意识教育目标和内容，切实认识到德育课程肩负的公民教育使命；其次要保障德育课程的正常开设，配备优秀的教师，保证足够的课时，避免德育课程走过场或流于形式；再者要充分挖掘教材和生活中的公民意识课程资源，丰富公民教育内容，从而更好地发挥德育课程的公民教育价值。

（三）学科课程的渗透

除了设置专门的公民课程，其他课程尤其是人文社会课程也是培养学生公民意识的有效载体。"人们往往特别会忽视人文科学。一般来讲，大多数教育体系并不是有助于受教育者——无论他们是青年还是成人——去认识他们自己，去理解他们个性中的有意识的和无意识的组成部分，去理解大脑机制、智力活动、支配身体发展的规律、梦想和抱负的意义，去理解他们相互之间的关系以及他们和整个共同体的关系。因此，教育忽视了教人如何在社会中生活、热爱生活并从事工作的基本职责；而人们必须创造这个社会,作为他们理想的体现。"①

美国中小学生公民意识的培养,就非常重视历史、地理等社会科学课程,这也成为美国公民教育课程教学的一个重要特色。"学校为什么要开设社会科学课程?因为不了解历史,就不会有智慧;不了解地理,就不会有社会和环境意识;不懂公民是什么,就没有具有民主精神的公民,也就不会有民主。社会科学课程的目标是培养社会理解力和公民效能。社会理解力是基于历史、地理、其他社会科学及人类学得出的人类对社会的知识。公民效能指准备并愿意承担公民责任。"② 美国全国社会科学理事会(NCSS)认为社会科学是对社会科学和人文学科的综合研究,其目的旨在提高公民能力。小学社会科学的主要目的是帮助年轻人开发其能力,让其根据自己的认知,以多元文化民主社会的公民身份在相互依赖的世界上为了公众的利益做出合理的决定。为了帮助教师更清楚地把握社会科学领域最重要的知识,美国全国社会科学理事会颁布的《社会科学课程标准》确定了10个主题:文化;时间、连续性及变化;人们、地点与环境;个人发展与身份认同;个人、群体与机构;权力、权威与管理;生产、分配与消费;科学、技术与社会;全球联系与相互依存;公民理想与实践。这些主题成为中小学社会科学教学的最有代表性的主题。

而在我们国家,早在1937年商务印书馆出版的"复兴初级中学教科书"《公民》第一册,在"学校生活与公民道德之培养"一章中,就明确指出学校设置的各种科目"都是使学生们获得必要的知识,和养成健全公民的要素。例如语文课的国文,不独可使我们能明白清楚地叙述事理,表达情意,而且可从中了解我国固有的文化;外国文,使我们得由外国的语言文字中了解外国的事物情况。又如历史地理,不但使我们明白本国与外国的历史事实与地理情况,且可激发我们的爱护国家、爱护民族的观念。这些知识,可说没有一种不是一个健全公民所需要的。不但如此,我们做课业的活动,直接是学习功课,间接乃是培养公民道德"③。

---

① 联合国教科文组织国际教育发展委员会:《学会生存——教育世界的今天和明天》,华东师范大学比较教育研究所译,教育科学出版社1996年版,第94—95页。

② [美]沃尔特·C. 帕克:《美国小学社会与公民教育》,谢竹艳译,江苏教育出版社2006年版,第24页。

③ 傅国涌:《百年转型中的公民教育》(http://www.21ccom.net/plus/view.php?aid=36550&ALL=1)。

在学科课程的渗透中,特别要强调人文学科的价值。以历史学科为例,历史课程中蕴含着丰富的公民教育资源,对于国家认同感与归属感的形成,对于爱国主义情感的培养,对于批判性思维能力的提升具有不可替代的价值。正如黑格尔所说:"事实上,我们之所以是我们,乃是由于我们有历史,或者说得更确切些,正如在思想史的领域里,过去的东西只是一方面,所以构成我们现在的,那个有共同性和永久性的成分,与我们的历史性也是不可分离地结合着的。我们在现世界所具有的自觉的理性,并不是一下子得来的,也不只是从现在的基础上生长起来的,而是本质上原来就具有的一种遗产,确切地说,乃是一种工作的成果——人类所有过去各时代工作的成果。"①

三 我国公民课程的历史沿革②

一般来说,公民教育在中国滥觞于晚清。从辛亥革命到民国初年,公民课正式成为学校教育的一门课程。中华民国首任教育总长蔡元培主张"军国民教育、实利主义教育、公民道德教育、世界观教育、美感教育"五育并举的教育方针,为公民课程的设立提供了政策依据。何谓公民道德?在蔡元培看来,法兰西之革命所标榜自由、平等、博爱,就是公民道德的要旨所在。

民国初期商务印书馆推出共和国教科书系列中的"新修身教科书",明确表示:本书以养成共和国民之道德为目的,注重独立、自尊、爱国、乐群诸义,这与过去的"修身"课存在很大区别。1912年6月第一版,1917年6月已出到218版的《共和国教科书新修身》,第八册就涉及了"守法律""服兵役""纳税""教育""选举""平等""自由""好国民""尊重名誉"等主题内容。

教育部1916年10月颁布的《修正国民学校令施行细则》中有《修身要旨》,提出修身科"兼授公民须知"。《公民须知》分五章十五节,对公民、公民之资格、公民之权利(自由、平等、选举与从政)、公民之义务(纳税与公债、服兵、守法、教育)、地方自治、国家之组织(国体与

---

① [德]黑格尔:《哲学史讲演录》(第一卷),贺麟、王太庆译,商务印书馆1959年第1版,第7—8页。

② 民国时期公民课程发展和演变状况主要参考傅国涌《从教科书看历史上公民教育转型》,《深圳特区报》2011年4月19日D2版。

政体、立法、司法与行政）等问题作了简明扼要的介绍。

1922年12月新学制课程标准起草委员会通过《中小学课程纲要》草案，修身科改为公民科。"新学制教科书"1924年5月出版，高级小学使用李泽彰编写的《新学制公民教科书》（共四册），初中使用周鲠生编写的《新学制公民教科书》（共三册）。从内容到名称，公民课完全替代了修身课，成为基础教育阶段培育公民的核心，公民教育的地位正式确立，原先国文教科书承担的公民教育职能从此弱化。在公民教科书《编辑大意》中明确强调："对于良好公民应具有的知识，习惯和精神，予以同等的注意，以期养成忠勇服务的明达公民。"

南京国民政府时期，逐步以党化教育来取代公民教育。1928年大学院颁布《小学暂行条例》，在公民科外增设三民主义科。教育部1929年8月颁布的《中学课程标准》中公民科就被党义科替代。1932年10月教育部颁布《小学课程标准》，公民训练与国语、算术等一起被列为十科之一。1933年2月，教育部颁布《小学公民训练标准》强调小学要以养成健全的公民为目标。1937年3月，依照教育部修正的课程标准，商务印书馆又出版了新的一版公民教科书。比如，"复兴初级中学教科书"《公民》第一册，先从"群己"关系入手，再澄清公民与公民的关系，提出一个良好公民须具备的条件，"不但须有强健的体魄，丰富的知识，并须有优美的道德，有浓厚的爱国心，有努力从公的精神；对于为国家服务方面，应谨慎地行使政治上的权利，应竭力地实践政治上的责任。一个国家的盛衰，全靠公民的良好与否；国家有良好的公民，便日趋强盛，否则便日趋衰弱"。

1949年新中国成立之后，改革开放以前的30年左右的时间，公民教育处于被废弃的非正常状态。由于封建社会臣民文化传统和臣民教育的深远影响，以及新中国成立后党和政府对政治教育和集体主义教育的过分强调，学校公民教育没有生存的空间和土壤，中国民众普遍缺乏公民意识，公民教育完全被思想政治教育所代替。

1985年8月，中共中央发出《关于改革学校思想品德和政治理论课程教学的通知》，中学政治课从此改为"思想政治课"。根据通知精神，原国家教委面向初中一年级开设"公民"课程，这是新中国成立后第一次确立的公民教育课程。初二开设"社会发展简史"，初三开设"中国社会主义建设常识"，高一开设"共产主义人生观"（后改为"科学人生观"），高二开设"经济常识"，高三开设"政治常识"。随后在原国家教委的大力推动下，公民教育在全国得以开展。

但到了20世纪90年代，公民教育课程的相关建设又陷入了裹足不前的阶段。直到2001年《公民道德建设实施纲要》的颁布，重新开启了公民教育发展的新篇章。但真正对我国公民教育发展产生决定性影响的则是中共十七大报告。中共十七大报告将公民教育上升到党和政府的主导意志，对公民意识给予了前所未有的强调和重视，从而为公民教育的发展提供了最强有力的政策支持。中共十八大报告明确提出"倡导富强、民主、文明、和谐，倡导自由、平等、公正、法治，倡导爱国、敬业、诚信、友善，积极培育和践行社会主义核心价值观"，这为公民意识的内容架构及实施提供了清晰明确的方向。社会主义核心价值观的内容自然也必然成为公民意识教育的核心内容，贯穿于教育的全过程，贯穿于各级各类教育。尽管从政策层面和学理层面上认识到了公民意识培养的重要性，但相较于国外公民教育课程建设而言，甚至相较于民国时期公民教育课程建设，目前我国的公民教育课程建设还存在着一定的差距。

第二节 公民意识教学的重点内容

一 主体意识教育

有学者指出，培育公民精神，首要就是顺应社会构成个体化的时代潮流，把社会成员从各种传统的桎梏中解放出来。个体的身份不再由某个集体来界定，只能在统一的社会结构中求同存异，自我塑造。[1] 鲁迅曾指出中国历史上从来未出现过"人"的时代，而只有两个时代，一个是想做奴隶而不得的时代，一个是暂时做稳了奴隶的时代。按照刘再复先生的说法，个体意识的觉醒是20世纪三大觉醒之一。"五四新文化运动"完成了中国近现代第二个重大意识的觉醒，即人的意识的觉醒，特别是个体意识的觉醒。不是群体性的"民"才重要，每一个个体都是重要的，从而突出了个体。但遗憾的是，"五四新文化运动"对"人—个体"的发现并

---

[1] 吴鹏森：《社会重建视阈下的公民精神培育》，《探索与争鸣》2013年第8期。

没有使"人"的意识得以在中国大地上扎根。人的意识被随之出现的民族国家意识压倒之后，进而被一种更为强大的意识——阶级意识完全湮没。国家意识与阶级意识紧密结合后导致国家变成绝对权威和绝对偶像。这种权威发展到极端，便是国家对个体心灵的全面管理和全面专政。这一情况在"文革"时期发展到极端。"文革"时期，国家权力完全把个体从私人生活中抽离出来，把私人生活政治化、公开化、公共化，个体的自我利益和人格尊严被严重侵犯。私人生活的各种必要组织、制度遭受严重破坏。人被国家或政府自上而下地编入单位、街道、公社中。只是此时的人并不是独立公民，而只是完全隶属于国家的"螺丝钉"。时至今日，我国公民人格的依附性依旧非常普遍和严重。"在家里，听父母的话；在学校里，听老师的话；在单位里，听领导的话"可以说是中国民众比较真实、生动的写照。听话、顺从则成了中国民众的代言词。就学校教育而言，教师心目中的好学生也往往是听话、顺从的学生。尽管我们的教育理念和教育目标一再强调要把学生培养学习的主人和生活的主人，但现实教育实践中的诸多观念和做法则背离了教育理念和教育目标，更多的时候是把学生当成了工具和机器，不允许自由选择，不允许质疑，不允许自我决定和自我治理。

二 权利意识教育

我国传统文化的重心和主体是义务，权利基本处于缺席状态，这导致民众的权利意识比较淡薄。在现实生活中，许多人把公民教育当成道德教育，公民意识最重要的就是道德意识或干脆把公民意识等同于道德意识。新中国之后，无论是培养"又红又专"的人，还是培养"有理想、有道德、有文化、有纪律"的"四有"新人，皆是把道德放在首要或突出位置，而鲜有对权利的强调。而现代公民文化首要的就是权利文化，权利可以说是现代公民文化的基础。没有权利意识，就没有现代公民文化。

《宪法》规定我国公民的基本权利，主要包括以下十个方面：（1）法律面前一律平等；（2）政治权利和自由，包括选举权和被选举权，言论、出版、集会、结社、游行、示威的自由；（3）宗教信仰自由；（4）人身与人格权，包括人身自由不受侵犯，人格尊严不受侵犯，住宅不受侵犯，通信自由和通信秘密受法律保护；（5）监督权，包括对国家机关及其工作人员有批评、建议、申诉、控告、检举并依法取得赔偿的权利；

（6）社会经济权利，包括劳动权利，劳动者休息权利，退休人员生活保障权利，因年老、疾病、残疾或丧失劳动能力时从国家和社会获得社会保障与物质帮助的权利；（7）社会文化权利和自由，包括受教育权利，进行科研、文艺创作和其他文化活动的自由；（8）妇女保护权，包括妇女在政治、经济、文化、社会和家庭生活等方面享有同男子同等的权利；（9）婚姻、家庭、母亲和儿童受国家保护；（10）华侨、归侨和侨眷的正当权力和利益受国家保护。

在笔者发放的调查问卷中，第39题"公民享有哪些基本权利，请列举不少于3个"，调查结果统计表明：大多数学生对公民权利的认识主要集中在政治权利方面，对公民权利和社会权利认识存在明显不足。有58.89%的学生都提到了选举权和被选举权，但只有30%的学生回答出各级人大代表一届任期时间是5年；35%的学生提到了监督权；只有11.41%的学生提到言论自由；5.8%的学生提到受教育权；5%的人提到劳动权；只有3个学生提到人格权。因此，从整体上来说，我国学生对公民权利的整体认识还存在很大偏差，缺乏对公民权利的系统全面了解。

三 责任意识教育

现代公民教育虽然强调权利优先，但完整的公民意识是权利意识与责任意识的统一，因此，责任意识自然是公民教育的重要组成部分。只强调责任意识，而不强调权利意识，不会有真正意义上的现代公民。同样，只强调权利，而不注重责任，也不会有真正意义上的现代公民。自由主义公民与公民教育理论对权利的过分强调和对责任的忽视，导致了一系列的社会问题。福克斯指出："自由主义所培育出来的个人主义只会以一种自私和工具主义的态度看待民主和公民身份，它不是把它们看作是公共生活的表现，相反，而是把它们看作是促进个人利益的工具。它一味要求权利，但却不承担义务，自由从而蜕化为一种一味要求的借口。"① 在他看来，自由主义强调市场权利而忽视公民责任，从而形成了一种有失偏颇的公民身份观。《宪法》规定我国公民的基本义务包括以下几个方面：（1）维护国家的统一和全国各民族的团结；（2）遵守宪法和法律，保守国家秘密，

---

① [美] 基思·福克斯：《公民身份》，郭忠华译，吉林出版集团有限责任公司2009年版，第57—58页。

爱护公共财产，遵守劳动纪律，遵守公共秩序，尊重社会公德；（3）维护国家的安全、荣誉和利益，不得有危害祖国的安全、荣誉和利益的行为；（4）保卫祖国，抵抗侵略，依照法律服兵役和参加民兵组织；（5）依照法律纳税；（6）在行使自由和权利的时候，不得损害国家的、社会的、集体的利益和其他公民的合法的自由和权利。这些内容都应该成为公民意识教育的重要内容。

尽管我国传统文化尤其是儒家文化比较强调责任，即强调个体对他人、对社会、对国家的责任担当，这同样是现代社会责任意识的重要组成部分。但对于大多数民众来说，还是缺乏责任心的。关于此点，傅斯年曾撰文《中国狗和中国人》指出："我以为中国人的无责任心，真要算达于极点了。单独的行动，百人中有九十九个是卑鄙的。为什么呢？卑鄙可以满足他自身肉体的快乐——他只对这个负责任——至于卑鄙而发生的许多恶影响，反正他以为在别人身上，他是对于自己以外的不负责任的，所以不顾了。团体的行动，百人中有九十九是过度的。斗狠起来过度；求的目的便在度之外，手段更是过度的。这可就中国历年的政争证明。为什么要这样呢？他以为虽过度了，于他自己无害；成功了他可抢得很多的一份，失败了人人分一份，他所分的一份也不比别人多，所以不择手段。……我很觉得中国人没有民族的责任心——这就是不怕亡国灭种。我又觉得中国人没有事业的责任心——所以成就的事业极少；没有私立的学校，公立的学校也多半是等于官署；没有有力的工厂；没有不磨的言论机关。"①

四　公德意识教育

我国传统社会是道德本位，有着丰富的道德思想与道德教育资源。但我国传统道德文化受儒家道德理想主义的影响，提倡和追求的是美德层面的道德，而不是规则层面的道德，更多的指向于私人领域与个体的精神追求，而不是指向于公共领域与大众的普遍追求。李泽厚认为道德可以分为两种：宗教性道德和社会性道德。所谓宗教性道德即所谓先验的或普遍必然的、放之四海而皆准的道德，经常与一定的信仰、理想有关。所谓社会性道德，是指受一定环境、条件、时间、空间以及不同的民族背景、风俗

---

① 傅斯年：《中国狗和中国人》，《读者》2013年第13期（原载《新青年》1919年第六卷）。

习惯、经济条件变化所决定的那种道德。这两种道德经常交融混合、交叉在一起，有时前（后）者以后（前）者形式出现，但两者又仍有区别，有时且有矛盾冲突。在他看来，社会性道德与政治、法律关系密切，经常要求社会成员遵循；宗教性道德则常是个体的终极关怀所在，是对自己生命意义的一种寄托，因人而异，个人觉得这样做心安理得，觉得值得牺牲自己来这样做，但不能要求每个人都这样做，更不能由政府来宣传或推行。人可以追求宗教性道德，也可以不追求。只要人遵守法律，能进入社会性道德就可以了。① 李泽厚的社会性道德就相当于公德意识。

现代社会首要和根本的就是要求公民认同和自觉践行公共道德，而不是个体道德。虽然强调公民个体的道德选择是重要的，但公共道德是基础的、优先的道德义务，要求每一个公民的认同、承诺和践行。没有对公共道德的认同、承诺和践行，公共生活就会陷入混乱、无序，个体的道德生活和道德选择也常常会受到不公正的对待。胡适认为一个肮脏的国家，如果人人都开始讲规则而不是谈道德，最终会变成一个有人味儿的正常国家，道德自然会逐渐回归；一个干净的国家，如果人人都不讲规则却大谈道德，人人都争当高尚，天天没事儿就谈道德规范，人人都大公无私，最终这个国家会堕落成为一个伪君子遍布的肮脏国家。公民教育的目标不是使每个人成为道德高尚、品行高洁的公民，而是要把每个人培养成为遵守公共生活领域的公共道德的公民。而现实公共生活领域中的存在大量违反道德规则的现象，比如乱穿马路、随地吐痰、大声喧哗、乱扔垃圾、破坏公共财物，都反映了国人公德意识的严重缺失。经由上述分析可见，无论就公民教育的内在逻辑，还是就我国公民素养的现状而言，加强公德意识教育都成为中小学刻不容缓的重要任务。

五 法治意识教育

党中央充分认识到依法治国的重要性，并将依法治国作为十八届四中全会的主题，这在党的历史上尚属首次。会议审议通过了《中共中央关于全面推进依法治国若干重大问题的决定》。法治可以为创新和加强社会和国家治理体系提供制度保障。当然，我们也要清醒地认识到，如果公民不信守法治精神，不具备法治意识，那么任何合理的制度建设都只能流于

---

① 李泽厚、王德胜：《关于文化现状、道德重建的对话》（上），《东方》1994 年第 5 期。

形式，任何美好的蓝图和愿景都只能流于空谈。中国社会普遍存在的人情文化和权力文化，在很大程度上阻隔了法治建设的进程。诺贝尔经济学奖获得者科斯曾经给中国提出忠告，中国需要的不是更多的经济，而是法律。曾担任过美国驻华大使的美籍华人骆家辉用12条来评价现在的中国人，尽管一些观点有丑化中国公民之嫌，失于片面，但其中有两条还是有一定道理的，就是"能通过关系办的事，绝不通过正当途径解决"、"不愿为执行规则所累，宁愿为适应潜规则受罪"。许多中国公民的法治意识非常淡薄，在他们看来，只要有本事，再复杂的事情都能通过关系或潜规则摆平。长久以来的官本位文化更是制约公民法治意识养成的巨大绊脚石。新华社记者郭奔胜谈到的让他挥之不去的四个镜头，是中国的普遍现象。其中两个镜头的情节如下：①

（1）跟随一位市委书记调研时，这位书记在车上大谈加强法治的紧迫性，尤其是领导干部带头守法的重要性，而下车在指挥拆迁时，大手一挥，把这个拆了，把那个拆了，可谓是"谈法治时滔滔不绝，做决策时权力滔滔"。

（2）有人想让一位市委书记干预一起法院审理的案件，他回复说，法院独立审案子，自己无权干预，结果这位请托人拍着桌子吼道，"全市都归你管，法院还能不听你的?!"

由上分析可见，法治意识教育毋庸置疑地应成为当前学校教育的重心之一。习近平总书记一再强调："依法治国，首先是依宪治国；依法执政，关键是依宪执政。"在中华人民共和国宪法公布施行30周年的纪念大会上，习近平强调指出，宪法与国家前途、人民命运息息相关。维护宪法权威，就是维护党和人民共同意志的权威。捍卫宪法尊严，就是捍卫党和人民共同意志的尊严。保证宪法实施，就是保证人民根本利益的实现。只要我们切实尊重和有效实施宪法，人民当家做主就有保证，党和国家事业就能顺利发展。我们要更加自觉地恪守宪法原则、弘扬宪法精神、履行宪法使命。宪法是国家的根本大法，是法治精神的集中和根本体现。因

---

① 郭奔胜：《某市委书记拒请托被吼：全市都归你管 法院能不听?》（http://politics.people.com.cn/n/2014/1019/c70731—25861761.html）。

此，当前对中小学生加强法治意识教育，首要和最根本的就是学习宪法知识、领会宪法精神、维护宪法权威，形成宪法认同。

第三节 公民意识教学的实践策略

一 公民教学的实践逻辑：自由选择与价值引导的建构[①]

每个学生都是不可代替的，也是不可还原的，因此，每个学生的存在都具有绝对的价值和绝对的尊严，每个人都理应被允许根据自己的价值偏好和旨趣来自由选择适合自己的价值观念与生活方式，这是其作为公民享有的基本权利。公民教育的根本目标之一就是使每个公民充分意识到自我的存在是独一无二的，公民人格的生成与发展取决于个体的自由选择。尊重和保障公民自由的教育实践必定是不道德的，不利于公民意识和公民人格成长的。即便学生是未成年公民，缺乏必要的生活经验与一定的理性判断和理性选择的能力，但也不能成为教师侵犯甚或剥夺公民自由权的借口或理由。用教育者所认为的好思想来代替学生的选择无疑都是一种专制，都是对学生选择权利的侵犯，都是对学生自主选择的不信任。将规定的知识、思想观念、道德规范与价值倾向等内容，通过直接告知的方式，告诉儿童什么是应该做的，什么是不应该做的，什么是正确的，什么是错误的等，这事实上是把儿童当作一个完全空白的容器，儿童的任务就是将教师所传达的那些内容记住并能背出。对儿童而言，重要的不是理解，而是遵从、接受，更不要说反思与批判。儿童被当作消极的客体，而不是有自己的动机、观点、思想和意图的自觉主体。儿童个体的主观意愿和见地被悬置了，个体的主体性被放逐了，成为学校和教师的附属品，成为社会和他人的工具和手段，而这在很大程度上也阻隔了儿童对未知世界的思考和探询。教育中的强制现象就是对个体自主选择意识与能力的不信任，就是对公民基本权利的漠视与剥夺，其最终结果常常导致个体形成依从性或奴性人格，而非自主独立型人格。杜威指出："儿童在学校里必须允许有自由，这样当他们能够控制自己身体的时候，他们将会知道自由的运用意味

[①] 张夫伟：《道德选择与道德教育的现代性危机》，中国社会科学出版社2014年版，第126—132页。

着什么，他们也必须被允许去发展积极的品质，如主动性、独立性和善于应变能力，这样民主制度的滥用和失败的现象才会消失。"① 为此，公民教学理应强调学生的主体意识，维护学生的言论自由、思想自由和选择自由，尊重他们的公民权利。

但与此同时，我们还应认识到真正的公民教育是教师和学生共同构筑的交往世界，真正的公民教育过程是师生自由对话、平等交往、民主协商、共生共长的过程，而公民教育的目的则是促进学生公民性的启蒙与提升，实现学生公民意识、公民德性和公民人格的养成。我们的确承认每个人都是自己生活的设计者和创造者，但教育作为一种向善的活动，其施加的影响绝不可能是不加区别的，其必定要对受教育者施加积极的影响。我们亦承认，教师在引导的过程中，会存在一些风险，出现强制现象，但这并不能成为放弃引导的借口。毕竟，作为未成年学生，他们尚不能正确地认识自我，很难摆脱不现实的幻想和不正确的思想，常常受外界不良思想的摆布。人本主义思想家弗洛姆之所以提出要逃避自由就是看到了自由的异化，他强调自由是幸福的必要条件，也是美德的必要条件，自由必须同自我潜力的挖掘，道德人格的提升相联系，否则自由将导致对人的奴役。"自由并不意味着能任意选择，也并非只是摆脱必然性，自由是根据人的存在法则去认识人的潜力，实现人的真正本质。"② 因此，自由不是为所欲为，不是想选择什么就选择什么。自由意味着人的自由必须同自我决定、自我实现相联系，自由必须服务于公民德性与公民人格的成长。中小学生作为未成年公民，他们尚不能正确地认识自我，很难摆脱不现实的幻想和不正确的思想，常常受外界不良思想的摆布。作为社会代言人的教师，他们有权利也有义务把学生从错误的思想和行为中拯救出来，此种行为对于学生是有益而非有害的。教师存在的根本使命就是要将学生引向真善美的方向，推动学生理性能力的提升和公民人格的完善。当然，如果教师缺乏良好的教育素养和公民精神，引导很有可能会变成强制，这也决定了引导的谨慎，需要教师不断提高引导的艺术，体现教育的智慧。

尊重学生的自由，提高学生自由选择的能力，培养学生自主独立型人

---

① [美]约翰·杜威：《学校与社会·明日之学校》，赵祥麟、任钟印等译，人民教育出版社2005年版，第387页。

② [美]弗洛姆：《为自己的人》，孙依依译，生活·读书·新知三联书店1988年版，第223页。

格是公民教育的重要内容，但一味地强调和鼓吹个体的自由和权利，而忽视对教育秩序和价值引导合理性与合法性的强调，极其可能导致另一种形式的专制或霸权。以促进学生公民性成长为旨归的公民教育不能不重视价值引导的必要与艺术。公民教育理应创造出有利于公民意识、公民能力和公民德性成长与提升的育人环境，以自由、平等、理性、民主、宽容、正义、友爱、向善的精神展开教育与个体交往的教化方式，将人性中优秀、卓越与美好的因素更好地挖掘出来。当然，公民教育保持自己的价值立场，发挥自己的引导作用绝不是要树立价值权威，更不是实施价值专制，而是基于尊重个体权利基础上的对话、沟通、启迪与引领。"对于自由与控制的二律背反的阐释全部向一面倾斜，从教育学的角度上说是有问题的。儿童的生活既需要自由，也需要秩序。他们需要受到控制的自由以及那种将自由推向前进的控制。具有讽刺意味的是，一个高度放纵的和几乎完全没有约束的环境似乎并不是如有些人说提出的那样，能促进年轻人的那种合作性、温和性、积极的自我概念和自律。而一个森严的规章制度，盲目的服从，强加的纪律和严厉的惩罚，高度规章化的环境同样也是对年轻人的积极成长极为不利的。高度放纵和高度规章化的环境一直是与年轻人的毁灭性的、充满冲突的和无序的行为相联系的。"① 公民教育正是在调解自由选择与价值引导二者之间的冲突中实现自己的价值诉求与目标承诺的。消解了这种冲突，也就消解了公民教育。尽管冲突增加了公民教育的复杂性和难度，但也凸显了教育的艺术和智慧。公民教学努力的方向就是实现个体自由选择与教师引导的平衡，更好地促进学生公民意识的成长、公民能力的提升与公民品性的完善。

二 灌输式教学的批判性考察

我国原有课堂教学的最大弊端就是教师宰制和控制课堂教学，把知识灌输给学生。在这个过程中，教师要做的就是引导学生识记和掌握所灌输的内容，学生则是被动、消极的接受者，是处于服从和隶属位置的，其话语权和思考自由是被扼杀的。教师越是灌输得彻底，就越是好教师。学生越是温顺地让自己被灌输，就越是好学生。为此，学生在课堂上要做的就

---

① ［加］马克斯·范梅南：《教学机智——教育智慧的意蕴》，李树英译，教育科学出版社2001年版，第84页。

是耐心倾听、认真记录、积极配合，听命于教师灌输的各种知识，不要也不能对教师所灌输的内容发出不同声音，提出不同观点，做出不合教师期望的行为，否则，就会遭受到教师的指责甚至是体罚。"教育就变成了一种存储行为。学生是保管人，教师是储户。教师不是去交流，而是发表公报，让学生耐心地接受、记忆和重复存储材料。这就是'灌输式'的教育概念（'banking' concept of education）。"①

保罗·弗莱雷深入剖析了灌输式教育的态度和做法，并强调这些态度和做法整体上反映了压迫社会的面貌：教师教，学生被教；教师无所不知，学生一无所知；教师思考，学生被思考；教师讲，学生听——温顺地听；教师制定纪律，学生遵守纪律；教师做出选择并将选择强加于学生，学生唯命是从；教师做出行动，学生则幻想通过教师的行动而行动；教师选择学习内容，学生适应学习内容；教师把自己作为学生自由的对立面而建立起来的专业权威与知识权威混为一谈；教师是学习过程的主体，而学生只纯粹是客体。事实上，依据弗莱雷的观念，教师实际扮演的是压迫者角色，学生扮演的则是被压迫者角色。"压迫者与被压迫者关系中的基本要素之一是规定（prescription）。每一种规定代表着把一个人的选择强加给另一个人，这样就把接受规定者的意识改变成为一种与规定者的意识相一致的意识。由此，被压迫者的行为是一种被规定的行为，实际上是在遵循压迫者的旨意。"② 可见，灌输式教育主导下的课堂教学，学生的主体地位无从体现，学生言说自由、思想自由、批判性意识亦是无从说起。他们成为课堂教学生活的看客和听客，不参与，不批判，不反思，成为自主和批判意识缺失的、听话和顺从的乖学生，而这就是教师眼中的好学生。换句话说，此种教育培养出来的只能是顺从和适应的被压迫者，而不是具有自主意识和解放精神的现代公民，这对于民主社会的发展是极为不利的。泰戈尔在《民族主义》的演讲里表达了这样的观点，即社会生活的官僚化以及现代国家无情的、机器般的特点，扼杀了人们的道德想象，使人们默许暴行时毫无良心的剧痛。如果不想让世界径直走向毁灭，思想的独立便至关重要。而只有建立充满活力的、批判性的公共文化，才有可能

---

① ［巴西］保罗·弗莱雷：《被压迫者教育学》，顾建新、赵友华等译，华东师范大学出版社 2001 年版，第 25 页。
② 同上书，第 4 页。

避免这种错误的倾向。

在目前的教育领域中，灌输作为传统教育的一个基本特征，成为大多数教育工作者批判的靶子，被批得可以说是体无完肤。尽管还有部分人对其存在的一定的合理性进行辩护，但灌输存在的严重弊端却是不争之事实。然而，人们在对灌输进行指责的同时，还存在着对灌输的误读，还未能真正把握究竟怎样才算是灌输，何以要批判和拒绝灌输。

一般来说，灌输发生在两种情况下，一个是内容方面，另一个是方法方面。灌输所传递的内容是绝对正确的，是不容怀疑的。如果其传递的内容的确是错误的，学生也没有权利不去接受，而只能把那错误的东西当作正确的东西，把模糊不确定的东西当作确定无疑的东西。于是，学生要做的只能是不能有任何质疑与反对地全盘接受。灌输所运用的方法是单一的，是强制性的。就教师而言，他不考虑学生已有的知识经验与生活经历，漠视或忽视学生的主动性，而一味地把知识硬塞给学生。就学生而言，他对教师所灌输的东西则是一味地听记，全盘接受。因此，教师成了"传声机"，而学生则成了"录音机"。在这里，教师与学生之间没有对话与沟通，没有研讨与争鸣。内容和方法两个方面中，如果有一个处理不当，就会导致灌输的出现。当然，灌输也会出现在内容和方法相结合的情况下，在此条件下，灌输表现得最为明显，其危害也更大。

我们还要正确认识到宣传教育实质上也是一种灌输教育。在我国学校教育生活中，宣传是教育者经常使用的一种手段。一般来说，宣传具有激励、鼓舞、引导、劝服、批判等多种作用。其基本功能是劝服，即通过多种内容和形式，阐明某种观念、立场和观点，使人能尽快认同和接受某种观念、立场和观点，进而让人们采取行动。法国社会学家雅克·埃吕尔指出：宣传更重要的目的是改变人的公共行为，使人有正确行为。不仅如此，宣传还要代替和取消人的思考，让人在没有思考的情况下就能有所行动。埃吕尔指出宣传的实质就是排除对立和讨论，一旦表现出思想分歧和行为冲突，就不能说宣传已经达到了目的。宣传要达到一种"准全体"（quasi-unanimity）的一致性。

1940年，潘光旦在《宣传不是教育》一文中强调教育有两种方式：灌输和启发。只有着重启发的意义而力行启发的方式的教育，才是真正的教育，否则便是宣传。宣传与教育不仅在方式上存在差异，而且在基本假设上存在根本差异。承认每一个人都有一种"内在的智慧"，并且每一个人都有使用这种智慧应付环境、解决问题的能力，这是教育的重要假设。同时，教育又承认人的智慧与其他心理能力既有相同之处，又存在一定的差异。相同之处，如教育方式可以相同。但对于有差异的地方则须区别对待。因此，最合理的施教方式是启发，不是灌输，并注重个别启发。就宣传而言，其基本假设是智慧为一部分人所享有，只有他们才会有成熟的思想，才能提出改造社会、拯救人群的理想；其余大多数的人扮演的角色只能是顺从、接受和听取。可见，宣传所采取的方式显而易见是灌输。它把宣传者认为重要的理论观点，编成简洁了当的一套说法，希望听众或读者全盘接受，不怀疑，不发问，不辩难。基于此种立场，宣传者把自认为重要的理论和见解编成一套简洁的说法或口号后，被宣传的对象只能按部就班地学习和执行了。潘光旦后来又针对昆明版的《中央日报》发表的一篇社论《教育家的大责重任》，专门撰文《再论宣传不是教育》，进一步表达自己的观点。在他看来，教育与宣传的最大区别在于前者注重启发，后者依靠灌输。当前教育的最大的危险，就是在一部分从事教育事业人士的心目中，教育和宣传混淆不清，甚至于合而为一，于是所谓教育就成了宣传；所谓教师，就成了宣传家，所谓学校，就成了"宣传家钩心斗角出奇制胜的场合"。并且，潘光旦还指出当时的教育，旧时原有的宣传的成分既未能廓清，而新的宣传的成分又已经纷至沓来；另一方面，我们所特别提倡的几种教育，又无形之中正在替宣传清宫除道，并且做一个有力的前驱。

我们要正确体认宣传的价值，不能用宣传来代替说理、讨论、思考和对话。过分依赖宣传的教育培养出来的公民在自觉理性、独立思维和说理能力方面非常薄弱，往往缺乏自我管理的要求和能力，缺乏独立人格，在民主社会不可能成为合格的公民。即便在需要使用宣传的时候，也要尽可能注重学理式分析，允许学生提问与质疑，发出不同声音，否则，就必定会有"洗脑"的嫌疑。就教育和公民教育的旨趣和本性来说，教育根本上不是宣传，因此也不能过多使用宣传。否则公民教育就变成了规训与奴化的教育。阿伦特指出："如果公共领域的功能，是提供一个显现空间来使人类的事务得以被光照亮，在这个空间里，人们可以通过言语和行动来不同程度地展示出他们自身是谁，以及他们能做些什么，那么，当这光亮被熄灭时，黑暗就降临了。那熄灭的力量，来自'信任的鸿沟'和'看不见的操控'，来自不再揭示而是遮蔽事物之存在的言谈，来自道德的或其他类型的说教——这些说教打着捍卫古老真理的幌子,将所有的真理都变成了无聊的闲谈。"①

在英国学者德里克·希特看来,无论就公民的实质,还是就教育伦理的精神,都要求避免灌输。真正的公民概念内蕴着个体是一个理性的主体,赋予了个体独立判断的能力,而灌输则是与自主判断相矛盾的。就教育伦理而言,灌输是教师权威的滥用。因此,培养学生的现代公民意识必须彻底摒弃灌输式的教育观念和教育模式。灌输是公民教育的对立面。我国学校公民教育的大胆践行者李庆明,尽管其推进公民教育的某些具体做法存在一些争议,但他下面这段话在某种程度上还是切中了公民教育的实质,"我理解的公民教育,能通过它获得心灵的解放,而不是被教育捆绑,现在灌输式的教育就是要捆绑你,让你感受不到思考的乐趣,也体会不到自由。简而言之,灌输式教育越学越死,公民教育越学越活"②。

三 公民教学方式的现代路径建构

（一）对话性教学

在现代社会,向学生灌输大量观念与知识并要求学生掌握,无论如何都是与现代教育理念和精神相背离的。关于灌输式教学在理论上备受诟病,在实践中却"大行其道"的原因,杜威曾专门加以论述:"尽管灌输式的教学和被动吸收式的学习普遍受到人们的谴责,但是为什么它们在实践中仍旧那么根深蒂固？教育并不是一件'告诉'和被告知的事情,而是一个主动的和建设性的过程,这个原理几乎在理论上无人不承认,而在实践中又无人不违反。这种可悲的情境,难道不是由于原理本身仅仅是听人讲讲的事吗？这个原理只是被人宣讲,被人讲课,被人写作罢了。但是,如果要在实践中贯彻,就要求学校环境有实行的机构,有相当的工具和具体的材料,这样的程度是很少达到的。实行这个原理,要求改变教学和管理的方法,使学生能够直接地和继续不断地利用东西作业。"③ 在杜

---

① [美] 汉娜·阿伦特:《黑暗时代的人们》,王凌云译,江苏教育出版社2006年版,第2页。

② 吴亚顺、曹世生:《"鞠躬校长"黯然去职 公民教育碎步难行》（http://politics.people.com.cn/n/2012/0825/c70731-18831180-2.html）。

③ [美] 约翰·杜威:《民主主义与教育》,王承绪译,人民教育出版社2001年版,第46页。

威看来，传统教育的最大弊病就是对学生主动性的忽略与扼杀，学生在学校生活中成为被动消极的接受者，重视听讲甚于重于分析和解决问题的能力。其结果只能是培养顺从、听话、循规蹈矩的公民，而无法造就积极主动的、有批判精神与反思意识的民主公民。培养学生主动精神的最佳方式，必须注重教室与外部世界的联系，让课堂成为与外部世界相连的真实空间，建构自由、平等、互动、探究的对话式教学，让学生形成自由探究、勇于批判又相互尊重的精神，完成教学所承载的公民教育目标。卢梭在《爱弥儿》中所提倡的教育，就是要培育儿童的自治能力，使他能独立思考，依靠自己而不是权威来解决问题。在卢梭看来，这种自我治理的能力是儿童成为良好公民的关键。而裴斯泰洛齐则对当时学校中普遍采用的死记硬背、强行灌输的教育加以批判和反对，因为这种教育只能培养服从和听话的公民。与之相反，他提倡的教育则旨在发展儿童的批判性思维，鼓励儿童积极主动、乐于探究和提问。

在对话的过程中，学生不再是被动消极的接受者和顺从者，而是可以进行自主性言说、批判性思考的探究者和创造者，可以真实体验到学习带给他的乐趣和力量。通过参与对话，学生们学会认真正视所讨论的人生、学术或道德问题，并学会认真对待他人，用心聆听和充分考虑每个人的观点。对于教师来说，教师则必须转变自己讲解者、宣传者、规训者的角色，成为学生学习的参与者、合作者和服务者。"当教师让学生对压迫、剥夺、种族隔离、忽视这些主题进行研究时，他们其实是在鼓励学生以生成的、各种各样的方式来发挥自己的智慧。他们为民主的生活而教。同样地，当教师让学生在创造性、有意义的学习项目中互相合作时，他们也是在鼓励学生以同样的方式来发挥自己的智慧才能。他们也是在为民主的生活而教。"①

弗莱雷对灌输式教育和提问式教育的辨析，为对话式教学在公民意识培养中的重要地位和作用提供了强有力的辩护。在他看来，灌输式教育试图通过把现实神话的手段来掩饰一些可以解释人类如何生存的事实，提问式教育则以去除这种神话为己任；灌输式教育抵制对话，提问式教育则把对话看作揭示现实认知行为的必需；灌输式教育把学生看作需要帮助的客

---

① ［美］亨德森、凯森：《课程智慧——民主社会中的教育决策》，夏惠贤、严加平等译，中国轻工业出版社2010年版，第29页。

体，提问式教育则把他们塑造成批判性的思想者。在此分析的基础上，他提出如下观点，即提问式教育作为人道主义者的和解放的实践，对于作为被统治者的人为自身的解放而斗争是非常重要的，"真正的解放——人性化的过程——不是向人民灌输另外一种东西。解放是一种实践：是人民为了改造世界而对世界采取的行动和反思。真正投身于解放事业的人既不会接受机械的意识观念作为待填装的空容器，也不会接受以解放的名义利用灌输统治（宣传、口号——存储物）的方法"①。或许正是由于此，袁振国教授在《分享语言——对话学习的理论与实践》序言中指出："对话并不是一种方法，或者主要不是一种方法，而是一种政治主张，一种把人看作是人格平等的人，不论财富多寡、出身尊卑、年龄长幼、文化高低、性别男女，平等对待、一视同仁的人文追求，是一种打破我们已经习以为常的思维方法和话语系统，挑战现代文明世界的教育制度和教育标准的人的解放的教育思想。"②

和一线中小学教师交流的过程中，我们发现许多教师认为强调学生的自主权是可以的，但课堂还是要更多强调教师的控制，毕竟中小学生尤其是小学生的逻辑思维能力、理性言说能力还比较有限，容易出现课堂教学的形式化或教学的无序，导致教学目标的落空。在这种观念支配下，一些教师尽管强调师生互动，强调学生参与和发言，但其背后依旧是教师更加隐形的操控和宰制。关于此点，我们有必要重温儿童哲学家李普曼的基本观点：年幼的儿童是积极主动、喜欢提问的生灵，其探索和质疑能力应当得到尊重，得到进一步发展。联合国教科文组织在《学会生存》中特别强调师生角色，尤其是教师角色的转变，"我们应该从根本上重新评价师生关系这个传统教育大厦的基石，特别当师生关系变成了一种统治者和被统治者的关系的时候。这种统治与被统治的关系，由于一方在年龄、知识和无上权威等方面的有利条件和另一方的低下与顺从的地位而变得根深蒂固了。在我们当代的教育界中，这种陈腐的人类关系，已经遭到了抵抗。……教师……将越来越成为一位顾问，一位交换意见的参加者，一位帮助发现矛盾论点而不是拿出现成真理的人……小学生和大中学生必须意

---

① ［巴西］保罗·弗莱雷：《被压迫者教育学》，顾建新、赵友华等译，华东师范大学出版社 2001 年版，第 30 页。

② ［西班牙］拉蒙·弗莱夏：《分享语言——对话学习的理论与实践》，温建平译，华东师范大学出版社 2005 年版，第 1 页（序言）。

识到他们的地位、权利和愿望;权威式的教学形式必须让位于以独立性、互相负责和交换意见为标志的师生关系"①。

对话教学的开展离不开良好对话环境的创建。拉蒙·弗莱夏则提出了对话学习的七个原则。第一,平等对话。平等是对话最基本的理念。在对话中,没有权威和权威者,所有观点都必须经受检验。师生是平等的,都要依据已有的文献资料来形成自己的见解,任何人都没有权力来决定什么观点是正确的或者什么观点是不正确的。正确的观点是经由讨论大家一致同意的观点。第二,文化智力。文化智力打破了通常人们对智力的片面认识,转而从整体上强调每个人都有他的智力优势,每个人都有无限的发展可能。第三,转化。对话学习不是鼓励人如何适应社会,而是鼓励人如何改造社会。第四,对话性学习。第五,创造意义。第六,互利互助。第七,不同见解具有平等地位。

哈贝马斯提出了理想话语环境需要具备四个条件,它们分别是:(1)一种话语的所有潜在参与者均有同等参与话语论证的权利,任何人都可以随时发表任何意见或对任何意见表示反对,可以提出质疑或反驳质疑。(2)所有话语参与者都有同等权利做出解释、主张、建议和论证,并对话语的有效性规范提出疑问,提供理由或表示反对,任何方式的论证或批评都不应遭到压制。(3)话语活动的参与者必须有同等的权力实施表达式话语行为,即表达他们的好恶、情感和愿望。只有个体陈述空间的相互契合以及行为关联中的情感互补才能保证行为者和话语参与者面对自身采取真诚的态度,袒露自己的内心。(4)每一个话语参与者作为行为人都必须有同等的权利实施调节性话语行为,即发出命令和拒绝命令,做出允许和禁止,做出承诺或拒绝承诺,自我辩护或要求别人做出自我辩护,因为只有行为期待的相互性才能排除某种片面要求的行为义务和规范判断,为平等的话语权利和这种权利的实际使用提供保证,解除现实强制,过渡到一个独立于经验和行动的话语交往领域。② 哈贝马斯还强调理想话语环境的后两个条件必须保证话语活动的参与者真正享有话语的权利,而不是表面上享有这种权利,实际上却处于某种交往强制之下。哈贝

---

① 联合国教科文组织国际教育发展委员会:《学会生存——教育世界的今天和明天》,华东师范大学比较教育研究所译,教育科学出版社1996年版,第107—110页。

② [德]得特勒夫·霍尔斯特:《哈贝马斯传》,章国锋译,东方出版中心2000年版,第80页。

马斯还指出,任何成功的话语活动,都必须同时实现所有四种有效性要求,即可理解性、真实性、正确性和真诚性。而如果把有效性要求集中到一点,那就是合乎理性。无论何人,只要他进入对话语境中,无论是讨论,还是辩论、质疑和争论,都必须以理性为出发点,以理性的态度来要求自己。理性是话语论证活动的基础。理性作为伦理规范,体现为所有人的平等权利和相互尊重。

在对话式教学实践中,一定要充分发挥讨论的公民教育价值。在《讨论式教学法——实现民主课堂的方法与技巧》一书中,美国教育学者布鲁克菲尔德和普瑞斯基尔较为全面地阐述了讨论与民主的内在关联。在他们看来,讨论和民主二者的目的是相同的,都是为了培育和促进人类的发展。民主和讨论中都隐含着这样一些过程:奉献与索取、讲述与倾听、言语描述和亲身经历,所有这一切都有助于开阔视野、加强相互理解。讨论是民主教学中不可或缺的一部分,它使我们能养成好的性情和习惯,给我们提供了服务他人以及与他人交往的机会,并考验我们在面对最为困难的问题时与别人协商解决的能力。在讨论的过程中,我们增强了民主的天性;尽可能给每位参与者发言的机会,激励我们思考他人的不同意见,并反思自身以及观点的不足之处。美国教育学者拉瑞·P. 纳希甚至认为讨论是个人的思想与他人发生联系的唯一方式,因此社会理解的建立最终依靠讨论。对于此点,可以从处于较低发展水平儿童之间的争论和幼小儿童间的协商中得到佐证。没有这种争论,儿童就没有理由假设别人和他持相同的观点,当然也无法假设他人可能是正确的。在更高的层次上,讨论也可以通过相互之间的文字交流方式进行。无论讨论采取什么形式,最终都会导致个体对社会问题思考方式的转变。[①]

认识到讨论的重要性还是远远不够的,还需进一步通过讨论的实质性开展来提升中小学生讨论的能力和水平。对于此问题,可以从本质性和程序性两个维度加以分析。所谓本质性的维度,是指学生对讨论可做些什么;所谓程序性维度,是指学生怎样参加讨论。就本质性维度而言,学生可以从多个角度分析问题,并考虑公共利益;能够合理运用讨论技巧避免讨论中的冲突和争执;能够提出有见地的观点促进讨论的开展;能对自己

[①] [美] 拉瑞·P. 纳希:《道德领域中的教育》,刘春琼、解光夫译,黑龙江人民出版社2003年版,第211—212页。

的观点进行合理详尽地解释和论证。就程序性维度而言,能够欢迎别人的发言,并尊重和欣赏别人的不同观点;能认真倾听别人的发言,而不打断别人;能积极回应别人的问题并与他人进行积极的交流。

值得强调的一点,在开展讨论的过程中,教师角色的扮演也至关重要。教师要扮演一个讨论的组织者和引导者,能够为学生创建一个自由平等、相互尊重的交流氛围,能够提出富有挑战性的开放性问题,能够激励学生围绕主题持续深入地思考和交流,能够引导学生解释并反思他们的观点而不仅仅是提供观点,能够鼓励学生去仔细倾听别人的观点并自由对话,能够在学生观点发生冲突和争执的时候引导学生理性言说,引导学生在尊重差异的基础上达成共识。在某种程度上,教师引导水平发挥得如何,直接决定着讨论的质量和水平,即影响着教育目标的实现情况。

（二）批判性教学

批判性教学是对灌输式教学的颠覆和超越,其持守的是自由、开放、多元、创新的价值立场。公民教学之所以要践行批判性教学,一个非常重要的方面就是一个真正的公民是一个能够自主思考、坚持自己的良知,而不屈从于外界压力或别人意志的独立个体。康德在答复"什么是启蒙运动?"这个问题时,一开始就提出:"启蒙运动就是人类脱离自己所加之于自己的不成熟状态,不成熟状态就是不经别人的引导,就对运用自己的理智无能为力。当其原因不在于缺乏理智,而在于不经别人的引导就缺乏勇气与决心去加以运用时,那么这种不成熟状态就是自己所加之于自己的了。Sapere aude!要有勇气运用你自己的理智!这就是启蒙运动的口号。"[1] 如果一个人没有批判性思维,不能自主运用自己的理性,那么他很可能会成为别人思想和观念的盲从者,进而被他人和机构所利用,而失去了人之为人的自主性。正如杜威所言:"训练儿童温顺和服从,小心地完成由于被强迫而被迫去做的工作,而不顾它们引向何方的传统的教育形式,是适合于一个专制社会的。……但是在一个民主社会,它们妨碍了社会和政府的成功的管理。……如果我们训练我们的儿童执行命令,去做仅仅因为要他们去做的事情,而未能给他们独立行动和思考的信心,我们就是在克服我们制度的现有缺陷和建立真正的民主理想的道路上设置了一个

---

[1] [德]康德:《历史理性批判文集》,何兆武译,商务印书馆1990年版,第22页。

几乎无法逾越的障碍。"①

经历过纳粹统治的德国前总理施密特，对于公民道德的滥用有着切肤之痛。在《全球化与道德重建》一书中，他特别强调几乎所有美德都会被上司、上级机构乃至国家滥用。在他看来，包括守法、忠诚、履行义务、体谅、勤奋、自律等在内的公民道德在专制制度下都会蜕化成暴力的工具。而在古特曼看来，如果要使儿童在成为公民后能实现分享政治主权的民主理想，那么他们在学校里就不仅必须学会依照权威而行动，还必须学会对权威做批判性思考。一个由主权公民构成的社会绝不是一个仅仅受习惯与权威支配的人所组成的。她还进一步指出：不管在学校之外，学生是如何被社会化的，但在学校里面，我们还是应当培养学生的批判性审议能力，使他们能够和那些具有不同政治承诺的人们共同讨论，并能为自己的承诺进行辩护。如果学校未能培养学生的批判性审议能力，那么，即便学生展现出最高程度的政治信任感和政治效能感，具有最丰富的政治知识，这个学校仍然未能促进民主美德的培育。②

美国作家梭罗的经历及其所发表的《论公民不服从的权利》也为公民批判性思维的培养提供了经典注脚。梭罗因为拒绝支付"人头税"而被当局逮捕，一天后便被无罪释放。几年后，他写了为公民良知辩护的《论公民的不服从权利》。在此文中，他写道："公民是否必须在任何时候、或在最小程度上都使他的良心屈从于法律呢？那么，为何每人都有良知呢？我想，我们首先应该是人，然后才是国民。培养对法律的尊重，就像尊重正义一样，是令人不快的。我唯一应当承当的义务，是做我认为正当的事。法律绝不会使人做出正义的举动。实际上，许多尊重法律的人却因此而变成不正义的行动者。对法律的过度尊重，其常见而自然的结果之一就是，你可以看见一队上校、上尉、下士、列兵等，井然有序地列队翻山越岭，行进出征，违背他们的常识与良心。他们毫不怀疑，这场战争是错误的，他们都倾向和平。现在，他们是什么？是人？还是一些为那些掌权者服务的小型移动堡垒和弹药库？"③

---

① ［美］约翰·杜威：《学校与社会·明日之学校》，赵祥麟、任钟印等译，人民教育出版社2005年版，第386—387页。

② ［美］艾米·古特曼：《民主教育》，杨伟清译，译林出版社2010年版，第118页。

③ ［美］公民教育中心：《民主的基础》，刘小小、赵文彤译，金城出版社2011年版，第18—19页。

批判教育学家吉鲁强调教育的首要任务就是帮助学生在权力框架内理解社会的建构，达此目标就需要运用批判教学法。批判教学法的根本目的就是赋予学生权力，并最终把权力赋予所有公民。在吉鲁看来，赋予权力是一个过程，学生们在这一过程中获得了批判地运用存在于他们直接经验之外的知识的方法，目的是加深他们对自身和对世界的理解，并提供更多的可能性，以使人们转变其对人类生活方式的想当然的理解。批判教学法给人们以参与民主国家的能力和平衡权力分配的工具。吉鲁把民主观念扩展到生活的所有领域，不仅政治，学校、公司和其他一些机构都应当成为民主斗争的场所。批判教学法则成为培养公民参与建立民主国家和培养学生在校内外各种生活场所进行民主斗争的方法，即批判教学法是维护民主国家的手段和使学校成为民主的公共机构的途径。[①]

美国著名公共哲学家努斯鲍姆尤为重视批判精神在民主公民素养中的重要作用，正如他所言："仅仅了解大量事实，却不具备判断事实的能力，或不懂得陈述来自证据的汇合，则几乎等于无知，因为这样的学生不能区分何为政治家和文化领导者传达的愚昧成见，何为真理，不能区分何为谎言，何为真话。"[②] 她还以历史教学为例加以论述，即便对学生讲的史实完全正确，当然这一点很难做到，但如果将历史教学当作罗列史实，是不能搞好历史教学的。良好的教学，要求学生懂得历史是怎样由很多种资料和证据汇集而成的，帮助学生学会判断证据，学会鉴别相互矛盾的历史陈述。课堂讨论中也要引进批判精神，以分析所学的内容。有鉴于此，批判性思维应当融入或渗透进各种各样的课堂教学中，创设自由思考的平台，使学生学会探究，学会逻辑清楚地表达观点，学会从习以为常的观点中发现问题，学会自我审视自己的观点，学会在尊重差异的基础上欣赏差异，并从差异中谋求共识。

法国2000年颁布的《公民、法律和社会教育》课程大纲就尤为强调批判性教学，将其置于优先考虑和使用的位置。之所以如此强调批判教学法，与其对公民本性和高中公民教育目标的认识是紧密相连的。该课程大纲明确强调公民不是一种状态，而是一种永远的争取；公民是能够介入国

---

① ［美］斯普林格：《脑中之轮——教育哲学导论》，贾晨阳译，北京大学出版社2005年版，第39—41页。

② ［美］努斯鲍姆：《告别功利——人文教育忧思录》，肖聿译，新华出版社2010年版，第104页。

家生活的人，为此他需要具备一定的表达能力，形成深思熟虑的见解，认可公众辩论的形式。今天的高中生今后要成长为一个成年的、自由自主的公民，他将通过积极参与国家生活而运用自己的批判理性。展开步骤主要有：(1) 与学生一起选择一个主题。(2) 组织学生着手辩论的准备工作，进行工作分工、组织和协调。就资料查寻而言，可以根据辩论的主题采用各种技术，如查找报刊资料、历史或司法资料、寻找 CD – ROM 和因特网信息、进行访谈或调查、与专业人士接触等，然后，将所获得的论据整理成文。(3) 展开辩论。按照师生们一致赞同的方式，选择一位学生任辩论主席，指定报告人来陈述其小组收集的论据和资料。主席对各方论点进行总结。(4) 成果汇报，学生们可以进行口头或书面形式的综合汇报，需要的话，班级也可以展示学生们的研究成果（如作业本，展览等）。

如何开展批判性教学，注意以下几个方面是必要的。第一，营造自由民主的氛围。一个以恐惧、顺从、压抑为特点的课堂是不可能有真正的讨论和辩论的。教师的首要任务就是要创设一种安全、舒适、宽松、惬意的教学环境，让每个学生都能够以自己的方式无拘无束地表达自己的真实想法。学生在课堂中，不用担心因出错而被嘲笑，不会因为发表与老师不同的观点而被打击，相反，他们会因为自己发表与众不同的观点，哪怕这个观点荒诞离奇，而受到老师和同学的认可和鼓励。

第二，允许和鼓励学生提问。课堂上大约有 85% 的问题都是由教师提出，学生提问的比例占有 15% 左右，并且，学生所提的问题大多数是程序性或是请求得到许可。而人们一旦停止提问，就不再是学习或行动的主体。"提问是人人都具有的先天倾向，我们应该学会熟练运用这种先天能力。精于提问是学生研究者进行批判性和解放性研究的基石，其问题比较关注人们通过哪些假定和活动来理解生活的意义。"[①] 为此，开展批判性教学，必须要打破对儿童提问的限制，恢复儿童的发言权，允许和提倡更多的学生提出更多的问题。美国学生最常坚持的公民权利就是言论自由。碰到不能接受的事情，首先要问一个"为什么"。他们有权利向父母、教师、学校管理者、政府官员问"为什么"，而被问到的一方则有责任向他们解释"为什么"，有义务和他们说理。成人也许无法给他们一个

---

① [美] 斯坦伯格、金奇洛：《学生作为研究者：创建有意义的课堂》，易进译，中国轻工业出版社 2002 年版，第 368 页。

满意的答复，但却不能无视他们，更不能胁迫他们服从。美国的老师也非常重视和孩子说理，尤其是想听他们问为什么，而后再进行回答。在徐贲看来，"为什么"不只是一个问题，也是一种平等的、理性的、相互尊重的人际关系。孩子长大成人后，这种人际关系发展成为以自由讲话、自由交流为基础的平等公民关系。[①]

第三，打破"标准答案"的思维。批判性教学的一个基本假设就是对任何事情都不可能只有一种绝对正确的看法。对公共领域中公共问题的认识都不仅仅只有一种观点，而是存在多种观点，并且，每种观点都有其存在的充分理由。教师要把提供的材料作为激发学生思考的素材，而不是某些需要学生记忆并在考试中提取的内容。为此，教师要激发学生超越其所提供的消息，对所提供的内容进行开放性的思考，并言说自己的观点。"受过良好教育的教师应该帮助学生理解到，知识并不是一系列可以轻易获得的关于边界清晰问题的答案。许多真正的知识具有极大的潜质，能够让我们去解决问题，而不仅仅是知道到哪里找寻答案，尽管找寻答案也很重要。更重要的是不惧于探究、实验和面对可能的失败。"[②] 在莱辛看来，真理只能存在于那些因谈话而获得人性的地方，只能存在于人们不谈论身边当下碰巧发生的事，而谈论他们持以为真的事情的场域中。其中，有多种声音，每一种持以为真的宣告都既联结了人们，又把他们分开，从而在组建世界的人之间建立起一些真实的距离。如果只有一种意见和声音，那就好比居住在地球上的不再是无限多数的人们，而只有一个单数的人，一个唯一的种类及其样本，那么这也就意味着世界的消失。莱辛关于真理与人性之关系有一句话概括得相当精准和精彩，这句话是：让每个人说出他所认为的真理，并让真理自己被引向上帝！[③] 如果课堂中的问题都是封闭性的，有固定和预设答案，不允许批判和质疑，不允许学生发出自己的声音和观点，那是无法培养学生的批判性思维的。

第四，尊重学生说"不"的权利。真正的教育是允许学生说"不"

---

① ［美］徐贲：《什么是好的公共生活》，吉林出版集团有限责任公司2011年版，第1—2页。

② ［美］内尔·诺丁斯：《批判性课程：学校应该教授哪些知识》，李树培译，教育科学出版社2012年版，第251页。

③ ［美］汉娜·阿伦特：《黑暗时代的人们》，王凌云译，江苏教育出版社2006年版，第27页。

的教育，而不允许学生说"不"，甚至是以种种借口压制和训斥学生说"不"的教育是不民主的教育，根本上不利于培养学生的自主意识、民主意识和批判意识，不利于学生独立人格的养成。在价值多元的现代社会，对于诸多道德问题和生活问题，不存在固定的、唯一的标准答案，每个人都可以根据自己的生活经历和生命体验来选择和追求自己喜欢的价值立场和生活方式，这是现代人的自由和权利。在面对自己不认可、不能接受的价值观点与思想观念时，学生可以说"不"，这是他的自由和权利。正如雅斯贝尔斯所说："假如学校里游荡着权威的幽灵，对此学生也不反抗的话，那么，权威的思想将深深地印在他们稚嫩可塑的本质里，而几乎不可变更。将来这样的学生在下意识里只知道服从与固执，却不懂得怎样自由地去生活。"① 学生若听命于权威，不对权威反思与质疑，更不敢与权威抗争和申辩，那么，独立思考和批判意识的形成就远离了学生。学生敢于在权威面前说"不"体现了学生的自主意识和批判意识，也反映了师生在人格层面和知识学习层面上的平等关系，有效维护了学生的权益。

第五，突出生活。回归生活世界是教育的基本理念。回归生活世界不仅仅意味着教学内容要贴近学生生活实际，还意味着学生通过所习得的一切来解决日常生活中的问题，改变他们的思维方式和生活方式。批判性教学的开展也要突出回归生活世界的这两重意蕴。在此方面，诺丁斯关于批判性思维的观点颇有启迪意义。在她看来，批判性思维不仅仅是对论据的评价，而且还意味着娴熟地把理性运用于具有重要道德或社会意义的问题。如果不对日常生活中的中心进行批判性思考，教育就失去了意义。而诺丁斯关注的中心问题都是与个体生活紧密相关的问题，如：教与学、战争、持家、为人父母、广告、与动物的关系等。并且，诺丁斯还尤为强调将批判性思维应用于个体生活，正如她所指出的那样，"未经检验的生活也许是有价值的、值得一过的，但教育如果不邀请人们检验自己的生活则配不上教育的标签和称谓"②。

（三）合作性教学

当代的中小学生正处于一个联系日益密切、合作日益频繁的复杂世界

---

① ［德］雅斯贝尔斯：《什么是教育》，邹进译，生活·读书·新知三联书店1991年版，第56页。

② ［美］内尔·诺丁斯：《批判性课程：学校应该教授哪些知识》，李树培译，教育科学出版社2012年版，第9页。

里，这不仅需要学生具备良好的智力水平，还需要学生具备良好的合作意识，与他人一起成功完成一系列任务。小组合作学习运用得当，可以很好地增强学生学习兴趣、提高学习成效。日本教育学家佐藤学强调：合作性学习而非个体性学习乃是21世纪应当追求的学习方式。在学习中尽管自立应当优先于依赖，但更应当重视的是在课堂教学中实现相互依存、相互自立的合作性学习。① 相较于竞争和个体化的学习，合作学习为学生提供了独特的学习体验，更能降低学习压力和学习焦虑，更能创造出相互关爱和彼此负责的人际关系，更能提高学习效率和学业成就水平。事实上，合作学习除了此方面的教育价值外，还具有非常重要的公民教育价值。有研究表明，经过良好组织的小组合作学习活动，既能对学生的学习成绩产生积极影响，还能提高和增强他们的成就感、自尊、学习动力、对学校事务的参与度，等等，所有这些都将有助于使学生的社会孤立感降至最低。②

国外公民教育比较强调合作学习在公民意识培养中的价值。"如果在公民意识的教育中引入合作式学习，那么就给学生实践良好的道德行为提供了另一条途径，通过让学生有机会与他人一起工作，做出公正的决策，以及发展诸如理解他人观点等亲社会技能使学生获得道德性的发展。"③而在马耳他的国家课程文件中是如此强调合作学习的：真的团体合作代表知识生产的控制权不再是在教师的手中，而是所有学生一起分享的。根据全面性原则，教育情境本质上就是个民主的情境，在这种情境中个别的与参与性的学习能达成一种平衡……根据团体合作的合作教学法应该能将课堂转化成共同努力的场所……发展批判、独立思考的方法是：提出问题、系统性的探究并与其他人交换想法。④ 实践证明，小组合作学习不仅可以保障更多学生参与到课堂中去，还非常有利于发展学生的公民参与技能和公民品性。经常参与合作学习活动，学生更容易培养参与、合作、妥协、

---

① ［日］佐藤学：《学习的快乐——走向对话》，钟启泉译，教育科学出版社2004年版，第333页。
② ［美］塞瑞·B.迪恩、伊丽莎白·罗斯·哈贝尔等：《提高学生学习效率的9种教学方法》，钟颂飞、王权等译，中国青年出版社2013年版，第81页。
③ ［美］墨菲：《美国"蓝带学校"的品性教育——应对挑战的最佳实践》，周玲、张学文译，中国轻工业出版社2002年版，第210页。
④ ［英］Alex Moore：《培养公民的教育：关于课程与教学法的问题与争议》，林子斌译，《中国德育》2009年第2期。

沟通、解决冲突以及建设性批评等公民技能，还能培植宽容、信任、责任感、礼貌等公民品德。1990 年由所罗门等人所做的一项研究发现，相比于没有参加合作学习的学生，参加了合作学习的学生在支持性、友好性和亲社会行为等各方面的测验中表现得更好，同时他们还能更好地解决冲突和支持民主价值观。①

帕克非常强调小组学习对于民主公民培养的重要意义。正如他所指出的那样："从根本上讲，民主工作要求公民能在以任务为导向的小组里愉快地合作。这些小组可以是学习小组、决策小组或二者兼而有之的小组。它们和游戏小组不同，在游戏小组中，孩子们已选择了玩伴，游戏本身没有任务。以任务为导向的小组有工作可做，通常是解决问题或建造、创造什么东西，它们的成员都彼此依赖，以便设计工作并使之成功地完成。而且，小组成员可能并不喜欢彼此，可能与其他人是不同民族。"②

合作学习之所以对公民意识培养具有重要意义，是和其本身的特点密不可分的。在美国教育学者大卫·约翰逊和罗格·约翰逊看来，合作学习包括 5 个要素：积极的相互依赖性、面对面的促进性交流、个人和小组的责任感、人际关系技能和小组技能、小组的处理。各要素的目的和教学含义见下表。③

要素	目的	教学含义
积极的相互依赖性	确保个人成功对小组其他成员的成功起促进作用	确定一个合作的目标结构，并同等地分配资源。帮助学生形成一种和组员同舟共济的感觉
面对面的促进性交流	鼓励和激发小组成员努力学习，以实现小组成功，并促进组员间相互学习	鼓励小组成员之间的探讨，并告诉学生勤奋学习以及怎样认可和赞赏别人努力的重要性
个人和小组的责任感	确保所有成员都为小组目标的实现和小组学习做贡献	确定理想小组规模，并进行组员的个人评估。帮助学生意识到每个人都需要为小组做贡献

---

① [美] 墨菲：《美国"蓝带学校"的品性教育——应对挑战的最佳实践》，周玲、张学文译，中国轻工业出版社 2002 年版，第 160 页。

② [美] 帕克：《美国小学社会与公民教育》，谢竹艳译，江苏教育出版社 2006 年版，第 349—350 页。

③ [美] 塞瑞·B. 迪恩、伊丽莎白·罗斯·哈贝尔等：《提高学生学习效率的 9 种教学方法》，钟颂飞、王权等译，中国青年出版社 2013 年版，第 68—69 页。

续表

要素	目的	教学含义
人际关系技能和小组技能	确保所有小组成员都清晰地理解有效的小组技能	针对有效的小组技能提高最初的、不间断的引导，比如交流、决策、解决冲突、领导和信任
小组处理	促进小组和个人为保持小组的效率和成功而思考	提供一些结构，建立特定的时间用于小组的思考和行动，侧重于小组怎样运转起来以及更好地运转

在此方面，我国的教育实践者常常认识不足，并且对如何开展小组合作学习缺乏必要的理论知识和技能技巧。威海经济技术开发区某小学的刘××老师对自己开展小组合作学习经历有这样的记录，内容如下：

> 对于真正意义上的小组合作教学我也不太明白，只能是形式上先开始，然后根据发展的情况去调整。每天早读的时候孩子们都非常认真，非常卖力，为了自己的小组努力着。在小组长的带领下对需要上交的东西分类并迅速上交，让我省了很多力气，作业完成情况比起上一次有很大的改善，但有四个同学没有完成让我很上火，明天再做不完我就要采取措施了。我因为批改批作业上课晚了几分钟，走进教室发现江××领导的四组在朗读课文，有的组很安静，有的组就有些不知所措。我把江××组好好地表扬了一番，还给他们小组加了一分，我想以后再遇见这样的情况，小组长们都会意识到如何去做了。再比如，教室的卫生打扫也采用小组合作的方式。大课间和中午进行卫生清扫，开始时仅仅给各个小组制订任务，结果一团乱麻。征求学生意见后，小组长要自己分配组内的任务。结果孙××带领的那个小组干得井然有序，一个榜样又出现了，小组重新分工，一个小组的办法很快就扩展出去了。对于小班化知之甚少，不过慢慢摸索我相信我自己会有一套方案。就像小组长们一样，自己需要创新，当然更少不了吸取别人的经验。

这可以看作是相当一部分中小学教师对小组学习认识和实践的一个缩影。小组合作学习的教育价值远远没有在实践中得到切实体现，更不要说其公民教育价值了。

如何运用合作学习以培养学生的公民意识，注意以下几个方面是必要的。

第一，强化合作意识，让学生明确合作是一个很重要的教育目标。在学校生活中，中小学生面对着异常激烈甚至残酷的考试竞争，通过考取更高更好的分数进入好的初中和好的高中，最后则是希望进入好的大学。这种一味强调竞争的学校文化给学生的人格成长与心灵陶冶带来了不可低估的负面影响，使他们将更多心思聚焦在成功和个人利益上面，而疏忽了真诚、友善、同情、互助、信任等公民德性。提倡合作学习一个非常重要的方面就是可以弱化竞争文化，让学生学会去关注团体中其他的成员，发扬友爱、团结、利他主义的精神，培植学生的亲社会性，实现学生道德人格的发展。

第二，规定相互合作的基本原则。学生刚开始接触合作学习时，他们一般对合作的实质和原则缺乏足够的了解。为此，教师需要在引导学生讨论"什么是合作"的基础上，明晰合作学习的基本原则。教师可以列出一些行为，比如控制别人；善待团队中的每一个成员；鼓励别人参与；嘲讽别人的观点；攻击别人的人格；避免冲突寻求共识，而后让学生讨论哪些行为属于合作行为，哪些不属于合作行为。而后在对学生的选择进行讨论的前提下，达成某些一致性意见，确立合作学习的基本原则，比如，做好自己的分内工作；鼓励别人参与；认真听取别人的观点；平静地说话；愉快地接受小组要你做的工作；善待团队中的每一个成员；尊重差异的基础上谋求共识。

第三，培养每个成员的责任感。自我评价对推进合作学习，提高合作学习的成效大有裨益。在合作学习开始之初就告诉学生会邀请他们进行自我评价，很容易调动学生合作学习的积极性。而在合作学习结束时，教师可以提出一些问题让学生进行自我评价，比如，你认为你们小组在完成此次活动中合作得如何？你很好地履行了你的职责了吗？你觉得你在哪些方面获得了发展？你有什么好的改进建议，让合作学习完成得更出色？……

第四，保证每个成员的积极参与，并允许学生自发进行内部角色调整。小组合作学习如果不加以合理引导，有可能流变成个别人表演和左右的局面，其他人则处于合作学习的边缘，无法实质参与合作学习。鼓励不大情愿或害怕参与的学生积极参与小组讨论是教师的职责所在。为此，教师要引导学生创设相互鼓励、彼此欣赏、积极参与、平等相处的氛围，让每个学生都有归属感和参与的热情，都有各自的角色扮演和责任担当。当然，角色扮演要根据学生特点来进行调配，但也要着眼于学生成长和发展的需要，根据不同的学习任务加以调整，从而有效保障学生参与学习的积极性和成效。

《人权教育手册》中强调和运用的小组合作学习的程序和思路，特别值得我国中小学教师学习和借鉴。比如，该书中提出的用来让学生了解《儿童权利公约》原则和条款的"钻石模式"。①

活动二：钻石模式

第一部分：介绍

这一活动旨在促进对《儿童权利公约》的原则和条款的了解，并将其与人权教育结合起来。

活动类型：以小组为单位工作。

第二部分：关于练习的基本情况

目的和任务：

这一活动主要涉及《儿童权利公约》的相关条款，以了解每个孩子都有接受教育的权利。

对象组：年轻人。

人数：约20人。

时间：至少60分钟。

准备工作：

在纸上列出《儿童权利公约》第12、13、14、17、18、27、28、29、32条，并制作图表；为每个组准备一套写有公约条款的卡片。

材料：装在信封里的条款卡片。

所需技能：语言、合作、辩论和批判性的技能，表现的技能。

第三部分：关于练习的具体情况

活动介绍/提示：

先简单介绍《儿童权利公约》，问大家对该公约了解多少，根据图表介绍主要的相关条款。

将参与者分为小组，将装有《公约》条款卡片的信封发给各组。

每个小组必须讨论这9个条款并思考这些条款与他们的生活有什么关系，然后按照钻石模式将这些条款排列。他们有25分钟的时间讨论、排

---

① "人的安全网络"组织编写：《人权教育手册》，李保东译，生活·读书·新知三联书店2005年版，第278—280页。

列或重新排列这些条款。

当所有的小组都完成时，在屋里转一下看看每个组都是如何排列这些权利的。

然后把所有的人集合在一起讨论。

反馈或评估：

先邀请各组展示他们的成果，然后回顾参与者的感想和学到了什么。

提出一些问题，如各组的相同点和不同点，哪些论点是最具有说服力的，有没有《儿童权利公约》尚未提及的权利，我们所生活的社会情况如何。

方法提示：

把参与者分成小组，为大家提供更多的参与和合作的机会。小组工作可以很快地启发思维，鼓励大家联想与抽象观念相联系的个人经历。

指出排列卡片的方式并无对错之分。

鼓励参与者讨论各种观点和立场。

强调在小组内达成一致意见的重要性。

变通的建议：

选择其中的一条，通过讲故事、诗歌、表演等艺术形式展现这一条款的精神。

让参与者选择一条并作一分钟评论。

第四部分：后续行动

回顾学校的管理政策和教科书，看学校是否满足了《儿童权利公约》规定的义务和责任。

以上我们从对话性教学、批判性教学和合作性教学三个方面论述了公民教学方式的现代建构。当然，这并非公民教学方式现代建构的全部。只是在我们看来，提高公民教学的效率和水平，对话性教学、批判性教学和合作性教学等三种方式非常重要，需要在中小学课堂教学中积极加以推广运用。除此之外，还有其他一些比较重要的教学方式，比如模拟性教学、想象性教学、现场教学等。教学方式的选择和运用，一定要服务于公民教育的目标，致力于促进学生公民意识和公民人格的养成。

第五章

公民意识培养的学生参与之维

杜威反对"教育准备生活说",转而提倡"教育生活说",强调教育即生活,而不是为了未来的生活做准备。在杜威看来,学校不能仅仅通过向学生提供将来会用到的大量知识,以便让学生为民主生活做准备。更重要的是,学校必须为学生提供适合他们年龄的形式多样的民主生活方式的机会,即通过让儿童在"做中学",在生活和实践中让他们为民主生活做准备。学生参与学校之内和学校之外的公共生活既可以看作自身的目的,又可以看作实现成人民主生活的手段。在参与的过程中,学生不仅习得和深化公民理论和公民知识,更重要的是可以促进公民意识与公民人格的养成。为此,学校教育必须加强和重视参与式公民教育,让学生在做公民和过一种公民生活的过程中培植起公民意识。所谓参与式公民教育,其实质就是为学生提供直接参与学校和社会公共事务与公共生活的机会,引导学生在具体行动和切身体验中实现公民意识、公民美德与公民人格的成长。正是在参与公共生活实践的过程中,个体的自主意识、权利意识、责任意识、合作意识、批判意识才能得到更好地发展和展现。学生参与公共生活实践越深入、越充分,公民的身份认同和政治效能感就越强烈,公民意识的养成就越有可能。

第一节 参与式公民教育的价值

一 参与式公民教育是发展民主政治的必然要求

就民主的原初理念和含义而言,公民参与是民主的基本要素。而在民主理想的传统中,参与是处于核心位置的。自亚里士多德以来,公共参与就是界定实质性公民资格的标准。亚里士多德认为,公民是积极参与城邦公共事务之人，是"以道德优良的生活宗旨而既能治理又乐于受治的人们"①。尽管自由主义和共和主义对公民参与的内涵与范围的界定存在诸多不同，但二者皆尤为强调公民参与对于民主发展的必要性和不可或缺性。20世纪六七十年代正式兴起的参与式民主理论更是强调公民参与对民主的价值，已成为当代民主理论的新方向。佩特曼强调真正的民主应当是所有公民的直接的、充分的参与公共事务的决策的民主，从政策的制定和政策的实施都应有公民的参与。只有公民的普遍参与，民主所承载的基本价值如负责、平等、个体的自由发展等才能得以实现。任何一个政体若想实现并保持民主，就需要公民积极参与国家事务，需要他们具有公共参与所必需的知识、能力以及广泛的公民责任感。公民参与有利于保障公民自由和落实公民自治，提高公民的政治效能感以及对公共事务的兴趣，有利于培养建设民主社会的合格公民。随着民主化进程的不断进展，扩大公民有序的政治参与，成为我国政府推进中国特色民主政治的重要目标。"权利总是需要有一种承认的架构，需要有一系列能够行使权利得到落实的机制。这种社会架构包括法庭、学校、医院、议会等，它们要求所有公民都能够参与其中并且恪尽其职。"② 因此，学校公民教育理应为学生参与公共生活做准备，培养富有参与意识、公共精神和公民美德的积极参与型公民，"培育参与性美德应当成为基础教育的更为凸显的目标"，"在一个民主社会中，'政治教育'，即培育政治参与所必需的美德、知识以及技能的教育，在道德上要优先于公共教育的其他目标"③。培养积极参与型公民正是学校公民教育的价值诉求与责任承诺。

二 参与式公民教育是维护个体权益的重要途径

相对于自由主义者强调公民参与的工具性价值，共和主义者更强调公民参与的内在性价值。在共和主义者看来，参与公共生活是人的天性，是人对自我存在和自我价值的体认。卢梭认为，个体实际上的自由以及对自由的感受，通过决策过程中的参与得以提高。换句话说，只有参与到与个人生存及生活密切相关的决策中，个人才能对周围的环境和结构进行控

---

① [古希腊]亚里士多德：《政治学》，吴寿彭译，商务印书馆1965年版，第154页。
② [美]基思·福克斯：《公民身份》，郭忠华译，吉林出版集团有限责任公司2009年版，第4页。
③ [美]艾米·古特曼：《民主教育》，杨伟清译，译林出版社2010年版，第101、315页。

制,从而获得更高的自由体验。阿伦特坚信个人在公共领域中的行动是人存在的条件,没有对公共权力的参与和分享,就无所谓幸福或自由。作为自由自主的个体,学生渴望主动参与学校事务和社会公共问题的讨论与解决,希望发出自己的声音。《儿童权利公约》第12条明确提出儿童的参与权,强调应确保有主见能力的儿童有权对影响其本人的一切事务自由发表意见,并且对儿童的意见应按照其年龄和成熟程度给予适当看待。因此,保障学生参与学校和社会公共生活的权利是现代教育的当然之责,是判定学校生活民主状况的重要标尺。"学生有选择的自由,但他们对自己和对学校也要承担某些责任,这两方面是并行不悖的。我们必须鼓励他们从小就参加组织学校生活。他们应该有权讨论那些支配他们的权利与义务的规则,而这些规则应逐渐变得更加灵活。"① 如果只是让学生掌握公民知识和公民理论,而不提供参与公共生活和民主实践的机会,学生则不能体认自身的公民身份,也会形成对公共生活的无力感和疏离感,从而导致对学生权利的遮蔽与自我价值展现的阻隔。"公民参与的过程充分地满足了公民的掌控感,参与过程本身是一种创造和操纵过程的愉悦,公民体验到创造自己生活的掌控感,这种掌控感满足了公民自尊心,提升了公民自我价值实现感。"② 参与式公民教育恰恰呵护了学生参与公共事务的需要和天性,维护了学生参与学校公共生活和社会公共生活的权利,可以帮助他们在参与公共生活的过程中体认公民身份以及展现自我价值。

三 参与式公民教育是提高公民教育成效的根本保障

更重要的是,只有真正实践和体验了公民生活的样式,公民意识的养成才能得到根本保障。目前,我国的学校公民教育大多数时候采取知识讲授的形式,传递一些公民的权利、义务和规范等,让学生加以掌握,但很少为学生提供实际公民生活的体验和历练的机会,公民教育的实践效果差强人意。我们认为,参与式公民教育之所以能够切实提高公民教育成效,主要体现为以下三个方面。

第一,利于公民知识的内化。公民对于自身的权利与责任的认知,只

---

① 联合国教科文组织国际教育发展委员会:《学会生存——教育世界的今天和明天》,华东师范大学比较教育研究所译,教育科学出版社1996年版,第263页。

② 章秀英:《公民意识评价与培育机制》,中国社会科学出版社2012年版,第61页。

有通过亲身参与和切身体验，才能使公民知识内化为个体人格的一部分。杜威强调："如果民主社会中的学校要成为真正的教育机关，它对于民主观念的贡献是使知识和了解，简言之，使行动的力量成为个人的内在智慧与性格的一部分。"① 麦金太尔则指出："学习什么是公意、什么是个体的好，主要不是依靠理论性的反思，而且绝不能仅仅依靠理论性的反思，而是要在日常的共同活动以及评价那些活动提出的其他可能性的过程中学习。"② 参与式公民教育为学生提供了真实、鲜活的经验，刺激学生在实践中不断体悟与反思，并将认识、情感和行为多次结合，直接经验与课堂所学公民知识良性互动，实现公民知识的内化与公民意识的成熟。

第二，利于公民能力的提升。在参与公共事务和公共生活的过程中，学生真实地接触到了学校和社会公共生活中的各种问题，加深了对民主精神和公共利益的理解。并且，学生基于公共利益与公共价值，努力去寻求解决问题的方案、策略与方法，以负责任的方式言说和行动，这很好地促进了沟通能力、协商能力、参与能力、合作能力、冲突解决能力、批判性思考等公民能力的训练与提高，在行动和参与中学会做合格公民。如果学生对有关公民权利和公民义务的知识仅仅停留在理解层面，而不具备应用这种知识的必要技能的话，那么知识就不会真正内化为个体的观念。正是缘于此方面的考量，香港地区在 2002 年颁行的《基础教育课程指引》中提出要加强参与式学习，锻炼学生服务他人、服务社会的公民行动能力。

第三，利于公民品性的培育。公民身份是权利和责任的统一体。公民的责任特别体现在对公共价值和公共生活的关心方面。参与式公民教育要求学生按照社会和人类的普遍价值，如人权、公正、自由、平等、宽容、法治、公益和爱国精神等来行动，这就使行动者能够区分并控制他的私欲和冲动，关心公共福祉，关注公共事务，承担公共责任。卡罗尔·佩特曼强调："参与决策活动的结果是，个人接受了教育，学会区分他自己的冲动和欲望，他既学会了如何成为一个私人公民，也学会了如何成为一个公

---

① ［美］约翰·杜威：《人的问题》，傅统先、邱椿译，上海人民出版社 1965 年版，第 27 页。
② ［美］阿拉斯戴尔·麦金太尔：《依赖性的理性动物：人类为什么需要德性》，刘玮译，译林出版社 2013 年版；第 112 页。

众人物。"① 因此，学生基于对公共生活目标的认同、公共价值的珍视以及公共理性的运用来参与公共生活，自然有助于学生公共精神、公民美德和社会责任感的养成，实现公民意识和公民人格的成长。

第二节 参与式公民教育的立场

一 提倡学生自治

自治原则是现代民主政治设计的核心原则。"自治原则是所有已经而且仍在继续优先培育'自治性'或'独立性'的那些政治形式的基本的和不可或缺的要素。"② 哈耶克在《自由秩序原理》的开篇引用了如下一段话："在一个日益发展的社会中，任何对于自由的限制，都将减少人们所可尝试之事务的数量，从而亦会降低进步的速率。换言之，在这样一个日益发展的社会中，行动的自由之所以被赋予个人，并不是因为自由可以给予个人以更大的满足，而是因为如果他被允许按其自己的方式去行事，能更好地服务于他人。"③ 这段话可谓是给公民自治提供了强有力的理论注脚。而在凯姆利卡看来，自治不是公民教育的直接目的，而是公民教育的间接结果。自治对于履行公民的社会角色来说不是必需的，但如果孩子们要最大限度地享受生活，自治可能就是必需的。自治之所以有价值，不是因为它使人们成为更优秀的公民，而是因为它能够使人们过更为完满的生活，并能使他们相当独立地履行公民职责。巴伯在1992年出版的专著《人人都是贵族的政体：论教育政治学与美国的未来》中强调公立学校的教育必须是民主的教育，而不能是迎合少数精英的贵族式教育或迎合市场需要的职业教育。民主教育，就是要引导学生珍惜自由与自治，这是民主社会得以存在的基础。

---

① ［美］卡罗尔·佩特曼：《参与和民主理论》，陈尧译，上海人民出版社2006年版，第24页。

② ［美］赫尔德：《民主的模式》（最新修订版），燕继荣等译，中央编译出版社2008年版，第302页。

③ ［英］哈耶克：《自由秩序原理》，邓正来译，生活·读书·新知三联书店1997年版，第1页。

学生自治不仅是民主社会的必然要求，也是学校民主的内在要求。如果学校生活不为学生提供自治的机会和平台，就不能激发学生参与公共事务和公共生活的积极性，就难以培养学生自由选择、自我决定、自我管理的意识和能力，进而无法成长为具有自治能力的合格公民。萨摩希尔创办的夏山学校被誉为世界上最古老的儿童民主学校，该校最大的特色之一就是高度重视学生自治。夏山学校的目标定位是这样的：给予孩子们自由，让他们按照自己的意愿成长；给予孩子们权利，让他们能掌控自己的人生；给予孩子们时间，让他们能够自然地成长；给予孩子们快乐的童年，保证他们不会感受到成人制造的压制和恐惧。在尼尔看来，"一个学校如果没有让学生参与到自我管理中，就不能算是一个进步的学校。那只是一个奉行中庸之道的学校。要是学生们没有管理自己日常生活的权利就没有真正的自由可言。学校里要是有一个人说了算，就没有真正的自由可言"[1]。我国著名的革命家和教育家恽代英指出民国时代的教育应是"民治的教育"，包括两个方面：自主自治的教育和养成为民众服务的人。在他看来，"共和国家是多数人组成的，所以个个人是主人翁，个个人应当办事，既然个个人办事，就个个人应当说话，个个人应当负责，并且还要虚心下人，遇有相左，亦不应即生意见。这是因为从前的学校，学生没有自治的组织，一有问题，就完全取决于教师，以致造就的学生，既没有办事的能力，更没有团体生活的习惯。……所以现在的学校组织，应该象一个共和国家有立法、司法、行政等机关，使学生在这小国家里联系各种团体生活养成各种办事能力，将来到社会上，才能够尽主人翁的责任"[2]。

如何把握和理解学生自治的价值和范围？陶行知发表于1919年10月《新教育》第2卷第2期的《学生自治问题之研究》中的基本观点，对于今日中小学加强学生自治具有较重要的参考价值。在他看来，学生自治是共和国学校里一件重要的事情，如果处理得当，学生自治具有如下几方面的价值：可以成为修身伦理的实验，养成学生对于公共事务的意愿、智力和才力；能适应学生的需要；能促进风纪的进步；能促进学生经验的发展。陶行知还强调把握学生自治应注意三个要点：不是自由行动，而是共

---

[1] ［英］马克·沃恩：《夏山学校的百年故事——献给当代的教师、校长和家长》，沈兰译，教育科学出版社2011年版，第49—50页。

[2] 刘铁芳：《新教育的精神：重温逝去的思想传统》，华东师范大学出版社2007年版，第89页。

同治理；不是取消规则，而是大家立法执法，自己管理自己；不是放任，不是和学校宣布独立，而是练习自治。基于此，陶行知还提出了规定学生自治范围的四条标准，分别是：以学生应该负责的事情为限；越需观察周到的事情，就越要学生共同负责和共同自治；事情参与面越普及的，就越要学生共同负责和共同自治；学生自治还要考虑学生的年龄、程度和经验。

当然，在推进学生自治的过程中，一定要避免只重视少数或个别学生自治能力的发展，而忽略多数儿童自治能力的发展。学生在知识和能力方面的确有差异，有些组织管理能力、沟通能力和语言表达能力好的儿童，往往可以驾驭一切，控制或左右班级，其他儿童只能听从他的安排，服从他的意见。这种情况若不能得到遏制，不仅不利于这部分能力强的学生形成正确的民主意识，反而会滋生专横和霸权观念，还会导致其他学生对于自治产生厌恶和抵触心理。学校生活倡导和践行学生自治，应使每一个学生都有展现和发展他自治能力的机会。

二 创设公共空间

阿伦特非常强调公共生活与公共领域对于公民成长的意义。走出私人领域，投入公共领域，积极参与政治生活，直接与他人交往，才算是真正的人的生活。阿伦特把人类活动区分为三种：劳动、工作和行动。在阿伦特看来，劳动和工作都属于人类活动的私人领域，还不具备真正富于人性的特质。在阿伦特看来，行动是唯一不需要物的中介，直接在人与人之间进行的活动，是人类最富自我意识的活动。只有"行动"能与真正人的生活相匹配，才能使人活得更像人。行动凸显着人的多样性。"复数性是人类行动的境况，是因为我们所有人在这一点上都是相同的，即没有人和曾经活过、正活着或将要活的任何人相同。"① 行动意味着在人类多样性的条件下，通过他人的在场来揭示"我是谁?"一个人是"谁"只能靠他的言说和行动，在人与人之间的互动中，通过他人的看和听，才能得到真正承认。

在阿伦特看来，公共领域是人们相互对话、辩论、参与行动和达成共识的政治共同体，既是个体自我和世界实在性的保障，也是政治行动从而

---

① ［美］汉娜·阿伦特：《人的境况》，王寅丽译，上海世纪出版集团2009年版，第2页。

自由可能的条件。如果世界不能为活动的开展提供一个恰当的空间,就没有什么活动能够成为卓越的,教育、独创性或天赋都不能代替公共领域的构成因素,而正是后者,使公共领域成为实现人的卓越的根本。阿伦特视野中的公共包含两重意蕴。其一是公开性,公共意味着任何在公共场合出现的东西有最大程度的公开性,能够被所有人看到和听到。他人的在场向我们保证了世界和我们自己的实在性,因为他们看见了我所见的、听见了我所听的。其二是实在性,公共表示世界本身,世界对我们所有人来说是共同的。作为共同世界的公共领域让我们相互联系又彼此分开。公共领域的实在性依赖于无数视角和方面的同时在场,每个出场的人在里面都有不同的位置。"被他人看到或听到的意义来自于这个事实:每个人都是从不同角度来看和听的。这就是公共生活的意义,与之前比,最丰富最舒适的家庭生活所能提供的也只是有固定位置和视角的个人立场的延伸或复制。"①

而在哈贝马斯看来,公共生活领域是由各种对话构成,在这些对话中,人们作为私人来到一起形成公众。他们可以自由地集会和组合,并就普遍利益问题自由表达个体看法的时候,他们是作为一个公众来行动的。公众存在需要具备四个条件:拥有表达自己观点的机会;及时公开地对他人的观点作出回应;通过公开的讨论进行有意义的公众行动;运用大型公众组织来保护自己。②

学校本身就应该是一个公共场域,一个促进学生共同学习、共同交往、共同生活的公共空间。公共性是学校教育的根本属性之一。国内有学者指出:"在一切教育机构中,在任何形式的教育实践中,如果知识和信息不能充分共享和交流,理智的运用和发展受到限制,公共理性与公共德性就没有机会和条件得到培养,就不可能有公民精神与品格的健全发展,这实际上也意味着没有真正的教育。"③ 公民性的培育没有公共空间的创设,没有公共生活的践行,是无法得以实现的。公民之所以是公民,根本就在于他不仅仅关心个体利益,还要关心公共利益,关心公共福祉,把促进共同体的完善作为自己的使命,而这就需要公民具有公共理性、公共精

---

① [美]汉娜·阿伦特:《人的境况》,王寅丽译,上海世纪出版集团2009年版,第38页。
② Tom Deluca, *The Two Faces of Political Apathy*. Philadelphia: Temple University Press, 1995, p. 135.
③ 金生鈜:《公民的伦理身份及其养成》,《北京大学教育评论》2014年第2期。

神和公共德性。而这些公民品性的培养,唯有通过公共生活方能实现。"一个公民在公共生活中,正义地对待共同体和其他公民,保护共同体的公共秩序和政治实践的正义,尊重和保护其他公民的自由和平等,这样的公民实践是德行实践。公民实践召唤公民的理性行动,激励他们展现美德,提升或拓展公共精神,鼓舞他们造就卓越人格,这种公民生活是砥砺人的道德品格的重要方式,是人性实现优秀价值的根本方式。"① 因此,学校应积极为学生公民意识的成长创设良好的公共生活机会,让学生通过言说和行动的方式过一种公民生活,从而引导学生从私人生活走向公共生活,从私我走向公众,从关心私人利益走向关心公共利益,切实推进公民性的成长。

三 践行民主精神

学校作为一个培养公民的社会机构,本身就应该成为传播民主、践行民主的积极力量,成为民主教育的典范,将学生培养成民主公民。在某种意义上说,民主公民就是合格公民。国内有学者指出:"学校民主与国家的政治民主不同,学校民主不是为了选举领导人,而是一种条件民主,即保障所有学生在经历民主中成长起来,让他们的反思能力、批判性思考、对多元文化的尊重与宽容、对自己立场的理性捍卫能力、对每个人的信心与希望等全面地发展起来。虽然这种民主不是完全的和充分的民主,但随着儿童的成长,其民主经验得以不断地改进与完善,儿童就会成长为致力于完全民主的新生力量。从这一意义而言,学校是民主的胚胎。"② 学生参与公共生活必定要遵循民主的精神,习得民主的品性。

2014级小学教育专业的学生田××在评价学校民主教育时如此写道:

> 班级和学校管理需要民主,但是并不是每一件事都需要通过民主方式解决,有些事情学生并不是太了解或者太明白,有时就需要老师的强制力决定和实施。比如,如果老师把任何一件与学生有关的事,都通过投票方式解决,虽然老师可能是为学生着想,但是学生会抱怨老师花太多时间在这些无聊的事情上。

---

① 金生鈜:《公民的伦理身份及其养成》,《北京大学教育评论》2014年第2期。
② 蔡迎旗、唐克军:《学校的本质与公民教育》,《教育学报》2013年第4期。

事实上，持这种观点的人不在少数。而从上述观点中，我们会发现他们对于学校生活中民主的认识，至少存在三个方面的偏失：一是把民主等同于投票；二是认为民主就是凡事皆征求学生的意见；三是不征求学生意见或强制学生接受某种规定是合理的。

民主是现代社会的基本价值，是近现代政治文化发展的伟大成果。为了更好地认清民主的实质，我们对民主发展的历程做一简要阐述。古希腊是民主制的发源地，其实行的是直接民主制。城邦公民大会由年满18岁的全体男性公民组成，任何公民都可以在公民大会上自由发言。这事实上是一种多数人统治的直接民主制。由近代资产阶级所创造的现代民主制度则不同于古希腊时期的直接民主制，而是以选举为标志和根本的代议制民主。代议制民主持守多数人选举、少数人统治、分权制衡的基本立场。在国内学者蔡定剑看来，从代议制民主发展到现代民主，民主理论发生了巨大的嬗变。民主经历了从代议制民主到选举民主，再发展到自由民主和法治民主的过程。现代意义上的民主不是简单化的"多数决定论"，也不是片面的"选举式民主"，不仅是一种国家权力产生权力结构和公民权利保护的国家制度，也是一种公民享有充分自由、广泛参与社会和公共事务决策管理的生活方式。①

在现实生活中，往往一说到推进民主，许多人就会或只会想到选举，人人一票。选举的确是民主的重要环节。人人一票的选举充分体现了人人平等的立场。民主社会的建立需要公民掌握选举的程序和规则，行使好自己的选举权和被选举权。选举民主可谓是现代民主最重要的形式，以至于熊彼特把选举看作是民主的本质，公平、自由、竞争的选举是判断一个国家民主制度最重要的标志，从而使人们能从选举程序的角度衡量一个国家是否是民主国家。② 因此，学校参与式公民教育必须重视选举民主的推进。但选举不是民主的全部，也不是民主的根本。就投票选举而言，遵循的是少数服从多数的原则，这固然是合理的。但就民主的精神和实质而言，遵循少数服从多数，绝不能不考虑少数人的权利和声音。

学校生活中民主的践行固然要高度重视选举的价值及实践，但绝不能止步于此。20世纪80年代以来兴起并流行于西方欧美发达国家的协

---

① 蔡定剑：《民主是一种现代生活》，社会科学文献出版社2010年版，第8—13页。
② 同上书，第9页。

商民主，是对以选举为基础的代议制民主的反思和推进，充实和完善了民主的内涵，被认为是民主理论最重要的发展。因此，学校推进民主，除了推进选举民主，还应该积极推进协商民主。协商民主的基本观点是：摒弃任何有关固定偏好的概念，代之以一种学习过程，在此过程中并通过此过程，人们为了形成一种明智且理性的政治判断，在相互理解的一系列问题上达成了一致的意见。问题并不在于简单接受有关理性的一种抽象的和预想的标准，而至于承认政治就是一种开放和持续的学习过程，这种过程强调了教师和课程的价值，并且，学习过程本身决定了学习什么的问题。① 在古特曼和汤普森看来，协商民主的核心问题就是将互惠性植入其中，即除非我准备接受你的理由，并保持一种开放的心态，随时准备修正自己的观点。否则，就不能指望别人会以同样的心态对待自己，接受自己的理由和观点。协商的过程体现了平等、理性、宽容与自由的精神，因此，可以帮助公民在积极参与公共事务或公共问题的解决中培植自己的公共说理意识和公共精神。为此，在学校公共事务的处理过程中，应合理运用协商民主，既让学生把握协商民主的基本精神，又掌握协商民主的运作程序，还可以培植良好的公民品性，如平等、理性、宽容与公共精神。

  公民意识的养成，有赖于学生在参与公共事务和公共生活的过程中学会理性说理、理性辩论、理性协商、理性决策，遵循程序正义，依规则做事，以理服人。基于理性精神的共同生活，其根本特点就是共同体内部成员通过反复的沟通、必要的妥协和理性的选择，来实现共同体的发展与繁荣。只要是关涉学生切身利益的事务，就需要征求学生的看法和意见，学校和教师不能包办，不能越俎代庖，这是现代公民文化的内在要求，也是现代教育精神的价值承诺。在践行协商民主的过程中，教师和学生是平等的。他们可以就同一个问题和事务自由发表自己的看法和观点，教师不能以权威把自己的思想和观点强加给学生，不能在未经学生讨论和理解的前提下强行推行某一个主张和做法，这是违背民主精神的。

---

  ① ［美］戴维·赫尔德：《民主的模式》（最新修订版），燕继荣等译，中央编译出版社2008年版，第267页。

第三节 参与式公民教育的路径

湖南师范大学的刘铁芳教授指出：公民教育固然需要通过相关的课程来开展，但公民教育在更本质的意义上乃是生活的改造与公民生活方式的孕育。这意味着学校公共生活的重建是学校公民教育的根本性路径。甚至，学校公民教育内含着学校教育品质的整体改造与提升，即公民品格的历练与公民生活方式的孕育是当代学校教育的根本性目标。[①] 关于参与式公民教育的路径建构，我们主要依据范围从小到大的逻辑，分别从班级、学校和社会三个层面来加以分析，从而构建一个全面系统的公民生活体系，保障学生践行公民生活的机会和水平。

一 班级生活的参与式建构

美国蓝带学校非常强调公民意识培养的实践性。"对于低年级来说，在班级和学校里开展公民意识的实践活动是最合适的。学生通过参与诸如角色扮演、游戏和积极的讨论等活动逐渐认识到规章制度是如何被制定的，为什么要制定它，为什么要制定法律，人们是怎样通过谈判达成一致的等等内容。通过游戏、模仿、角色扮演和其他的一些活动，学生可以直观地感受到争端是如何发生的，在避免冲突的前提下它们是如何得到解决的，人们为什么必须遵守法律法规等问题。"[②] 班级是学生活动和交往的基本单位，应成为民主教育实践的试验田，为学生提供参与班级管理的机会，让学生们身体力行地学习民主，培养其为参加民主决策活动所需要的态度、技巧与能力。在学校里，对于学生而言，最直接、最真实、最重要的公共生活莫过于班级生活。班级生活是最能体现出现代公民文化与公民精神，利于学生公民意识成长的公共生活领域。

（一）班干部的民主选举

班干部的民主选举是实现学生自治，推进班级民主的关键环节。20

[①] 刘铁芳：《公共生活与公民教育——学校公民教育的哲学探究》，教育科学出版社2013年版，第56页。

[②] ［美］墨菲：《美国"蓝带学校"的品性教育——应对挑战的最佳实践》，周玲、张学文译，中国轻工业出版社2002年版，第210—211页。

世纪90年代中期之前,大多数中小学的班干部往往都是由班主任直接指定的。一个9岁的小学生说:他曾经在梦中哭醒,因为即使在梦中老师也不同意让他当班干部。"凭什么老师就有权决定谁有资格当班干部?"道出了很多孩子的心声,这是发自孩子内心的对学校和教师专制做法的强烈抗议,也折射出了中小学班级管理的专制陋习。

一位2011级小学教育专业的学生唐××在反思自己的中小学生活时,痛陈中小学教育的三大弊端。其中的一个弊端就是教师剥夺了学生参与班级管理的权利。

> 我的小学是在乡村的一个公办小学读完的。整个小学学习中,我觉得最大的弊端就是老师剥夺了孩子们的民主权和自由选择权。其中最明显的表现就是班长以及其他班干部的选定完全被老师控制。小学五年,我们班共有两位班长。第一个是我们班的某一任课老师的孙子。后来他转学了,才有了班长的改任。第二个班长是个瘦小的女生,从二年级一直到毕业,她都稳稳当当地待在班长宝座上。之所以会这样,可能与当时学校的传统有关,但可能更重要的原因是她的爸爸在当地是个挺有来头的官员。正是由于此,她不仅稳坐班长之位,还成为学校各种体面活动的优先人选。事实上,她基本上没有尽过班长的责任,未能做好班长应该做的事情。同时,班级其他的班干部都是以老师个人的喜好来任命的。回想起来,也正因为那时的我们民主意识薄弱,对这样的事情觉得理所当然。

而另一位2011级教育学专业的学生孙××则以自己的亲身经历证明了班干部任命的弊端,并主张班委民主选举要从小学就开始。

> 小学的时候,我一直担任班干部。不过,都是由班主任直接任命的。对我的成长和发展来说,这种做班干部的经历本来是大有裨益的,不仅锻炼了我与人交流的能力,而且还培养了我开朗、活泼的性格。可是到了初中,我真实感受到了班干部任命的弊端。初中实施班干部竞选制度,为每一个同学提供一个展示自我的舞台。有来自其他学校的同学,因为他们所就读的小学实施班干部竞选制度,因此,初中的竞选对他们来说就是小菜一碟。可对我来说,虽然小学经过一些

锻炼，但是我仍比较胆怯。于是我放弃了第一次登台的机会。虽然后来几次竞选，我都成功竞选上班委，但我仍觉得小学老师任命班干部的做法是教育弊端之一。在我看来，小学之初就应积极实施班干部竞选制度。虽然小学生可能对竞选这一概念尚不清楚，但我相信，在老师和父母的引导下，小学生会正确认识民主选举的价值和程序，并能得到有效锻炼。每个竞选的机会都应是值得他们铭记的片段，这会是他们人生成长中一笔十分宝贵的财富。

20世纪90年代末，尤其是21世纪以来，打破班干部任命制，实行班干部民主选举已经成为班级民主管理的努力方向之一。班干部的民主选举不仅体现了程序民主，而且选举本身更是一个培养学生民主意识、合作精神和锻炼沟通与协调能力的过程。为此，班级管理理应彻底打破班干部任命制，实行选举制。个人根据班级和自身实际情况提出竞聘申请，公开发表竞聘演说，最后经全体学生投票选举产生。毕竟，选民是现代公民角色的主要表达方式，选举是民主政治的关键环节。据我们调查的377名学生中，依旧有16.2%的学生反映班干部由教师指定，35%的学生反映班干部不都是由民主选举产生的，这也就意味着有一半多的班级未能践行民主选举的方式。打破任命制，实行选举制是推进班级民主管理的首要条件，如何将民主选举落到实处，切实体现民主选举的价值还存在着一系列值得注意和思考的基本问题。

我们就以纪录片《请投我一票》来进行分析。该纪录片主要讲述了武汉常青小学三年级三位小学生：罗雷、成成和许晓菲竞选班长的故事。

问题1：民主选举的规则是什么？

纪录片刚开始的镜头非常有意思。影片首先提出两个问题："什么是投票？""什么是民主？"小学生的回答是一致的，"不知道"。在一个学生不知民主为何物的班级里，我们如何进行民主选举呢？如何保证民主选举的程序正当呢？如何更好地发挥民主选举的教育价值呢？学生对民主尚无了解或知之甚少还情有可原，但教师对民主缺乏足够全面客观的认识就无法谅解了。事实上，影片中的教师恰恰对民主缺乏正确的认识，也没有制定明确的民主选举规则，比如公平竞争、合理辩护、禁止人身攻击和人格攻击、禁止贿选，从而使得民主的实践产生了一些可以避免却未能避免的结果。在一个教师都不清楚民主实质和精神的班级里去开展民主，其结果可想而知，其效果也常常会适得其反。于是，就有了这样的情景，所谓的辩论其实就是互相揭短、相互攻击，这几乎是最惨烈的环节，尤其是让八九岁的孩子绞尽脑汁找出对手哪怕是最隐蔽的缺点，甚至是设计陷阱，要用最有力的语言攻击对手，同时还要接受对手同样精心准备的挑战。

问题2：班干部的职责是什么？

在现实生活中，我们不难发现有的班干部在管理学生时盛气凌人、态度蛮横、颐指气使、发号施令，显然把自己摆在了高人一等的"主子"的位置，而把其他学生摆在了低其一等的"下人"的位置。电影中的候选人成成为什么想当班长，就是因为他发现班长可以随意地打人，可以说一不二，让他站着就得站着，让他坐着就得坐着。班长在学生中有绝对的权威。为学生提供管理的机会，本来是要培养学生公民自治的意识和能力，让学生对学生事务实行自管、自治，结果扮演管理者的学生却未能正确认识自己的角色，扮演起了主子的角色，而被管理的学生则是敢怒不敢言，有苦无处诉。影片中的学生对于他们的粗暴做法和蛮横态度所能做的就是默默地接受。因为在他们的背后，是班主任和学校对这种行为的默许和认可。"权利总是需要有一种承认的架构，需要有一系列能够使权利得到落实的机制。……如果社会没有为权利的维持提供必要的资源，那么，权利也就只能是一种骗局。同样，如果要求公民承担某些义务的制度设计是为了方便一个群体对另一个群体的支配，那么，公民身份的理念也就会趋于枯萎。"①

还有更为重要的一方面，就是要警惕班级选举背后的功利化思想。学生争相竞聘班干部的根本目的不是更好地为学生服务，扮演教师与学生之间沟通的桥梁，而是为了外在的功利性目的，谋求一己私利。一位2010级数学教育专业的师范生张××在看完《请投我一票》视频后写下这样一段话：

> 你为什么要当班长？因为特权。评选"三好学生"班长优先，奖学金指标，班长优先，入党入团，班长优先。如此肥差，自是人人

---

① ［美］基思·福克斯：《公民身份》，郭忠华译，吉林出版集团有限责任公司2009年版，第4、5页。

争当，并无所不用其极，暗中诋毁，贿赂疏通，导致选举如同古代官场一样乌烟瘴气，蛀虫滋生。有人会说，班长是要负责管理班级事务，为同学们服务，为老师跑腿，干的都是脏活累活，如果在这些方面不给出相应补偿，怎么会有人想当班长呢？这时我想回他一句，"怎么？倒垃圾的人收入最多么？"一个班级的班长是服务性质的，不应以任何回报为目的。

问题3：选举中如何规范父母的影响？

对于教师而言，对于父母的一些负面做法，教师应及时予以制止，而不能置若罔闻。而在该片中，教师未能对家长的不良做法及时予以制止，从而使得本次选举在家长和父母的操纵下变成了一场民主的闹剧。三个人的三次角逐，都在父母的帮助下做了充分的准备。父母们为了自己的孩子能够成为班长，在背后为他们出谋划策，是需要的，也是必要的，但前提条件是不能为孩子提供不正当的建议和帮助。比如，影片中罗雷的父亲不惜利用自己工作上的便利，花钱请全班同学坐轻轨出去游玩，还在最后一次竞选结束之后让罗雷准备了送给每位同学的礼物。家长过早地让孩子接触到社会中的不良观念与规则，让他们失去了这个年纪应有的面貌。不仅如此，更重要的还在于现在孩子们年龄还小，大人为了一时的利益而使用不合理的手段，看似取得了成功，实则在孩子的心灵里埋下了隐患。等孩子们长大以后，很可能会继续采用同样的方法，从而使人生步入歧途。对于孩子的父母而言，在他们懵懂无知、单纯善良的童年时期，要多传递友善、真诚、公平、正义的力量，不要把现行社会生活里那些欺骗、虚伪、浮夸等不健康的一面传递给孩子，更不能帮助和鼓励学生做一些明显违背公平正义的事情。原本是最纯真的年纪，本该有着最真诚的梦幻的理想，最快乐唯美的童年时光，但是却为了选举让自己变得不再有孩子该有的想法和观念。孩子的世界往往是单纯的、善良的，要让他们活在孩子的世界里，在他们内心种下善良、公平、分享、宽容、谦逊、积极、乐观的种子。

问题4：班干部任期要多长？

影片中的罗雷从小学一、二年级一直担任班长。此次竞选成功，无特殊情况至少又会担任1年的时间。在我们看来，班干部任期不能太长，一个任期一般为一年，只允许连任一次，定期轮换，从而为更多学生提供直接"参政"的机会。我们的调查结果表明：班干部任期时间普遍较长，任期2年及以上的比例占到了41.64%。而打破班干部任期时间较长的情况则能打破班级一直被少数人所把持的局面，让更多的学生参与到班级管理中来，更能体现人人参与、公平公正的精神，满足学生锻炼自我、发展自我的需求，这也是现代民主社会和民主教育所要求的。正如杜威所言："作为一种生活方式的民主的关键，在我看来，似乎可以这样表达出来：在形成调节人们共同生活的价值的过程中必需要有每一个成熟的人的参与；从一般的社会福利的观点看来和个人的充分发展的观点看来，这都是必要的。"① 对于班干部轮换的价值，一些教师往往不能从现代公民意识培养的角度进行解读，仍然停留在传统的干部观念上，认为班干部是教师的得力助手，帮助教师管理班级。有的教师认为，一些学生不具有当干部的潜质，因此没有必要让所有学生都去当干部，并且社会上当干部也仅仅是少数人。事实上，上述各种观点皆未能真正认识到，干部轮换的长远价值在于培养民主社会所需要的公民。有研究者指出：一个民主的社会，是"干部"能上能下的社会，是"干部"与"群众"平等相待、共同参与管理的社会。当代中国的公民应该具有民主的意识、民主的工作作风、民主的工作方式。而在基础教育阶段，学生如何参与班级工作、"干部"如何管理班级，都会内化为他的价值观念，并影响他外在的行为方式。② 据我们观察，不仅在中小学，甚至在大学，一些辅导员和班主任也未能正确认识到班干部轮流的民主价值，坚持认为若无特殊情况，班委四年之内最好不要改选，这不利于培养班干部，不利于发展党员。如此的教育观念真可谓是推进民主教育最大的绊脚石。教育者若对民主的实质和精神缺乏理性客观的认识，那么民主的实践则将是寸步难行。

问题5：学生当班干部后的感受如何？

影片中并没有直接涉及做班长到底会给学生带来什么影响？事实上，这个问题是非常重要的。班干部看似风光的背后，是不是还有许多鲜为人知的故事呢？对此，恐怕只有亲历者才更有发言权。并且，教师也应重视学生在担任班干部期间的感受和体验。一位三年级的小学生对自己当班长

---

① [美]约翰·杜威：《人的问题》，傅统先、邱椿译，上海人民出版社1965年版，第43—44页。

② 卜玉华：《班级生活与公共精神的养成》，江苏教育出版社2008年版，第111页。

的经历感受颇为深刻,他写下过这样一段话:①

> 当班长的这段时间里,我终于明白什么叫做苦。我在当班长这短短的一个月里,经常犯一些错误,老师也批评我了,我也很头疼。每次批评过后,我都认真反省,可我有地方还是做不好。我常鼓励自己,但一出现问题,所有鼓起的勇气,燃起的自信心什么的全都无济于事。我有时真觉得自己不如金××(班级里另一个很优秀的学生)。也许对于我来说,班长这个职务,有点重,压力本不是太大的职务,我越想做好,越做得一团糟,我是个比较外向的人,当了班长,我又开始努力注意自己的言行,虽然可以勉强令自己满意,但总有不足。对于班级,一开始设想的计划,现在如同轻烟一般,觉得像梦一样不可能,这个月做到令大家满意的事不多,我就不多扯了,我也不是不想当班长,只是施加自己的压力太多,好像没有自信,我觉得自己好像没用了。如果可以,我希望大家帮我找回自信。

如果这个学生没有这次当班长的经历,那么他就无法体验到做班长的辛苦,也无法深刻认识到自己在某些方面的能力不足。担任班干部所带来的心灵和观念上的变化可能是正面的,也可能是负面的,教师应善于洞察并予以及时的引导。

问题6:民主选举有无局限性?

尽管选举本身是公平的,大家通过公平竞争来获取某一班级公共职位,但此种选举存在不可克服的缺陷。因为这会导致那些在公共场合具有良好表达能力的同学更容易胜出,而那些渴望参与班级公共生活但在公开场合表达能力不好的学生成功的可能性很小。这就意味着班级公共管理职位的安排并不都要按照民主选举的方式来进行,而要考虑到部分学生的利益。北京师范大学的石中英教授指出:"未来社会的民主公民不单单是懂得如何应用或利用参与、竞选、拉票、投票、演说等政治民主程序的人,也应该是懂得把公共利益放在团体利益和个人利益前面加以优先考虑的人。没有正确的价值方向和价值基础,民主就是一架没有灵魂的'政治机器',就有可能沦为各种政治利益集团之间相互博弈的工具。为了预防

---

① 本材料由威海市皇冠小学刘峥嵘老师提供。

和克服这种情况的出现,学校实施学生自治时就必须在指导学生练习政治民主原则的同时,引导青少年学生学习价值的关怀。"① 把重要的公共管理岗位提供给那些最需要他的人,帮助这些同学积极参与班级公共事务,锻炼公共理性,本身是符合民主精神和正义精神的。

(二) 学生参与班规制定

班规的制定必须基于尊重学生的人权,必须基于不阻碍或促进学生的健康发展,"既要依照相关法律、法规对其加以切实保护,不侵害其合法权益,又要积极吸纳学生参与相关规章制度的制定与实施过程,发挥学生的参与作用"②。事实上,学生能否参与班规和校规的制定,也是体现一所学校,一个班级是否民主的重要指标。"告诉学生他们的学校和班级是民主的,这本身是个错误——它不可能是也从不会是。但是学生需要学会如何参与到一个团体中,以及如何使自己成为民主社会的好公民。如果学校总是先制定规则让学生遵守(而非考虑学生的道德成熟),那么它们就会播下被动的种子而非美德。与此同时,通过让学生为班级制定章程,或在开放性的午餐时间推敲学校的政策这样的活动,将使他们变得忠于这个道德团体。"③ 淄博临淄区某小学的刘××老师说:"小孩的能力确实超出我的想象,有时自己图一时省劲儿,懒得问他们,反正无论怎样他们都得听。"如若老师持有这种观念,那么学生参与班级公共事务的权利很有可能得不到老师应有的重视,这也说明了教师教育观念更新与解放的重要性。

美国教育学者琼·F.古德曼和霍华德·莱斯尼克提出教师权威的六个层次,很好地诠释了教师和学生在规定制定和实施中所扮演的角色。六个层次分别为:

(1) 通过权威来强制实施规定。社会中存在一些普遍接受的义务和习俗,所有学生都必须服从,不管他们持有什么个人观点及观点间多么冲突。而教师则有权利实施这些传统的价值观。

(2) 试图通过道德说服来实施规定。所有人都应遵守一套明确的美

---

① 石中英:《教育中的民主概念——一种批判性考察》,《北京大学教育评论》2009 年第 4 期。
② 劳凯声主编:《中国教育法制评论》,教育科学出版社 2003 年版,第 59 页。
③ [美] 凯文·瑞安、卡伦·博林:《在学校中培养品德——将德育引入生活的实践策略研究》,苏静译,教育科学出版社 2010 年版,第 64 页。

德：尊重、责任、分享、关爱、值得信任、公平。虽然这些美德难以理解，但必须让学生理解使他们强制遵从规定背后的原则。

（3）通过鼓励孩子们进行道德参与和达成一致来实施规定。如果给学生提供机会让学生对某一问题透彻思考，他们通常会做出正确的决定。当然，问题要有一定的限制。

（4）在倾听不同意见和找到共同依据的基础上对成人的规定进行细微改变。有些情况下，一条规定并不完全适合于某一事件，允许有例外。

（5）合作制定规则。如果让学生乐意履行所制定的规则，就必须为他们提供真正讨论这些规则的机会，让他们自由发表自己的看法，各种不同的看法都受到应有的关注。要让学生成为参与的公民，就需要在行动中体验民主。

（6）由儿童引发主题、制定规则和解决问题。基本原理和第五层次相同。不过，此层次允许学生做出错误的决定并从中汲取教训，正确的决定并不总是显而易见的。当经验导致新的观点时，必须公开重新考虑这些决定。①

可以说，六个层次都有其存在的必要性与合理性。层次越高，学生的权力越大，学生的地位日益重要。与此同时，教师的控制色彩则逐步弱化。

如果允许学生参与班级规则的制定，让他们感受到来自教师和同学的支持，他们会对班级表现出更加积极的态度，更加喜欢学校生活。让学生参与制定各种规则的关键是允许他们自由表达自己的想法，公开地进行辩论，并适时地帮助他们对实际存在的结果进行协商沟通。教师不应该干涉学生通过自己的努力寻求正确答案的行为，其要做的更多的是如何倾听各方争议的观点，以及避免讨论偏离主题、避免学生用言语进行人身攻击等。当然，在讨论的过程中，教师根据学生讨论的情况提出一个具有挑战性的问题或建议，会促进学生讨论的深入。

在《美国小学社会与公民教育》一书中，美国教育学者帕克列举了两位教师围绕制定班级规章组织学生讨论的成功案例，对于我国中小学教师在开展此方面工作时会有所借鉴和启迪。一位是芝加哥著名的幼儿园教

---

① [美]琼·F.古德曼、霍华德·莱斯尼克：《道德教育：一种以教师为中心的取向》，杨韶刚等译，江苏教育出版社2006年版，第37—39页。

师佩利。她通常是假设有一条规则，并告诉学生自己正在考虑这条规则，而不是宣布规则，然后引导学生继续讨论这条规则。讨论集中在两个问题上：这条规则管用吗？公平吗？问题对于孩子们来讲是强制性的，并且，讨论可能会持续好几个月。在讨论的过程中，佩利通常温和地运用苏格拉底的问答法鼓励学生形成自己的观点，用理由来支持自己的观点，仔细地倾听并对其他孩子的推理做出必要的回应。另一位是西雅图的小学教师林奎斯特。在开学之初，她总是先用头脑风暴法叫学生尽可能想出所有的办法把教室变成一个可怕的、没人愿意来的、肯定无法进行教学的地方。当大家列出所有肯定可以扼杀教室的办法之后，每一条建议都比前一条更残忍，他们就开始组建一个社团。最后，她让全班同学描绘一下大家刚刚描述的班级将是什么样。她会向学生提出这样的问题：如果让你们在那样一个教室里待上一年，你们会明白些什么？你们将会怎么办？你们感觉会如何？学生们就会展开讨论，并反过来修改列表，确立教室应该怎样才能成为一个所有学生都愿意待、可以学习的乐园。经过许多次讨论和决策后，林奎斯特和她的学生们制定了一个守则本，这个守则本被称为"和谐教室"的行为计划。在这个守则本上，有她本人的签名，当然还有学生的签名。①

（三）班会

班会是培养学生公民意识的重要途径，它可以培养学生的自信、自尊和自律，还创建了一种良好的教育环境，为学生身体力行地践行民主提供机会，保障学生参与班级生活的管理和决策，从而为培养学生的自治、参与、民主和协商意识提供了平台。托马斯·里克纳归纳了班会具有五个方面的培养目标，分别是：（1）通过定期的、面对面的交流，增强学生认真倾听别人并理解其认识的能力；（2）提供一个学生们的想法得到认真对待的场所，利于培养学生的自尊；（3）通过将尊重和责任融入日常课堂生活促进道德评价的习惯、情感和操行的发展；（4）营造一个道德共同体以巩固学生正在形成的良好性格品质；（5）发展为参加民主决策所需的态度与技巧，使之成长为民主体制的参与公民。

目前我国中小学教育的班会大多数都是在学校和教师控制和支配之下

---

① ［美］沃尔特·C. 帕克：《美国小学社会与公民教育》（第十二版），谢竹艳译，江苏教育出版社2006年版，第65—67页。

开展的。主题的确定、过程的设计、方法的选择基本都是由学校和教师确定。据我们的调查统计，73.47%的学生回答班会的主题都是由学校和教师规定的；只有17.24%的班会主题是由师生共同讨论商定的；另有8.75%的主题是由班委确定的。

尽管在班会开展的过程中，教师已经摒弃了原先的说教模式，也比较注重学生参与和小组讨论，但大多数时候老师并未遵循民主精神，尚未切实保障学生参与和决策机会，结果使得班会并没有成为培养学生自治、参与、民主和对话意识的平台。正如威海市环翠区某小学老师王××所说：我们学校的班会许多时候都是流于形式，执行力没有那么强。一节课都是老师要求学生应该做什么，不应该做什么。学生更多时候是听从老师的安排与要求，而不能自由表达自己的看法与意见。

笔者指导滨州市开发区某小学教师张××开展了一次"说优点、讲不足，手拉手、同进步"主题班会。主题的敲定是教师和学生讨论的结果，而不是学校的规定项目，也不是教师单独决定的。班会的目标是：增强我是班级小主人的观念；培植班级发展我有责任的意识；锻炼学生自由表达与讨论的能力。班会主要采取小组讨论、小组汇报、教师点评、学生小结的形式。教师在教后反思写道：这次主题班会后，班级管理有了比较明显的进步。由于管理办法是教师和学生们同学们一起讨论制定的，因此管理办法执行起来没有什么阻力，很容易被学生所接受。班级管理不是一朝一夕的事，需要调动孩子们积极性，加强自我约束力，手拉手，共进步。

班会能否取得应有的教育效果，能否体现其公民教育价值，最关键的一个指标就在于班会是否有效调动了学生参与的积极性，是否体现了教育的民主精神。在杜威看来，民主概念是"必须积极地而不是消极地征询每人的意见，使每人本身成为权威过程和社会支配过程的一部分；必须使每人的需要与欲望有被记录下来的机会，使其在社会政策的决定上起着作用。当然，与此同时，实现民主主义的另一必要特点是：互相讨论与互相咨询，并最后通过综合和归纳一切人的观念与欲望的表现而达到社会支配"①。

如何让更多的学生参与到班会中，教师应注意一些教育技巧。比如，

---

① [美]约翰·杜威：《人的问题》，傅统先、邱椿译，上海人民出版社1965年版，第26页。

创设宽松自由的班级氛围、选择学生感兴趣的话题、采取小组交流与大班汇报的方式、对学生的发言和观点采取多鼓励的方式。另外,美国蓝带学校利用班会以培养学生公民意识的做法,有一些值得我们借鉴的地方。比如,以解决问题为目标的班会,通常会经历下列过程,并运用循环讨论的方法。(1)在教师的指引下,把教室里的座位排列成一个环形,以便每个参与者可以进行眼睛的交流。(2)宣布议程,学生可以对议程提出自己的看法,并可以在议程中增加或减少一些内容。(3)确定一个方法,以便让每个愿意发言的学生可以自由表达自己的观点。(4)当学生提供各自观点时,其他人不应该打断他们的发言。(5)所有意见都要被记录下来并加以讨论,最终达成某种共识。(6)为了执行最后的决议,要制订一个执行进程时间表,并且把任务具体分配到每个志愿者身上。(7)宣布下次会议日期。届时要评价这次决议的执行结果。①

二 学校管理生活的参与式建构

(一)提供让学生参与学校公共事务的机会

被誉为"世界上最古老民主学校"的夏山学校,在学生参与学校公共事务的程度和范围方面往往是当时和现在中小学所无法企及的。尽管其民主实践有浓厚的理想主义色彩,也引起了一些争议,但对于学校开展学生自治,推进民主教育却是有较大启迪意义的。在夏山学校,所有与集体和生活有关的事情,甚至包括对违反规定的有关处罚,都是在周六的学校全体会议中投票决定的。不论年龄,每个教师和每个学生都有投票权,并且每个人投票的分量都是一样的。即便你是校长,你也只有一票而已。并且,任何人要是有什么不满、指控、建议或新校规的提议都可以在学校全体会议上提出。学校创始人尼尔指出:"让孩子们自己当家作主的做法有着非常重要的教育价值。在夏山学校,学生们会拼命争取自我管理的权利。在我看来,一次学校全体会议要比上一星期的课有意义的多。它为学生们提供了一个非常好的当众发言的舞台,多数学生甚至都没有意识到自己的发言是多么出色。我常常能听到那些既不能读也不会写的孩子做出相当言之有物的发言。我想不出有什么更好的方法来替代夏山学校的民主教

---

① [美]墨菲:《美国"蓝带学校"的品性教育——应对挑战的最佳实践》,周玲、张学文译,中国轻工业出版社2002年版,第89页。

学与民主管理的方式。"①

　　学生直接参与学校公共事务管理,既能使学生了解学校决策、运作的过程和机制,还可以真切感受到民主的生活方式,从而增强学生对自身公民身份的认识与体验,提升学生的公民参与能力与公民品性。但在笔者所调查的377名刚入学的大一新生中,有52.7%的学生回答他们曾就读的学校只是"偶尔"为他们提供参与学校管理事务的机会,有17.5%的学生回答学校"从来没有"为他们提供参与学校公共事务管理的机会,而学校"经常"为学生提供参与学校管理事务机会的比例只有28.1%。

　　2013年12月福建安溪一所中学发布用以规范女生言行举止的"七不许"校规。校规具体规定为:不许给男生传纸条;不许和男生在偏僻的角落独处,不许认男生为"哥";不许和男生互赠礼物;不许和男生有手牵手或其他勾肩搭背的举止;父母不在家时,不许邀男生到家里做客;不许邀男生一起过生日;不许和男生单独同乘一辆自行车及其他交通工具。如果有违反校规者,均被视为品行不端,并且告诫学生早恋有辱家风校风。校规还规定了对触犯者的处罚措施。比如对初犯者,扣班级评比分5分,责令其父母带回家严加管教,确有悔改方可返校,屡教不改者给予记过处分,同时建议其转学。这种严格的管理举措实际上是目前学校自身管理困境的某种投射。

　　校规是用来规范中小学生日常行为的,和学生的切身利益息息相关。既然如此,校规的制定就不能没有学生的参与。制定校规时,学校必须注意做到"三不"和"三要":不能侵犯学生的权益,不能学校和教师单方面制定,不能忽视学生成长特点;要尊重学生的合法权益,要积极广泛征求学生的意见,要有利于学生的健康成长。

　　客观来说,对于学校生活中的公共问题,尤其是与学生权益直接相关的问题,例如,学校经费的使用和监督,学生行为准则的制定和执行,课外活动的安排等,学校可以采取召开学生代表大会,开展公共论辩会,举行听证会等形式,倾听学生的意见,使他们能为改善学校生活提出建议。还可以在学校管理机构中,比如,校务委员会、教学委员会等机构中增加学生代表,或直接设置"学生顾问委员会",每个班级选举2—3名代表。

---

① [英] 马克·沃恩:《夏山学校的百年故事——献给当代的教师、校长和家长》,沈兰译,教育科学出版社2011年版,第52页。

代表必须是民主选举的结果，并且代表在参与学校公共事务的时候，必须代表他们所在的班级，把班级的意见和诉求表达出来，而不能只表达他们自己的问题。

当然，制定一些学生参与学校公共事务管理的制度，还必须明确制度设立的目标，监督制度实施的情况，避免制度的不合理利用，否则，不仅不利于培养学生的民主意识、参与意识，相反还会引发不良后果。

笔者调研的烟台市芝罘区××小学，为了让学生参与学校公共事务管理，设置了红领巾监督岗。根据该校一位副校长的说法，红领巾监督岗设立的初衷是让学生有机会参与学校管理，推进学生自治，从而增强学生的学校主人翁意识和自治意识。但学校在实施这项制度的过程中，没有用正确的理念和精神对红领巾监督岗的成员进行适时地教育和引导，从而导致实践偏离了制度设置的初衷。笔者在一周的调研中发现，红领巾监督岗的学生在监督学生是否按照学校规定要求做眼保健操、课间操等活动的时候，皆表现出趾高气扬、高人一等的神态，学生稍有不符合规定的举动就瞪大双眼，并用手指着那个同学，并加以大声呵斥。被指的同学则表现出很害怕甚至恐惧的样子，乖乖就犯，服服帖帖地听从他们的安排。

在课间休息的时候，跟随去调研的学生记录下了这样一个场景。两个佩戴红领巾监督员标志的女生围着一个身材矮小的面露怯色的低年级男生，大声说道："张红（化名）的名字是你叫的吗？你应该叫她张红老师。"说着就推了那个小男孩一把。紧接着一名随后赶来的佩戴袖章的男生好像发现了我们的存在，就把这个小男生带到了柱子的后面，并开始对这名男生进行殴打。

对于监督员殴打学生的事实，在一次和学生私下交流的过程中得到了证实。在一次听课结束后，还没有走出教室，就看见一位身材较强壮的和一位身材较弱小的学生厮打起来，前者将后者打倒在地。上课教师见怪不怪地对身材较强壮的那个学生加以严厉训斥，"你怎么可以动手打人，简直是无法无天！"后来，一位调研小组成员2012级教育学专业的学生杜××同那位打人的学生进行了私下交流。大致内容如下：

  课题组成员（D）：你为什么要打其他小朋友呀？
  学生（S）：我没有打他啊，是他打我呀！
  D：我明明看到是你把他打倒在地呀，为什么啊？

S：我是大哥，老张（那位身材瘦小的同学）他不服我，还撞我。

D：你是大哥啊，有多少人跟着你混的啊？

S：（微笑，露出自豪的表情）这个班里的人都跟我混，下午我带小弟来见你。

D：我也认识很多大哥，他们都不打人啊，你得学会给小弟们讲道理。

S：他们打我，我才打他们。

D：我见到过有佩戴袖章的同学打其他同学，他们都是老大吗？

S：（收敛笑容）他们是监督队的，可以打人。我也被他们打，没办法的。（无奈的表情）

D：监督队是做什么的？他们打人老师不管吗？

S：监督队就是监督队，老师允许他们打人。

相比较于发达国家，我们的中小学生参与学校公共事务的机会还比较少，范围还比较窄。英国中小学普遍建立了由学生参与的学校委员会。法国、西班牙、挪威、奥地利、葡萄牙、比利时等国家的有关教育法规和文件明确强调学生有权利和责任管理他们自己的代表团体的事务。

如何让学生切实参与学校事务，体现学生作为学校主人的角色，北京十一学校所进行的一系列探索和实践就非常有价值。该校是2014年中宣部、教育部向全国推出的唯一基础教育改革典型。比如，每月一次的校务会，必须有一项议题来自学生，且由学生参会研究；学校的许多活动，比如国际文化日、特色运动会、毕业典礼、成人仪式、升旗仪式、名家大师讲座、模拟联合国等全部由学生组织；校园里的两个电影院，从播放规划到经营管理也是由学生轮流承办。另外，学校还推出"校长有约，共进午餐"活动。每天中午，学校都会确定一位校级领导与学生共进午餐，学生自愿在网上报名。校长可以及时倾听来自学生的真实声音，了解学生的真实需求。并且，学生不仅反映问题，还从学校的角度出发积极提出建议。[1] 在某种程度上，学生"接管"了校园，大部分时候校长的权力被

---

[1] 徐启建、苏令：《创建一所受人尊敬的伟大学校——访北京十一学校校长李希贵》，《中国教育报》2011年1月11日第5版。

"架空"了。甚至于出现这样的情况,即使是外国大使来访,也一律由学生出面,致辞、接待、采访也全由学生自行组织。这一系列举措的提出和实践,不仅让学生真切体验到学校主人参与和决定学校事务的自豪感和责任感,还切实促进了学生的自主意识、沟通意识、民主意识等公民意识的成长和发展。

(二) 建立健全学生自治组织

现代社会的一个根本特征是因利益结构和社会结构的不断分化,形成了不同的利益群体。不同的利益群体主要基于自己的利益需求而组建了大量形形色色的社团。公民个体通过参与不同社团而获得不同的利益和价值满足,从而既实现了自我发展,又保障了社会和谐。在亚里士多德看来,每个人就其本身而言可能并不存在多好的品质,但当许多人聚集在一起,每个人都可以贡献他那份善良和道德上的审慎。阿尔蒙德在考察组织成员资格与公民能力时发现:"个人所属团体的数目,也影响到他的政治能力。团体成员身份看来有累积的影响:那就是,一个团体的成员身份会增强一个人的政治能力感,一个以上的团体成员身份会导致更强的能力。……我们至此所表明的就是,志愿社团在民主的政治文化中扮演了主要角色,与非团体成员相比,团体成员可能认为他自己更有资格做一个公民,更为积极地参与政治活动,更了解和关心政治。"[①] 托克维尔非常重视结社自由。在他看来,人们把自己的力量同自己的同志的力量联合起来共同活动的自由,是仅次于自己活动自由的最自然的自由。结社权在性质上几乎与个人自由一样是不能转让的。他强调:"在规制人类社会的一切法则中,有一条法则似乎是最正确和最明晰的。这便是:要是人类打算文明下去或走向文明,那就要使结社的艺术随着身份平等的扩大而正比地发展和完善。"[②] 美国人的许多民主政治美德,如自由、平等,都是在社团中形成、维持并成为传统的。在著名政治学者达尔看来,独立的社团是公民教育和启蒙的一个源泉。它们提供给公民的不仅是信息,还为公民提供了一个讨论、协商和获得政治技能的机会。

既然社团对于建设公民社会和民主社会如此重要,那么学校教育应加

---

① [美] 加布里埃尔·A. 阿尔蒙德、西德尼·维巴:《公民文化:五个国家的政治态度和民主制》,徐湘林、戴龙基等译,东方出版社 2008 年版,第 289 页。

② [美] 托克维尔:《论美国的民主》(下卷),董果良译,商务印书馆 1988 年版,第 640 页。

强学生社团的建设和发展，充分发挥社团的公民教育价值，为学生参与公共生活乃至政治生活提供基本的民主训练和启蒙，又可以为学生参与公共事务的讨论与决策提供自我管理、自我提升的平台和机会。更重要的是，学生通过平等参与和民主协商社团公共事务，可以不断超越狭隘个体利益的束缚，不断张扬作为主体人的内在价值，充分发挥个体关爱他人、关心公共利益的精神。美国教育家约翰·加维（John H. Garvey）在《自由是为什么的？》（*What Are Freedom For?*）中指出：在团体中，社团组织的成员看到一种比自己私人利益更高的善，如团队的胜利、友爱、和谐、亲切。这种善存在于团体中的个人与个人之间，比如，友爱是一种人际关系，不可能把友爱分成一份一份，让每个成员只享受他自己的那一份。在社团生活中，公开选举、公共决策、处理公共问题等各种组织能力、协调能力、演讲能力和沟通能力等公民能力会得到锻炼，公平意识、平等意识、民主意识等会得到涵育。

张伯苓先生曾指出中华民族存在五大病症：愚、弱、贫、散、私。创办南开学校的消极目的就是矫正上述五种民族病，积极目的则是培养救国建国人才。而要实现教育救国目的，对于学生的训练要特别注意重视体育、提倡科学、团体组织、道德训练与培养救国力量五个方面。就团体组织而言，张伯苓特别指出：国人之所以团结力薄弱，精神涣散，原因在于不能合作，没有组织能力。因此，学校应协力赞助与切实倡导课外组织和团体活动，为学生提供丰富的练习做事参加活动的机会。他提倡举办丰富多彩的课外活动，主要有以下几种：（1）学术研究。如东北研究会、天津研究会、科学研究会、数学研究会以及政治经济研究会。（2）讲演。目的在于练习学生说话的技巧，表达思想的能力，为推进民主政治奠定基础。（3）出版。鼓励学生编辑刊物，会有会刊，校有校刊，种类丰富，目的就是练习学生写作的能力，增加学生发表思想观点的机会。（4）新剧。（5）音乐研究会。（6）体育。除田径外，辅导学生组织各种球队，如篮球、足球、棒球、排球、网球等。（7）社团。为训练学生做事能力与服务精神，并培养社会领袖人才，鼓励学生自发组织各种社团，通力合作，团结负责。

朱自清在《中等学校的学校生活》一文中指出，当时的中等学校生活不能培养有自由思想的学生，不能促进学生服务能力的提升，学校生活枯寂乏味。鉴于此种情况，他认为改变中等学校生活弊病，第一件要做的事情就是建立有效的组织，并且是小组织，而不是大组织。在他看来，大组织存在五个方面的局限：一是范围太广泛，不能引起成员间的亲切感和为别人努力之心；二是事务太繁杂，效率不高；三是愿意干事和比较能办事的常常屡次被选为职员，多数人无法发展为他人和组织服务的能力；四是多数人不负责任，导致少数人嚣张恣肆；五是散漫，广泛的组织不能提供相互研究的机会。而之所以提倡小组织，是因为小组织恰恰可以避免大组织的弊端，是最有效的组织，是通达良善生活的一条最近的路。小组织的价值有三个方面：供给自由运思和练习思想力的机会；供给宣泄感情和培养深厚的同情机会；供给练习组织能力的机会，并发展民治的精神。①

事实上，组建学生社团，推进学生自治成为民国时期许多中小学的办学特色。比如当时的尚公学校就积极推进儿童自治，组织严密、富有特色且卓有成效。1922年试行儿童自治，1928年在总结和反思过去儿童自治的基础上进行改组。对于改组的意义，学校指出：教育既然要适应时代和社会，那么旧的儿童自治制度自然无法适用于现代社会。改组后的尚公学校的儿童自治组织，以尚公学生会为中心。组织的方法是三年级以上各级儿童组织级学生会，再由各级学生会选派代表，召集全校代表大会。全校代表大会是全校儿童自治组织的最高机关，一般每一学期召集一次。在该会闭会期间，其职权由尚公学生会执行委员会执行；全校代表大会另选监察委员若干人组成监察委员会行使监察的职权。关于行政方面，由各机关领袖组织尚公市行政委员会负责办理。尚公市以尚公学校为其行政区域，全市行政分为：（1）教育馆；（2）图书馆；（3）俱乐部；（4）博物院；（5）公安局；（6）卫生局；（7）报社；（8）银行；（9）商店九个机关。各机关领袖，由行政委员会九人兼任。尚公学生会对行政委员会肩负指挥监督的责任。为了更好地保障尚公学生会和尚公市行政委员会的顺利运作，还制定了明确的《尚公学生会章程》和尚公市行政委员会的组织大纲。②

在笔者调查的377名学生中，有52.3%的学生在中小学没有参加过任何1个学生社团组织。对社团生活价值的认识不足、组织随意、缺乏必要的引导、未能发挥学生自治的作用是当前学校公民教育的一个薄弱环

---

① 刘铁芳：《新教育的精神：重温逝去的思想传统》，华东师范大学出版社2007年版，第235—243页。

② 马精武：《尚公学校儿童自治的昨今明》，载王小庆编《如何培养好公民》，清华大学出版社2013年版，第286—315页。

节。以日照市东港区××中学为例，该校刘××老师指出学校的社团实质上就是课外兴趣小组。比如：篮球社、营子河文学社、奥赛社、辩论社、美图团、科技创新社、健美操社、校园广播记者站、摄影社，等等。课外兴趣小组的运作也比较简单，常常是指导教师组织对相关内容感兴趣的学生开展一些活动而已。至于社团的组织章程和具体规定都是没有成文的。一般是自己报名，指导老师筛选。这在很大程度上可以看作我国中小学社团发展现状的一个缩影。为此，学校应制定鼓励性和支持性的政策，鼓励学生成立各种社团组织，比如学术性社团、娱乐性社团、体育性社团、公益性社团等，以更好地培育学生的公民自治、公民行动能力和公民美德。

值得强调的一个方面是，参与各种社团组织，还可以有效发挥同伴群体在个体成长中的价值。随着年龄的增长，父母对孩子的影响逐渐减弱，而同伴对儿童的成长则变得日益重要。同伴为儿童的生活敞开了新的视野和空间。如果和同伴相处得当，他们可以学会人际交往的规则，掌握沟通与合作的能力，还能增强自我效能感。在和同伴交往的过程中，他们学会了如何调整自己的愿望和想法，什么时候应该妥协，什么时候应该坚持立场，如何化解同伴之间的冲突。试想一下，如果一个学生在自己的学生时代结交了一些志同道合、相互关心、相互帮助的朋友，那么如此成长的学生养成友善、合作、关心的意识和品性的可能性就非常大。

一名2011级小学教育专业的学生徐××如此概括自己的高中生活：

> 这三年是我弥足珍贵的、永不敢忘的三年。之所以如此，一是朋友情，二是师生情。就朋友情而言，我结交了很多朋友，个个都是挚友、知己。大家皆朴实无华、真诚待人，让我感到很温暖……有的朋友总在我最伤心、难过的时候出现在我的身边，她们温暖的双手捂着我冰凉到骨的手，温暖着我难过的心；听着我讲述着不开心，她们或温柔备至地说上一些安慰的话，或就在那里默默地倾听着。有的朋友和我一起在漫步中享受，谈天说地、无话不说，谈理想，讲现实。我们往往互帮互助、共同学习。相互依偎、搀扶、牵手奔跑……有她们做伴，我很幸福！那一段友情，我道不尽、说不全，只愿酿成美酒，弥留到永远！我愿弥存全部的记忆，时时去回味、去思念……

当然，同伴关系如果处理不当，也会导致一些负面影响。比如，儿童可能会形成小群体，孤立其他儿童。还有，同伴群体一般都有自己的一套价值观和行为规范。如果价值观和行为规范是积极的，正向的，就会有利于儿童的成长。反之，如果群体所认可的价值观和规范是破坏性的，那么则会影响儿童的健康成长。

（三）开办学校公共论坛

创建和维系一个和谐的社会，每一个公民都要有公民的自觉，即意识到自己不仅仅是一个孤立个体的存在，还是民主社会的公民。作为一个公民，他不能仅仅生活于私人领域，仅仅关心私人利益，还必须积极投入到公共生活中。发表对公共事务、公共政策的看法时不能只考虑个人利益，还应该站在社会整体的角度，站在公共福祉的角度来考虑问题。公民可以选择和追求对自己有利的生活方式，但也必须清醒地认识到，对私人利益的强调和捍卫不能危及社会正义，不能损害社会公共利益。"在教育与情报传播方面的进展，在管理学与控制论方面的进步使民主实践从根本上发生了激烈的变化，并促使人民要求在公共生活中有更大的发言权。这就是说，民主教育必须成为真正实行民主的准备。民主教育和政治实践不能再分割了。民主教育必须使公民具有从事社会经济活动的坚实基础，而且必须加强他们的判断力。民主教育必须在个人关心和努力的各个方面——政治、公共事务、工会活动、社会与文化生活等方面——使每一个人勇于负责和积极行动，并帮助他们保持自己的自由意志，做出可靠的个人选择。"① 而在德沃金看来，"如果能达成广泛共识，以确定该做什么，民主可能即便没有严肃的政治论辩也是健康的。如果能有一种论辩的文化，即使没有共识，民主也可能是健康的。但是如有深刻而痛苦的分裂而没有真正的论辩，民主将不可能保持健康，因为如此，它将只能沦为数目的暴政（tyranny of numbers）"②。

为此，学校可以设立一个公共论坛，每周一次或每月两次定期就当前社会中的热点问题和焦点问题进行公共讨论和辩论。如果学生在学校生活中的言说能够做到言之有据、尊重事实、遵循逻辑、对不同见解不断章取义、对持不同意见的人不进行人格攻击，那么学生就形成了自由、平等、

---

① 联合国教科文组织国际教育发展委员会：《学会生存——教育世界的今天和明天》，华东师范大学比较教育研究所译，教育科学出版社1996年版，第135页。

② ［美］德沃金：《民主是可能的吗？——新型政治辩论的诸原则》，鲁楠、王淇译，北京大学出版社2012年版，第6页。

理性言说的意识，掌握了社会公共言论所应要求的基本规范。阿伦特有言："思想与言说相比是次要的，言说和行动则是同时发生和同等重要的，属于同一层次同一类型；这一点首先不仅意味着真正的政治行动（就其处于暴力领域之外而言），要以言说来进行，而且更为根本的是，除了言说传达或交流的信息外，在恰当的时刻找到恰当的言辞本身就是行动。……成为政治的，生活在城邦中，意即任何事情都要取决于话语和说服，而不是取决于暴力和强迫。"①

笔者对学校或班级能否针对当前的一些社会热点问题组织公开讨论或辩论这一情况进行了调查，结果表明总是或经常组织此类活动的仅仅占到了26.52%，偶尔组织的占到了49.33%，从不组织的占到了22.81%。在此方面，民国时期的重庆南开中学做得相当出色。学校允许自由讨论，并排张贴着《中央日报》与《新华日报》，学生可以对照着看。高年级学生经常对各种思想观点开展讨论。时事辩论赛是南开的家常便饭，"战争促进抑或毁灭文化？""世界持久和平能否实现得了？""第二次世界大战谁胜？"都是他们辩论的议题。一次，全校男女生两部举办辩论赛会，题目本来是一件生活琐事，张伯苓校长散步时偶然看见海报，说都什么时候了，还只是辩论这些芝麻小事。当夜题目就改成了"美国是否应该参战？"当时的社会背景是离1941年的珍珠港事件爆发没有多长时间。

在对公共事务进行协商对话的过程中，关键一条是恪守言论自由这一根本立场，允许和提倡多种声音、多种观点的对话与交锋。安玛丽·斯劳特强调言论自由有两重作用：不仅是个人自我界定和发展的必需，而且还是建立和维护民主必不可少的条件。② 德沃金强调言论自由是维护人类尊严两原则之一的个人责任的关键部分，是实现任何可信度民主理念的极端重要的条件。③ 美国著名政治学家达尔更为深入地论述了自由表达对于民主的价值，主要体现在三个方面。第一，公民表达的自由是为了能更有效地参与政治生活。如果公民不能对涉及政府的有关行为表达自己的看法，就无法让别人知道自己的想法，也无法说服别人接受他们的观点。第二，

---

① [美] 汉娜·阿伦特：《人的境况》，王寅丽译，上海人民出版社2009年版，第16页。

② [美] 安玛丽·斯劳特：《这才是美国——如何在一个危险的世界中坚守我们的价值》，马占斌、田洁等译，新星出版社2009年版，第25页。

③ [美] 德沃金：《民主是可能的吗？——新型政治辩论的诸原则》，鲁楠、王淇译，北京大学出版社2012年版，第136页。

公民对政府可能的行为和政策获得充分的知情，需要表达的自由。公民培养自己的能力，需要表达自己想法的机会，向其他人学习，参加讨论和协商，向专家请教、倾听和咨询，借助其他的方式学习，所有这些都离不开表达的自由。第三，如果公民没有表达的自由，他们就失去了影响政府决策议程的能力。沉默的公民可能是独裁统治最理想的臣民，但对于民主来说却是一种灾难。

在讨论或辩论的过程中，培养学生的宽容意识和精神是自由教育和民主教育的重要方面。可以进行激烈而不敌对的讨论，开展真诚而不敷衍的交流，鼓励尖锐而不片面的批评，努力营造人人参与、畅所欲言、各抒己见的民主氛围。只要不违背常识，不违反法律和国家政策，各种言论都是允许的。在此前提下，教师要求每个同学的发言尽可能做到言之有据，言之有理，言之有度、不偏激偏执，不能攻击别人的人格尊严。价值多元的现代社会迫切需要公民确立宽容意识。胡适先生特别强调容忍对于自由的重要性。在他看来，容忍是一切自由的根本。人们持有不容忍的态度源自"我的信念不会错"的心理习惯。既然深信自己不会错，自然就不能容忍任何和自己不同的思想信仰了，"一切对异端的迫害，一切对'异己'的摧残，一切宗教自由的禁止，一切思想言论的被压迫，都由于这一点深信自己是不会错的心理"[①]。为此，胡适还提醒人们要告诫自己，"我们若想别人容忍谅解我们的见解，我们必须先养成能够容忍谅解别人的见解的度量。至少我们应该戒约自己决不可'以吾辈所主张者为绝对之是'"[②]。教师在教育过程中应该让伏尔泰的名言"我不同意你的观点，但我坚决捍卫你发表反对意见的权利"成为学生辩论遵守的基本原则。

自由表达并非只意味着你有说话的权利，还意味着你还有听别人说话的义务。对话既包括我们可以公开表达自己的价值立场和主张，又包括认真听取他人主张的意愿，学会设身处地地为对方着想。公民只有负责任地表达自己的观点，并且通过理性的倾听、明辨和选择，才能真正成为明智的、有自治能力的公民，成为民主政治需要的合格公民。讨论或辩论作为一种与他人交往的方式，既要体现理性的精神，还应体现公民的教养，正如洛克所说："首先，从心底要保持一种不去侵犯别人的心思；其次，要

[①] 胡适：《容忍与自由：胡适读本》，法律出版社2011年版，第134页。
[②] 同上书，第136页。

学会表达那种心思的最为人接受、最为人喜悦的方法。从其一，人可称得上是彬彬有礼；从其二，则可称得上是优雅得体。后者指的是我们要在表情、声音、言语、动作、姿势乃至整个外部仪态都要表现得得体优雅，以使我们结交、交谈的人心悦、自在。这是一种我们的内心借以表达其礼仪的语言。"① 美国的中小学和大学经常会开展学生辩论和演讲，他们不仅仅是阐述自己的立场和观点，还要预先判断和考虑对方会如何提问，怎么问"为什么"，这就是考虑"反方立场"。甚至对于议论文的评判，美国教师还有一条约定俗成的规定，如果学生作文不考虑反方立场，最后得分不得高于5分制中的3分。

三 社会公共生活的参与式建构

（一）参与社会公共生活的价值

学生不仅要学习如何在学校生活中行使公民权利，遵守公民道德，还要学习遵守社会中的规范准则，在参与社会公共生活中学会运用和维护公民的基本权利，并培植社会责任感、公共精神与政治效能感。"期望学校依靠自身去发展民主公民所需要的技能和道德将是不切实际的，人们学会成为负责任的公民，不仅在学校，而且还在家庭、邻里、教会以及公民社会中的各种其他群体和场所。"② 通过让学生直接参与到有组织的社会公共生活中来感受作为公民的意义，深入理解个体与他人、国家以及社会的关系，既实现了学校生活和社会生活的贯通，也为学生公民品质的实践提供了有效载体，使他们在真实的公共生活中成长为一个合格的、有社会责任感、理性而成熟的公民。然而，在笔者对学校每年为学生提供社会实践活动机会的调查中，从不组织的占到了25.46%；每年提供1次的为23.32%，提供3次以上的只占23.08%。

杜威提出教育即生活、学校即社会，意在强调教育要密切儿童生活和社会生活，学校要渗透和体现社会的精神和特征。不仅如此，杜威还强调要把校内生活与校外生活结合起来，否则，就不能有效培养真正的民主公民。"威胁着学校工作的巨大危险，是缺乏养成渗透一切的社会精神的条

---

① 转引自徐贲《明亮的对话：公共说理十八讲》，中信出版社2014年版，第208页。

② [加]凯姆利卡：《论公民教育》，载马德普主编《中西政治文化论丛：第3辑》，天津人民出版社2003年版，第277页。

件;这是有效的道德训练的大敌。因为只有具备一定的条件,这种精神才能主动地出现。(1)首先,学校本身必须是一种社会生活,具有社会生活的全部含义。社会的观念和社会的兴趣只有在一个真正的社会环境中才能发展。在这种社会环境里,彼此平等相处,建立共同的经验。……我们的学校不再是脱离生活,专为学习功课的场所,而是一个雏形的社会群体,在这个群体里,学习和生长是现在共同参与的活动的副产品。运动场、商店、工厂、实验室,不但能指导青年的自然的主动趋势,并且包含交往、交流和合作——所有这一切都扩大对各种联系的认识。(2)校内学习应与校外学习连接起来。在两者之间应有自由的相互影响。只有当其中一方的社会兴趣和另一方的兴趣有无数接触点的时候,才能达到这个地步。……一般说来,学校之所以和社会隔离,主要原因在于缺乏社会环境,有了社会环境,学习就是一种需要,也是一种报酬;学校既与社会隔离,学校里的知识就不能应用于生活,因此也无益于品德。"[1]

在学校里开展公民教育是非常必要的,但仅仅局限于学校还远远不够,还必须紧密联系当前的民主实践,加强学校与社会的沟通与对接,让学生在参与社会公共生活与公共事务的实践中,践履自己的公民权利和义务,涵养与化育公民意识和公民人格。没有丰富的社会生活经验,理解公民理论与知识的论述必定是肤浅的、表面的。离开了社会生活学习公民理论与公民知识,必定是"邯郸学步"或"鹦鹉学舌"。只有实现社会生活与学校生活、与公民理论知识的有机互动,才能真正培养学生的智慧与洞见,实现学生公民意识的真正成长。布尔迪厄指出:"学生们在一个受到保护的、没有任何物质忧虑的空间里封闭了三四年,他们对于世界的了解差不多仅限于他们从书本里学来的东西。从本质上来说,对这样的青年学生施加压力就等于是生产发育不太健全的虚假的智者。"[2] 尽管布尔迪厄是针对大学生而言的,但对于中小学生而言,学校生活与社会生活的脱离,学生只是掌握书本知识自然会丧失对社会、对公民权利与义务的真正感知。理论知识是死的,社会公共生活是生动鲜活的。学生公民意识的成长需要增加参与社会生活的机会,在参与中增强对公共利益和公共生活的

---

[1] [美]约翰·杜威:《民主主义与教育》,王承绪译,人民教育出版社2001年版,第376—377页。

[2] [法]布尔迪厄:《国家精英——名牌大学与群体精神》,杨亚平译,商务印书馆2005年版,第148页。

感知，不断确认自己的公民身份。公共领域是行动实现的场所和条件，行动的参与力量又保护了公共领域。按照理论所实施的公民教育固然是不可或缺的，但通过公民生活实践的教育更为关键。联合国教科文组织在《学会生存》中明确指出："如果一个人通过积极参加社会结构的功能活动进行学习，并于必要时在改造这些社会结构的斗争中承担个人的责任，他就会充分地实现他自己在社会各方面的潜力。……教育应该通过教学、实践和社会职责为我们时代的一个典型的规划做出贡献，这个规划就是要用一种活生生的、民主的决定过程去代替那种机械的、行政式的权威统治。大量地参与社会活动，以尽自己最大的责任，这不仅保证了集体的效用，而且也是谋求个人幸福，掌握日常管理社会与控制事物的权力，走向自己决定自己命运之道的先决条件。公民的职位不再是代表他个人的权力，而是在社会的各个阶层和生命的各个阶段行使权力。"[①]

(二) 参与社会公共生活的路径

1. 开展服务学习

服务学习被认为是学生参与社会公共生活行之有效的方式。服务学习通过让学生直接参与到有组织的社会服务行动中来感受作为公民的意义，真正了解学校、社区乃至国家的实际情况，深入理解个体与他人、国家以及社会的关系，避免了学校生活和社会生活的疏离。2002年6月，麦吉尔大学政治学系举办了主题为"审视公民权利和义务：从跨学科的角度看青少年参加政治活动"的讲习班。参加者有来自加拿大、美国和欧洲的政治学家、社会学家和教育学家，他们共同探讨了青少年参加社区活动与后来行使公民权利和义务活动之间的关系。在他们看来，参与社区活动可以促进学生具备合格公民所需要的知识、技能和态度。美国和英国在开展服务学习方面有许多可资借鉴的地方。开展的活动包括学生办社区报纸、指导手册、资源指南、广播电视节目，学生对社会问题主动开展研究，撰写研究报告，提议开展社区活动等。[②] 学生在服务学习的实践中，不断反思自己的公民知识和观念，批判性地思考民主的本质，为学生公民知识、技能、品性的实践提供了有效依托，能促进学生公民知识和公民能

---

① 联合国教科文组织国际教育发展委员会：《学会生存——教育世界的今天和明天》，华东师范大学比较教育研究所译，教育科学出版社1996年版，第189—190页。

② Arthur, J. & Wright, D., *Teaching Citizenship in the Secondary School*, Atlanta：David Fulton Publishers, 2001, p. 86.

力的提高，并使其在服务他人和服务社会的过程中培养公共道德，尤其是社会责任感和奉献精神。

关于服务学习，本杰明·巴伯的"社区服务课程"非常有特色，值得借鉴学习。本杰明·巴伯是当代著名的民主政治理论家，其提出的强势民主理论对参与式民主影响很大。在代表性著作《强势民主》一书中，巴伯提出了许多践行参与式民主的具体建议。就学校公民教育而言，巴伯在罗格斯大学成立"民主文化与政治中心"，创造性地开设"社区服务课程"，成效显著。美国前总统克林顿曾公开予以赞扬，更是扩大了其影响力，一些学校纷纷加以效仿。尽管巴伯的这一创举是在大学里加以实践和推广的，但其基本理念和具体做法同样适用于中小学，值得中小学加以借鉴和推广。在社区服务课程实践中，经过广泛协商讨论，巴伯制定了九条实施原则。第一，教育与实践合一。公民意识和公民责任的教育依赖于社区服务的实践，而社区服务活动也需要理论支撑。第二，权利与义务意识只有在具体的社区参与中才能真正掌握。第三，解决社会问题必须从重建公民社区入手，不能头痛医头、脚痛医脚。第四，培养学生尊重差异、包容异己是公民教育的根本诉求之一，因此课堂讨论与社区服务要紧密联系美国社会多元文化的事实。第五，参与才会产生效能感，而只有效能感才能增进责任意识，为此公民教育课程规划应强调参与。第六，一个人是否接受公民教育不受家庭经济条件影响，学生无论贫富都必须学习服务课程。第七，公民教育服务课程必须以团队运作为基础，理想团队人数为5—20人。第八，公民教育的目标不是培养慈善行为，而是开明自利。第九，公民服务课程是自由教育的必要组成部分，每一个学生都必须选修。社区服务的本质就是学习民主生活的观念、技能与经验，体会人与人相互依赖的感情，因此服务课自然成为人人要接受的教育训练。

2. 调动学生参与公共生活的自觉性

2013年1月19日，一位署名瓦罐的上海中学生提笔给市长写信，阐述对现实教育的不满，并大胆向教育建言。信的具体内容如下：①

  我是本市一名七年级的学生。也许您会觉得我很可笑，可我实在

---

① 《一名初中生写给上海市领导的一封信》（http://www.shedunews.com/zhuanti/xinwenzhuanti/ymczsdlx/ymczsdlx_gjc2pm/2013/03/06/493068.html）。

没办法了。我的心就好似被砸的瓦罐一般，支离破碎，心好似缺了一块，人又好像悬崖边要掉下去了。我该怎么办？学生怎么办？

现在，我对排名麻木了。它像是我养的一条蠢狗，它训练有素时我以它为荣，可它没打狂犬疫苗时反而把我咬得遍体鳞伤。本次期末考，在前3次大考都入围年级前十强的我这次因失手于数学一道七分应用题而跌出前一百，位于113这个极不吉利的数字。这只笨狗会把我咬死的！我还有脸去学校吗？煎熬！

为此，我对教育提出建议：

第一，坚决反对班级以及年级排名。十个手指都有长短，难道能说食指比中指无用吗？如此下去，被排死的人会越来越多。

第二，加强教师素质教育。老师总觉得学生笨，而导致学生总觉得老师烦，这恩恩怨怨何时了？

第三，尽量减轻"应试教育"的负担。现在，学习只为考试，考试只为应试，考过就忘。

第四，增加社会公益项目，无偿成为志愿者。一直泡在学习中，如同一只蟹泡在酒里，该学学社交了。

第五，包括完成作业，共需13—15小时，一天才24小时。现如今近视眼居多，咱班39个学生，26个近视，67%的概率，与学习扯上了很大的关系。

第六，按如今各校校规，估计养出了一个个的"机器人"，无思想无主见，没个性。

第七，与国际强国接轨，学真本领，提高动手能力。

现在学生压力山大，为让成绩高一分，只能捶胸顿足，伸舌头，跺脚。教育何时能逆转？

上面这位中学生的做法就充分体现了他参与社会公共生活的意愿和积极性，表达了自己的价值诉求。对于这种行为，学校教育应予以充分鼓励和认可。对于学生在生活中遇到的公共问题，包括房屋拆迁、道路改造、交通拥堵、公交站点设置、看病难，以及中小学作业负担过重等问题，学生都可以通过写信或网络留言的方式，向有关机构和部门反馈，既可以表达自己的价值诉求和观点，还可以培养和增强自身的社会责任感和公共精神，为真正成长为合格公民奠定良好的基础。当然，作为未成年公民，中小学生有权利,也有能力就各种公共问题,向政府有关部门表达个人看法和建议的。

3. 创设直接参政的机会

"如果公民拥有作为公民而积极行动的实际权力,也就是说,当公民享有一系列允许他们要求民主参与并把民主参与视为权利的时候,民主才是名副其实的。应当特别强调的是,这一系列权利……应当被视为民主的统治观念本身的一个必然结果和有机组成部分。"① 因此,创设直接参政的机会可以让学生真真切切体验到作为公民存在的价值和力量,意识到公民享有的权利和担负的义务,从而增强参与公共生活的兴趣和热情,提升自己的政治效能感。比如,让高中生有资格当选各地教育机构的委员,或成立一个学生咨询委员会,当地教育主管部门在出台一些与学生息息相关的教育政策时,能够倾听和考虑到学生的声音和想法;让中小学生有资格被选为少年法庭或其他处理青少年问题机构的咨询员。

法国有一项比较有特色的公民教育实践,即中学生通过竞选成为学生市长和市政参议员。市政参议员只有政治协商的权利,可以向市政提建议。他们甚至成立联盟,并在1987年5月召开了首届联盟大会。学生议员的职责仅仅限于政治协商。他们有一个小小的财政预算,召开会议,研究文件。学生在市政会议上提出诸多批判。学生市长在学生们的市政会议上选举产生,任期为一年。通过参与政治协商,学生们搞懂了政治体制是如何运作的。1988年1月,年仅12岁的穆里耶马修,被选举为卡斯特尔市的市长。该市的成人市长菲利普德沃认为,这是市政工作中的探索和实践,并非一项改革。学生市长的建议为大家上了一堂公民教育课。这个聪明的孩子为城市的发展增加了活力。他清醒地认识到,学生渴望参与一切市政工作。同时,他也认识到,人们并不把上任的孩子议员当回事。还指出政治是一项严肃的工作,不适合孩子们参与。但对于孩子们的想法,成人知之不多。②

4. 理性参与网络公共生活

网络社会的来临为学生参与社会公共生活提供了很大的便利,对此,

---

① [美]赫尔德:《民主的模式》(最新修订版),燕继荣等译,中央编译出版社2008年版,第313页。

② [法]多尔多:《青少年的利益》,李利红译,上海社会科学院出版社2010年版,第182—182页。

学校教育应合理发挥网络的公民教育价值。网络空间是社会空间的延伸。网络业已成为目前我国影响最广泛的民意表达平台。据不完全统计，我国网民已超过6亿，仅新浪的微博用户就超过了5亿，腾讯的微信用户超过3亿，而且还在以飞快的速度增长。2014年7月14日，中国少先队事业发展中心发布《第七次未成年人互联网运用状况调查报告》。调查显示，城市小学一年级至高中未成年人使用互联网的比例达到92.9%，农村（乡镇）中小学生接触过网络的比例也高达80.2%。71.9%的城市未成年人和45.0%的农村未成年人首次触网年龄在10岁以前；已上网的未成年人中，七成以上每周至少上网一次；80.6%的未成年人在网上交流的是现实生活中认识的人。在此背景下，网络也成为中小学生参与社会公共生活的重要途径，并扮演日益重要的角色。网络的开放性、多元性、隐匿性与互动性的特点，增强了学生参与公共生活的自主性和积极性，有利于培养学生的公民参与意识和参与能力。对于社会生活中的公共事务，学生可以通过论坛、博客、微博、微信、虚拟社区、政府网站等途径理性发表观点，表达价值诉求。不过，网络参与也存在着隐患，学生容易出现言论过激、随意，甚至造谣或传播谣言等不负责任的行为。

国内著名经济学家茅于轼先生曾提出一个论断："替富人说话，为穷人办事。"此论断一出，就遭到了一些网民的恶意的辱骂和无底线的人格攻击。仅举其中一位网民的话语：

> 老狗你听着，论学位，我不比你低，甚至比你还高，论职称，也不比你低，但我依然要骂你！因为你是胡说八道，你是见了钱什么事都干的哈巴狗！一条新兴大地主大资产阶级的老狗！不骂你骂谁？你是睁着眼说瞎话，对你这种人，除了骂，还是骂！骂死你个老东西！你快死去吧，别以为读了几本书就不知道自己属什么的了！真××给知识分子丢人！

再举一事例，2013年，某知名童星曾在微博中发布了一条配有照片的微博："我替服务员来抻面，还挺有意思，吃起来更香了。有机会你们也试试自己动手抻面。"在转发和评论这条微博的过程中，部分网友用一些污言秽语调戏这位童星。后来该童星又发微博说："我们来这里安家就应该受到保护。对人身心、健康有害的言论就应除根，不准他在网络生

存,不准他污染网络空气。"此言论一发布,又遭网民吐槽。现列举部分网民的话语如下:

>   MILK这个不要脸的爸妈和她,有意思吗?别人代唱你领功,你好意思吗???做人不要这么无耻!!!
>   污言秽语当然属于有害的言论之一,但是很多有害言论并不是污言秽语,只不过被冠之以有害言论,其实是因为有人见不得这些言论的存在。×××(指上文所提到的童星)小小年纪,说话却很霸道,连续两个不准,不准这样不准那样,也许她是受害者,关键是谁来评判哪些是有害的言论?除了那些骂人的话,其他的,怕不能用有害或无害来定性吧?况且,就算骂人的话,有些也不见得是恶意的,禅宗就有棒喝,有智慧的人从中能受益,肤浅的人认为是人身侮辱。

观念和观点的分歧是必然的,也是合理的,这为自由对话、讨论和辩论提供了空间和可能。"无论哪个国家通过何种规则、形式和习俗应用民主的原则,观念上的争论和意见上的论战必然是民主生活的先决条件。"① 我们可以不同意别人的观点,可以同他人进行针锋相对的辩论和争论,但我们切不可因为别人的观点和自己的观点相左,或者认为对方的观点偏执或荒谬,言说就可以无所顾忌,就可以对别人的人格和尊严进行侮辱。言论自由固然是公民的基本权利,但言论自由必须有一定的限度,必须坚持尊重他人的人格、尊严和权利这一基本立场,不得使用侮辱性、谩骂性和粗俗性的言论,不能人身攻击,不能人格侮辱。上述两则事件中部分网民的攻击性、粗俗性、侮辱性话语恰恰暴露了他们的粗俗无礼,也折射了他们责任意识、法治意识与理性意识等现代公民意识的严重缺失。

自由言说运用合理,则可以塑造一个好民主,反之则会走向民主的负面。这就要求我们把每一个自由言说的个体都看成是平等、理性、有尊严的,同时,也要求我们自己能以平等、理性、宽容的态度去发表观点。只有基于平等、理性与宽容基础上的自由言说、讨论和辩论,才真正是利于发展民主精神的。《教育部关于培育和践行社会主义核心价值观进一步加

---

① 联合国教科文组织国际教育发展委员会:《学会生存——教育世界的今天和明天》,华东师范大学比较教育研究所译,教育科学出版社1996年版,第189页。

强中小学德育工作的意见》(教基一〔2014〕4号)明确指出:"各级教育部门和中小学校要不断探索网络环境下德育工作的有效途径,引导学生正确对待网络虚拟世界,合理使用互联网、手机以及微博、微信等新媒体。加强网络道德教育,引导学生文明上网,树立网络责任意识,增强对不良信息的辨别能力,防止网络沉迷或受到不良影响。加强网络法制教育,培养学生依法使用网络的意识,自觉抵制网络不法行为。"为此,学校公民教育要开展内容丰富、形式多样的网络教育,增强学生的网络责任意识和网络法治意识,引导他们以健康、文明、理性的方式参与公共话题和公共事务的讨论,避免网络侵权和网络暴力等不良行为的出现。

第六章

公民意识培养的教师之维

教师之于学生成长和学校发展的重要性是不言而喻的。作为学生成长过程中的重要他人，教师的素质会对学生的生命成长产生重大且深远的影响。所以，学校公民教育实践的开展情况如何，学生公民意识养成的情况如何，在很大程度上取决于教师怎样实践和履行他的教育职责，而这自然离不开教师自身的公民意识与公民教育素养情况。"教育在很大程度上塑造着公民的道德品格，而道德品格与法律和其他制度构成民主政治的基础。民主政府反过来又塑造着未来公民的教育，而这些教育又在很大程度上塑造了未来公民的道德品格。既然民主社会在教导未来的公民时，必须依靠父母、教师、公共官员，以及普通公民的道德品格，那么，民主教育就不能仅仅从那些接受教育的孩子开始，还要从会成为孩子老师的公民开始。"①

第一节 教师开展公民教育的价值自觉

美国教育心理学家古诺特博士曾说："在经历了若干年的教师工作之后，我得到了一个令人惶恐的结论：教育的成功和失败，'我'是决定性因素。身为老师，我具有极大的力量，能够让孩子们活得愉快或悲惨，我可以是制造痛苦的工具也可以是启发灵感的媒介，我能让人丢脸也能叫人开心，能伤人也能救人。"② 如果教师不是出于对学生成长和发展的真正

---

① [美]艾米·古特曼：《民主教育》，杨伟清译，译林出版社2010年版，第52页。
② 参见余文森《教师态度：课堂的阳光还是阴霾?》，《中国教育报》2007年2月9日第6版。

关心，不是以民主、公平、负责的方式与学生沟通、交往和相处，而是以追求教师一己私利为目的，将学生的成长和发展当作实现自己利益的工具和手段，无视学生的需求和尊严，随意侵犯和践踏学生权利，甚至公然违背基本的做人底线和公共规则，那么我们开设再多的公民教育课程，开展再多的公民教育活动，都不可能真正培养学生的公民意识，形塑学生的公民人格。

2013年12月21日上午，中原网以"新郑二中分校老师被指体罚学生 逼学生吃纸条吸烟"为题，报道了新郑二中分校高二（14）班老师逼学生吃纸条抽烟变相体罚学生一事。事情的大致情况如下：①

> 高二（14）班的学生在网上发帖反映，学生们上课传纸条时被老师发现，班主任就逼着学生把纸条吃掉，全班70多名学生，大概有一二十人都被逼吃过纸条。另外，在宿舍里发现烟头，老师又让3名涉嫌抽烟的学生去买两包烟，在5分钟内抽完。一个宿舍的学生因晚上就寝时说话，半夜被老师赶出宿舍，学生无奈在网吧沙发上过夜。
>
> 12月21下午，中原网记者接到新郑二中分校学生打来的电话，称学校领导来到高二（14）班，给学生们做思想工作，说老师不容易，要求不要对外说老师惩罚学生的事情，并让学生签字证明学校没有发生过逼吃纸条之类的事情。有几位不愿意签字的同学被叫到办公室，一位姓侯的老师对他们进行殴打恐吓，几位同学被打哭，被逼签字。新郑市教体局进驻学校调查，涉事老师被停职。
>
> 12月21日晚上，高二（14）班的学生打来电话，说学校态度突然转变，校长、老师等人来到教室给学生们道歉。而在12月20日，中原网记者对学生反映进行采访时，新郑二中分校陈校长在电话中称学生是在诬告老师。当天下午，新郑二中分校高二年级段主任赵伯伟老师也说逼学生抽烟和吃纸条的事都不可能发生，并称学生反映老师是因为老师曾拆分一个宿舍，才引来学生报复。

---

① 尹楠：《老师逼学生抽烟吃纸条被停职 校方被指多次包庇》（http://news.sina.com.cn/s/2013-12-23/094129057444.shtml）。

《儿童人权宣言》明确强调学校的纪律必须尊重学生的尊严。强迫学生吃纸条抽烟，就是不尊重学生的尊严，就是践踏学生的基本人权。对此，学生有权拒绝，也应该告诉自己的父母，甚至可以诉诸法律。在整个事件过程中，学校不仅不去调查取证，反而包庇教师，强迫学生做伪证，甚至对不配合的学生殴打恐吓。而作为学校法定代理人的校长也在未调查事实的基础上就武断认定学生在诬告老师，并声称要报案。结果，当地教体局调查的结果表明学生所说皆为事实。如此学校，如此校长，如此教师，如何能够担负起培养合格公民的职责，培养出具有权利意识、平等意识、自主意识的现代公民。一所未树立现代公民意识和教育精神的学校，一个未具备现代公民素养和教育精神的教师，是不可能营造民主的教育生活并以公民的方式对待学生的，其结果自然是无法促进学生公民意识养成的。

2014年教师节前夕，发生在黑龙江依兰县高级中学的教师索贿事件，更是折射了某些教师教育信念和职业道德操守的失陷。事情的基本情况如下：①

> 依兰县高级中学高二年级十七班班主任冯群超因为教师节学生没有买礼物，训了学生足足一节课的时间。她如此教训学生："是不明白事啊？投票选班长看谁不明白事？老师要明白的选一个，能给我守纪律的。干啥那么不明白事，死乞白咧的。那人家别的班就是班长张罗的，咱班就啥也不张罗。咋的把我不当回事啊？我倒是次要的，你说你们不看一看我咋交代，人家别的班老师都买了，咱班没买你说我丢不丢人。十块二十块你们穷不起了，你们赶紧给我选班长，看谁配？谁能组织好谁上，不掉链子。咋那么死性呢……"在组织同学重新选班长的同时，这位班主任不时骂着学生，说着脏话。

观念是行动的先导。没有正确的教育观念，就不会产生正确的教育行动。为此，教师必须革新教育观念，必须恪守教师职业道德规范，必须加强自己公民德性和教育素养的提升，用自由、民主、公正的现代公民精神

---

① 杨锋、左燕燕：《哈尔滨一老师未收到节日礼物 当堂飙脏话训学生》（http://www.bjnews.com.cn/news/2014/09/13/333645.html）。

来规约自己的教育教学工作，通过自己的言语和行动向学生传递富强、民主、文明、和谐、自由、平等、公正、法治、爱国、敬业、诚信、友善的社会主义核心价值观，传递教师对学生的关心、尊重和善意，从而成为公民教育理论的学习者、公民教育实践的推动者以及公民人格的示范者。否则，公民教育将没有实践的可能与空间，更遑论其所承载的目标和使命能否实现了。不管社会如何变化，教师都是社会变革的有机力量，都是公民教育发展的中坚力量。教师能做的和要做的，就是用民主的作风、理性的力量、自由的信念、高尚的人格去影响学生，去传递更多的正能量，去更好地化育与培植学生的公民意识与公民人格。教师不能成为不合理体制的推波助澜者，不能成为不合理社会风尚的追随者，而应成为守护与传递自由、平等、正义、法治、民主、公平力量与声音的践行者，即成为公民教育的积极推动者。"教育者应该献身于培育公民的'民主品质'，这种'民主品质'将有效地推动人们参与集体决策，使人们尊重自由、自治和政治平等，并通过审慎的协商达成共识。并且，我认为教育者必须清楚，对民主体制中的公民来说，要想实现真正意义上的自治，除了掌握起码的有关法律、宪法和政治制度的记忆性的知识外，具备一定的德性也是必需的。公民所需要的是某种丰富的品格，包括自律、义务、礼貌、宽容、公平和慷慨等德性。"①

  2007年9月初，法国总统萨科齐发表了《致教育者的一封信》，勾画了其重建学校的美好愿景。在该信中，他明确指出：儿童的未来在你们每个人的手中。你们承担着教育、引导和保护这些尚未完全成形并仍然脆弱的精神与感觉的责任。你们的责任是伴随他们从幼儿到少年，促进其心智、道德、身体、能力的蓬勃发展。这一责任是最重的，同时又是最美好、最值得褒奖的。在萨科齐看来，教育一方面要帮助每个儿童找到自己的路；另一方面要促进每个儿童走上人们所相信的真、善、美之路。对于教育者而言，其作用不是让儿童享受童年，也不是使他们成长为更大的儿童，而是帮助他们成为成人，成为公民。②

  当下中国教师的生存状况着实令人担忧，他们似乎无暇也无力去关注

---

① [美]罗伯特·纳什：《德性的探询：关于品德教育的道德对话》，李菲译，教育科学出版社2007年版，第12页。

② 王晓辉：《萨科齐致信法国教师倡导"重建学校"》，《中国教育报》2007年10月1日第8版。

公民教育。一位刚入大学的 2010 级心理学专业的学生赵××写下这样一段话：

> 在当今体制下，我能够深切了解许多老师的那种无奈，在考试制度这杆大旗的引导下，在各种硬性指标评价下，有作为的老师也只能屈服，老师也是人，我们有时似乎对老师的要求过于苛刻。我们无力去改变现状，但是我会一直记住老师对我说过的那句话，没有人能限制住你的思想，我想这是老师对我们的渴望，但同时也是对现行制度一种无力又无奈的批判。

尽管如此，我们也不能忘记公民教育是教师的重要职责和重要任务，西北政法大学决定做"终身副教授"的谌洪果的观念和行为给我们树立了很好的榜样。他深切认识到了加强公民教育的必要性与迫切性，并身体力行地开展公民教育实践。他把讲台当作了公民教育的舞台，不仅在大学开设公民课，进行以宪政为核心的公民教育，而且还到小学积极推进公民教育。在他看来，真正的公民教育，不仅仅是课堂上教师讲授，学生接受的过程，而是需要平等沟通、扎实演练。它不仅仅是自上而下的启蒙，而是师生共同被启蒙，所以公民教育是终身教育、实践教育、开放教育，还是教育者和受教育者共同提高的自我教育。基于此，他认为在每一次这样的教育和实践当中，觉得收获最大的其实是他自己。在大学的公民课堂上，他这样告诉学生："今天我给你们开公民课，并不意味着我就是一个比你们更合格的公民，恰恰相反，在很多方面，我可能比你们更糟糕，因为我们这一代人从小身处的是一个更缺乏公民教育的环境，被直接间接地传播着各种政治立场、仇恨暴力，变得封闭偏狭，对人与事缺乏基本的尊重。所幸的是，我自己愿意经历痛苦的蜕变过程。我也希望在公民教育的过程中，让学生看到我所有的缺陷和不足，让我们共同来警醒提高，认识到'学为公民'是非常重要和有意义的事情。我相信如果有这样的谦卑和自省的心态，积极行动，公民教育就能非常扎实地开展。"[①]

---

① 张天潘：《中国转型不能没有新公民的崛起》，《南方都市报》2013 年 6 月 2 日 A26 版。

第二节 教师公民教育素养的内容架构

教师应正确认识到培养学生的公民意识是教师自身的职责所在，应努力让自己成为公民教育的推动者。学生公民意识的培养有赖于教师的价值自觉。当然，要想达到良好的公民教育效果，教师还必须在价值自觉的前提下，不断充实和丰富自我的精神世界，自觉以现代公民文化和公民精神来提升自我的公民品性和公民人格，并以此来启蒙和教化学生，培植学生的公民意识与公民人格。教师的公民教育素养可以包括三个方面：公民知识、公民教育能力和公民教育品性。

一 公民知识

掌握一定的公民知识是教师开展公民教育的基础和前提。如果教师对与公民和公民教育相关的基本理论、基本范畴、基本概念和基本观点一知半解或知之甚少的话，他是无法担负起公民教育的使命和职责的。就民主而言，如果教师把民主仅仅理解为选举，强调少数服从多数，那么就根本不可能培养学生真正的民主意识。再就正义而言，教师理应认识到正义的复杂，不能仅仅知道正义的本质是公平，还必须对正义的类型，如分配正义、矫正正义、程序正义的实质和基本观点有所了解，并掌握判断某件事是否公正的相关知识。

概括来说，教师要掌握的公民知识可以分为两个层面：事实层面和价值层面。事实层面的知识，比如，什么是公民？宪法规定公民的基本权利和基本义务包括哪些方面？责任的来源是什么？如何进行投票？民主的程序和结构是怎么样的？政府是怎么产生的，又是如何运作的？价值层面的知识，比如，什么是好公民？怎样才算是正义的？为什么需要民主？为什么需要正义？为什么宽容对于现代社会是重要的？选举民主与审议民主哪个更能体现民主的精神？什么是好政府？国家权威与个体权益发生冲突了怎么办？

对于教师来说，仅仅掌握事实层面的公民知识是远远不足够的，还必须具备价值层面的知识。以历史教学为例，"历史只有在它不再仅仅是一串历史事件时，才能变得有趣，才能提供机会对哲学和社会进行思考"。

但是,"教师却没有为进行这样的判断做好准备。他们不确定自己是否有权利这样做,因为他们自己的判断经常是不合理的,而且缺乏确定性。因此,根本的问题就是训练教师,使他们将来能够从历史中得出它所隐含的教训。不能向教师提供此类训练的教育体系显然未能履行其责任,因为它不仅忽视了在公民素养方面开展教学,而且忽视了作为个性之组成部分的个体之能力和性向的发展"[1]。

二 公民教育能力

(一) 自由对话的能力

真正的公民教育是开放的、多元的,是师生双方共同建构的。教师和学生都是公民教育的主体,都有权利对公共问题发表自己的看法和观点。传统教育观念和实践片面强调了教师的话语权、参与权和决策权,导致了学生权利的缺席,这是不利于学生公民意识和公民人格成长的。前面已有论述指出:无论就公民的实质和理念而言,还是就公民教育的本性而言,灌输都是要避免的事情。就公民实质和理念而言,灌输是与公民个体的自主思考和独立判断相冲突的。就公民教育的本性而言,培养能自由思考的独立个体恰恰是其根本诉求。在苏拉底看来,辩证法和产婆术这种对话式的公民教育是教师教育学生的根本方式。[2]《学记》中有言:"故君子之教,喻也。道而弗牵,强而弗抑,开而弗达。道而弗牵则和,强而弗抑则易,开而弗达则思。"为此,教师在公民教育的过程中要摒弃说教或灌输的方式,要为学生的自由选择、自由言说、自由想象提供更多的空间与平台,其不要也不能再扮演传统教师的说教者、灌输者的角色,而应更多扮演参与者、服务者和组织者的角色。"教师的职责现在已经越来越少地传递知识,而越来越多地激励思考;除了他的正式职能以外,他将越来越成为一位顾问,一位交换意见的参加者,一位帮助发现矛盾论点而不是拿出现成真理的人。他必须集中更多的时间和精力去从事那些有效果的和有创造性的活动;互相影响、讨论、激励、了解、鼓舞。如果教师与学生之间

---

[1] 联合国教科文组织:《为了21世纪的教育——问题与展望》,王晓辉、赵中建等译,教育科学出版社2001年版,第317页。

[2] 李长伟:《古典公民教育透析——一个目的论的视角》,《教育研究》2015年第4期。

的关系不按照这个样子发展,它就不是真正民主的教育。"① 优秀的教师都知道自由平等的对话不仅是探讨问题的最有效的方法,也是培养学生尊重、平等、民主、友善等品性的极有效的方法。

所有与公共生活、公共利益有关的话题,或者说所有与人类生存和个体生活相关的问题都可以进行自由平等的对话。对话要求的不仅仅是形式的平等,即每个人都可以自由表达自己的观点,还意味着实质的平等,即教师不是循循善诱地把学生引向一个标准答案,而是师生共同进行批判性的、开放式的思考和言说,尊重观点的差异,并从差异的观点中进行学习。在自由对话的过程中,教师不仅要做到,也要以这样的精神来要求学生。"对话是一个具有严格规则的游戏:只说你想说的话;尽你所能地准确地说;倾听和尊重别人所说的话,无论有何种差异或不同;如果对话的同伴挑战你的观点,要乐于改正你的观点或为其辩护;必要时要乐于争论,如果有需要要敢于面对,勇于忍受必要的冲突,如果有迹象暗示你需要改变你的想法要乐于这样做。"②

(二)教学设计的能力

"一个缺乏智力因素或者没有反应的课堂不会有利于信息与知识的获取,只能算是机械学习。无法胜任本学科教学或者说教学工作超出其能力范围的教师,以及那些在教学中耍小聪明的教师,他们都有辱教学的理念,而且显然他们的行为都不符合道德标准。"③ 对于中小学教师来说,搞好本学科教学是其主要任务,但公民教育亦是其理应担负的职责。培养学生的公民意识不仅仅是班主任、德育教师或政治教师的事情,而应是所有教师的职责所在。在各学科课程标准中皆有关于公民意识的相关表述,规定了各学科承载的公民教育使命和职责。因此,每一个教师都要立足自己的学科教学特点,挖掘课程中的公民教育资源,灵活机智地结合所教内容向学生传递公平、正义、友善、宽容、爱国、权利等观念,促进学生公

---

① 联合国教科文组织国际教育发展委员会:《学会生存——教育世界的今天和明天》,华东师范大学比较教育研究所译,教育科学出版社 1996 年版,第 108 页。

② [美] 罗伯特·纳什:《德性的探询:关于品德教育的道德对话》,李菲译,教育科学出版社 2007 年版,第 167—168 页。

③ [美] 斯罗特尼克:《社会、学校教育、教学以及教师职前教育》,载 [美] 约翰·I. 古德莱德等编《提升教师的教育境界:教学的道德尺度》,汪菊译,教育科学出版社 2012 年版,第 262—263 页。

民意识和公民人格的成长。

全国优秀教师黄爱华在执教"数的整除"这部分内容时,就进行了精心巧妙的设计,在教学内容中有机渗透公民教育的内容。具体教学过程如下:

> 在学生建立了整除的概念后,要求学生对具有整除关系的两个数会讲四句话:如36和9,可以说36能被9整除,9能整除36,36是9的倍数,9是36的约数。结课时,开展了"动脑筋出教室"的游戏活动。教师出示数字卡片,要求学号能被卡片上的数整除的学生依次走出教室,并要求离场时说出上面四句话中的一句。教师首先出示卡片"2",再依次出示"3"和"5"。大多数学生按要求一次走出了教室。最后还剩下1、7、11、13、17、19、23等学号的学生。这时,黄老师故意着急地说:"糟糕,我手里只剩下一张卡片了,但在座的同学都必须走出教室呀!请大家想一想,黄老师这张卡片上是什么数,大家才能都走出教室呢?"学生们略作思考,齐声回答"1"。黄老师高兴地点点头,赞许地对大家说:"对了,你们不只是想到了自己,还能想到了其他同学,真不错!"

就当前我国公民教育的现状而言,目前各学科教师在设计公民教育内容的时候,应把社会主义核心价值观作为公民教学的重点,让学生成为社会主义核心价值观的坚定信仰者、忠实传播者和模范践行者,促进中华民族共同精神家园的建构。核心价值观是一个国家的灵魂和精髓所在,可以凝聚、规范、激励和导向公民意识和公民观念。社会主义核心价值观是我国意识形态的根本体现,是社会主义先进文化的高度概括,是形成公民国家认同的价值根基。教育部颁布的《关于培育和践行社会主义核心价值观 进一步加强中小学德育工作的意见》(教基一〔2014〕4号)明确指出:"各级教育部门和中小学校要充分发挥课程的德育功能,将社会主义核心价值观的内容和要求细化落实到各学科课程的德育目标之中。……引导各学科教师依据课程标准和学生实际情况,设计相应的教学活动,在传授知识和培养能力的同时,将积极的情感、端正的态度、正确的价值观自然融入课程教学全过程。"

(三)适时引导的能力

公民教育强调学生自由选择,尊重学生个性权利,但尊重学生的个性自由，提倡学生的自由选择，并不意味着教师没有价值立场，不能为学生传递正确的道德观和价值观。我们前面已经阐述了摒弃灌输是公民教学的基本立场，但并不是禁止教师传递某种道德和价值，也并不意味着教师没有自己的价值立场。正如克里夫·贝克所言："教师无时无刻不在传递价值，既通过他们的行为，也通过他们教授的内容。……某些特定的价值信念必须在学校的日常生活中由教师加以传授。"① 现象学教育学的代表人物范梅南强调教育生活是一个不断进行阐释性思考和行动的实践。儿童持续地理解自己的生活，不断地形成对成长在这个世界上的意义的理解。作为教育者，在对学生的影响的合理性和善良性方面是要承担责任的。责任的存在与承担决定了教育者要发挥自己的引导职责，以更好地促进学生公民意识与公民德性的成长。教育本身就意味着选择那些对学生和社会有益的内容来影响学生，并且以合乎道德的方式来展开。"教育家要履行重要的任务，他们必须对于公民观念有所了解。他们必须选择一种最为恰当的教学方法，以引导他们的学生达臻他们在当前这种环境下希望达到的主观理想。……只是在那些压力威胁到要破坏公民身份的真正本质的情况之下，教师们才应当认识到维护这些理想是他自己的义务。如果在公民的原则没有受到威胁的情况之下，教师的责任是明确的，即在公民理想的要求与社会的需要之间保持平衡。"② 借助于价值引导，教育者可以更好地抑制和疏导学生变恶的不良倾向，唤醒学生积极向善的意识，培植学生的公民德性与公民人格，使学生具备自由、平等、民主、法治、诚信、友善、爱国等公民意识。

（四）合理评价的能力

有无良好的评价体系和评价指标对学生公民意识的成长往往起着关键性的作用。为此，教师应具备合理评价的能力，通过合理的评价来激励和促进学生公民意识的成长。教师要实现评价的科学合理，至少要注意以下方面：第一，评价要真实、客观、公正，要准确记录和描述学生的公民意识发展状况，调动学生自觉提高公民意识的积极性。第二，在坚持形成性评价与终结性评价相结合的前提下，突出形成性评价，注重学生公民意识

---

① [美] 克里夫·贝克：《优化学校教育——一种价值的观点》，戚万学、赵文静等译，华东师范大学出版社 2003 年版，第 160 页。

② [英] 德里克·希特：《公民身份——世界史、政治学与教育学中的公民理想》，郭台辉、余慧元译，吉林出版集团有限责任公司 2010 年版，第 485 页。

成长的过程，为学生提供足够的机会展示他们在公民意识养成方面的感悟、困惑、进步与成绩。第三，评价要做到多元，从多个维度来评估和促进学生公民意识的成长。第四，要多运用激励性评价，善于发现学生身上的闪光点和优点，设置各种公民意识奖项，比如"诚信之星"、"感恩之星"、"乐善之星"、"权利之星"、"参与之星"，积极营造公民意识成长的良好氛围。促进学生良好公民意识养成的一个非常有效的办法，就是对那些在实际行动中展现了良好公民意识的学生予以及时认可、表扬和鼓励。

三 公民教育品性

公民知识、公民教育能力对于开展公民教育是重要的，但最重要的还是教师要具备良好的公民教育品性。教师是否具有良好的公民人格和公民教育品性直接决定着公民教育的质量和水平。"当教师个体的内心缺乏高贵的理想、睿智的思想、高远的追求，特别是缺乏一种对现实生活的价值批判意识和对自己生活状态的价值内省时，即使他有敞亮自己内心的权利，也不可能贡献自己的一份理性与情怀给公共空间。因此在既定的社会现实中，作为教师个体，首先批判的不应当是外在的制度制约和话语霸权，而是要反思自己将以怎样的方式提升自我生命的质量，然后以怎样的生命姿态介入公共生活。"[①]

（一）尊重

尊重作为公民应具有的基本德性之一，对于教师则具有更加特殊和重要的意义。教师尊重学生可以培养学生的自尊和自信，促进学生公民人格的发展。在洛克看来，儿童一旦懂得尊重与羞辱的意义后，尊重与羞辱对于他的心理便是最有力量的一种刺激。

教师不尊重学生，常常给学生带来不可低估的伤害，特别是学生年龄越小，对其心灵的创伤就越大。一位刚步入大学的2013级教育学专业的学生张××记录了自己小学时期的一个故事：

> 读小学的时候，学校有针对贫困学生的资助。那时候家里条件很不好，我就提交了一份申请，详细说明了家里的实际情况，并偷偷去

[①] 刘铁芳、杨骐文：《高考誓词与我们的教育想象》，《教师月刊》2010年第1期。

办公室交给了老师。要知道那时候，我尤其的敏感，易受伤。并且，当时的小学生没有人会愿意让周围的同学知道自己写了资助申请，毕竟小学生圈里的"舆论"是没有任何隐晦和顾忌的，是尖锐无情的。然而，在张××老师的语文课上，他竟然说："有些小孩儿从小就不要脸，为了那五六十块钱儿，又说自己的妈妈有心脏病，又说爷爷住院了，还是奶奶眼瞎了什么之类的，俺就不会，俺家儿子以后也不会，人得有骨气……"貌似是大义凛然的道德教育，却赤裸裸地暴露了他的没文化没水准。他说的其实并不是我，也没指谁的名字出来。但是我听后还是哭了。老师可是最敬重的人了，他怎么可以用这样的话来教育学生呢？现在想起来可能并不觉得有什么，但在当时，我失眠了多少个夜晚都想不通为什么，为什么他要那样说。我是怎么都不能理解的。一直想着这个事儿，直到今天。初中时候还跟好朋友提过，并在心理开始骂他、反驳他甚至诅咒他。初中时回想，我的观点是：素质太低的人绝不适合当老师，因为幼小的心受不了伤害。如今他已逝去，没有了对他的恨，而是开始质疑我们的社会，我们的教育。

上面的例子较好地说明了教师缺乏对学生的基本尊重，从而给学生带来了心理阴影。有时候，这种影响是巨大的，会给学生的心灵留下无法抹平的创伤。苏霍姆林斯基相信教育者的话语有着强大无比的力量。语言是一种最精细、最锐利的工具，教师应当善于利用它去启迪学生们的心扉。为此，在日常教育教学实践中，教师应在尊重学生人格、尊严和人权的基础上，展现教育的艺术和智慧。

尊重意味着尊重学生作为公民享有的公民权利和作为学生享有的教育权利；意味着尊重每一个学生的人格和尊严，抵制和摒弃任何意义上的分等、贬低、轻视和歧视；意味着尊重每一个学生的天性，允许学生以适合自己的方式成长和发展。教师对学生的尊重常常以教师对学生承担的义务体现出来。1975年为全美教育协会（NEA）代表大会所采纳的《教育专业伦理典章》做出如下规定：因为相信每个人享有其价值和尊严，所以教师的第一天职即为求索真理，达至卓越，孕育民主。要达成这些目标，核心是确保学与教的自由，让每个人都享有平等的受教育权。为人师者的责任就是以最高的标准恪守这些伦理原则。教师应努力帮助每一位学生，挖掘其潜力，实现其理想，成长为有价值的公民。因此，教师的工作就是要激发他们的质疑精神，提高其理解和获取知识的能力，精心设计出有价值的目标。对于学生，教师的义务是：（1）不应毫无理由地限制学生的独立学习和探索；（2）不能毫无理由地阻止学生获得不同的观点；（3）不能蓄意歪曲或压制学科知识，影响学生的进步；（4）保护学生的学习、健康和安全，免受不利因素的影响；（5）不应故意羞辱或贬低学生；（6）不应歧视学生，包括种族、肤色、宗教、性别、民族、婚姻、政治或宗教信仰、家庭、社会和文化背景等；（7）不应利用专业关系之便谋取私利；（8）不应泄露学生的任何信息，除非这种公开有充分的专业理由，或者为法律所许可。

当然，教师对学生的尊重不是说出来，更是通过自己的行为和行动展现出来的。曾任中央教育科学研究所深圳南山附属学校校长的李庆明，每天早上的"鞠躬"成为其推进公民教育的重要组成部分。在担任校长的九年中，每天早晨七点半左右，他始终坚持站在校门口，彬彬有礼且面带微笑地向学生鞠躬行礼，直到上课铃响才离开。作为中国传统的礼仪，李庆明赋予鞠躬一种内在的公民理念，就是平等和尊重他人。他希望通过鞠躬这个细节，向孩子们传递一个重要的公民理念——尊重他人。教师通过自己的话语，更通过自己的行动方能真正体现对学生的尊重，在学生内心深处种下尊重的种子。

（二）公正

中小学生对公平是非常敏感的，教师能否公平对待每一个学生直接影响着学生公平正义感的形成和确立。

一位2011级教育学专业的大学生顾××回忆自己的中小学生活时写道：

> 小学五年级，学校第三批"三好学生"的名单终于公布了！失望的我不解地走进班里。这时，老师走过来摸摸我的头说："拿了那么多次的三好学生，也应该给其他同学一次机会嘛！"我的眼泪夺眶而出，觉得自己很委屈，这在我幼小的心里便种下不公平的种子。那一宿我失眠了，我怎么也想不通为什么班里学习最差的同学也可以得"三好学生"。现在想想看，小学教育的最大弊端是不公平。教育固然要考虑每一个学生的感受，但教育评价不能没有标准，不能损害公

平的精神。

上述案例中老师的话语和做法明显缺乏对教育和对公正的正确认识。苏霍姆林斯基特别强调公正对于儿童心灵成长的影响。在《公民的诞生》这本著作中，他强调："公正使儿童的心灵变得高尚，而不公正则使他们变得粗鲁、残酷无情。人的内心与人的周围世界之间的协调一致，就是通过感受到公正待遇的欢乐达到的。公正具有奇异的特性，它能拨开儿童的眼睛和心灵去感受美。不公正则仿佛用冰制的铠甲把年轻的心灵裹住，因而心灵就变得迟钝，对美置若罔闻。在家庭和学校里，起决定作用的是公正还是不公正，这一点决定儿童的心灵状态，决定着他的内心世界与他在一起生活或参与他的生活的人们之间相互作用的状况。心灵状态是对行为的一种纯粹个人的情感评价，而这些行为在一定程度上与儿童的个性有关。公正培育出具有下述特征的内在精神境界：一个人具有开朗、敏感的心灵，能够对别人精神生活中最细腻的活动做出反应。对于这样的心灵来说，周围世界的美是形成善良信念的强大源泉。不公正会导致情感冷漠和美感迟钝。"他还进一步指出："对无所事事、懒惰和任性采取放纵态度，这是不公正的另一种表现。在那些存在道德沦丧的地方，不公正就渗透到精神相互关系的最细小的毛孔中，产生出欺骗、阿谀奉承和道德上的不轨行为。"①

教师对所谓的调皮生、后进生的态度更能传递出教师是否具有公正之心，对学生公平意识的养成起着至关重要的作用。一位2011级教育学专业的不愿透露姓名的学生在回忆自己的小学生活时，写下这样的话语：

  上小学的时候，我的成绩很烂，不受老师喜欢和重视，这对我影响很大。每个孩子都渴望被喜欢、被重视。在小学的不受待见使我内心里更渴望被人表扬、欣赏，也使得我很在意别人对自己的评价和看法，这是我经常感到内心不安的深层原因。

当然，教师的公正之心并不意味着拿着一把尺子来要求所有的学生，这事实上是另一种形式的不公平。真正的公平还意味着必须尊重学生的差

---

① ［苏联］苏霍姆林斯基：《公民的诞生》，黄之瑞等译，教育科学出版社2002年版，第335、340页。

异和个性,针对每个学生的差异和个性因材施教,让每一个学生皆能受到适合他的教育。"教育上的平等,要求一种个人化的教育学,要求对个人的潜在才能进行详细的调查研究。……给每一个人平等的机会,并不是指名义上的平等,即对每一个人一视同仁,如目前许多人所认为的那样,机会平等是要肯定每一个人都能受到适当的教育,而且这种教育的进度和方法是适合个人的特点的。"① 在此方面,下面这个发生在民国时期的故事非常具有启迪意义。

> 当时南开中学有个物理老师叫魏荣爵,他高超的教学水平与严谨的教学态度在师生间有口皆碑。当时有位叫谢邦敏的毕业生,在文学方面颇有才华,但数学、物理、化学成绩很不理想。在毕业考物理时,他一题未做,却即兴在卷上填了一首词:晓号悠扬枕上闻,余魂迷入考场门。平时放荡几折齿,几度迷茫欲断魂。题未算,意已昏,下周再把电、磁温。今朝纵是交白卷,柳者原非理组人。魏荣爵老师不仅没有按零分处理,还在试卷上赋诗一首:卷虽白卷,词却好词。人各有志,给分六十。

魏老师的做法看似对其他学生不公正,实际上,这是一种更高层次的公正,是基于对学生成长和发展负责基础之上的公正。

(三)民主

杜威指出:"从广义和最后的意义上讲来,一切制度都是有教育作用的,这就是说,它们在形成构成一个具体人格的态度、性情、才能与无能等方面是起着一定的作用的。这个原理特别能应用于学校方面。因为家庭与学校的主要职责就是直接影响情绪上、理智上和道德上态度与性情的形成与成长。所以,这个教育过程在主导的方面是以民主的或非民主的方式进行的,就成为一个特别重要的问题了;它不仅对于教育本身重要,而且在它对于一个专心致力于民主生活方式的社会的一切兴趣与活动方面的最后影响中也是重要的。"② 教师具有民主素养意味着教师以自由平等的方

---

① 联合国教科文组织国际教育发展委员会:《学会生存——教育世界的今天和明天》,华东师范大学比较教育研究所译,教育科学出版社1996年版,第105页。
② [美]约翰·杜威:《人的问题》,傅统先、邱椿译,上海人民出版社1965年版,第47—48页。

式与学生交往，以理性协商的方式解决教育冲突，倾听学生的想法，维护学生的权益，而不是将自己置于绝对知识权威、道德权威和价值权威的一方。杜威特别强调："即便在教室中，我们亦开始认识到：在仅是教科书和教师才有发言权的时候，那发展智慧和性格的学习便不会发生；不管学生的经验背景在某一时期是如何贫乏和微薄的，只有当他有机会从其经验中做出一点贡献的时候，他才真正受到教育；最后，启发是从授受关系中，从经验和观念的交流中得来的。"① 当然，我们如此说并不是消解教师的权威，并不是否认教师所享有的教育权利，而只是意在强调教师应摒弃外在的等级权威，不要使自己凌驾于学生之上。

在春晖中学，朱自清持守教育作为信仰而不是手段的信条，一反师道尊严的传统，坚持师生民主平等和学生自治。无论遇到什么问题，他都和学生平等地讨论。校刊《春晖》记载了这样一个事情，大致情况如下：②

> 一次，有人报告学生中有几人聚赌。对于如此公然的违纪事件，朱自清不主张学校处理学生，而是同教师商量，共同研究处理办法。经商讨决定采取的做法是：教师先找学生谈话，让学生自身认识到错误，而后交由学生协治会处理。学生协治会是学生自己的组织，他们的处罚办法是罚犯错误学生写大字和打扫学生宿舍卫生1个月。舍务主任则认为自己监管不力，自罚一个月薪水，并每天和学生一起做劳务。

如果我们的学校生活中教师和学生能够形成这样一种平等相处、共生共长的情景，那么学校生活无疑会变成学生成长的乐园。而在这种平等相处、共生共长的环境中，学生的公民意识自然会得到有效培植。为此，教师必须放弃传统的具有等级色彩的教师观——教师是绝对权威，学生服从老师。即教师和学生之间是一种不平等的关系，教师总是处于强势一方，具有不容挑战、不容置疑的统治地位，而学生则被要求处于被支配和服从的地位。建立在权威主义基础上的教育与其说是教育，不如说是控制、规

---

① [美]约翰·杜威：《人的问题》，傅统先、邱椿译，上海人民出版社1965年版，第26—27页。

② 张清平：《永远的春晖中学》，载傅国涌编《过去的中学》，同心出版社2012年版，第120页。

训和奴役，其导致的结果也往往是学生缺乏自主意识和批判意识，更多时候表现出唯唯诺诺和因循守旧的行为。

（四）以身作则

子曰："其身正，不令而行；其身不正，虽令不从。"这为榜样的作用提供了最好的注脚。班杜拉提出的社会学习理论则为榜样的价值提供了强有力的理论诠释和支撑。而"师者，人之模范也"则为教师的榜样作用提供了最佳的诠释。教师既是公民文化与公民精神的传递者，又是公民文化与公民精神的践行者和示范者。如果教师期望学生具备正义感，他自己首先要表现得有正义感；教师想学生富有爱心和真诚，他自己首先就要拥有这些品质；教师要想使学生具有平等意识，他自己就应平等对待每一个学生和他身边的人；教师要想树立宽容的榜样，他自己首先就是宽容他人的榜样。关于此点，洛克的论述不可谓不精彩："父亲应当以身作则，教导儿童尊敬导师，导师也应以身作则，使儿童去做他所希望他做的事情。导师的行动千万不可违犯自己的教训，除非是存心使儿童变坏。导师自己如果任情任性，那么教训儿童克制感情便是白费力气的；自己如果行为邪恶，举止无礼，则儿童的行为邪恶，举止无礼，也就无法改正。坏榜样比良好的榜样更容易被采纳；所以他应该时时留心，不可使儿童受到不良的榜样的影响。"①

事实上，自教师职业产生以来，就非常强调教师要以身作则。教师的一言一行、一举一动往往都会对学生产生不可低估的影响。在新人文主义的领军人物欧文·白璧德看来，人性对正确的榜样是敏感的，这是最令人鼓舞的人性特点。只要榜样足够正确，他的劝导作用是难以限量的。② 现象学教育学的代表人物范梅南从教育的本质和教师角色定位论述了教师榜样的教育价值。在他看来，教育影响是 eudaimonic，其根本价值就在于促进儿童的成长。教师应考虑替代父母的起源，"毕竟，人们希望母亲或父亲的教育影响不是一种说教、引诱、嘲笑和批评，而是通过亲身展示怎样生活的方式来促使孩子成长——虽然在生活中我们都知道，我们与年轻人生活的经历常常就是这样：我们常常觉得似乎不能做出正确的行动，或者

---

① ［英］约翰·洛克：《教育漫话》，傅任敢译，人民教育出版社1985年版，第88页。
② ［美］欧文·白璧德：《民主与领袖》，张源、张沛译，北京大学出版社2011年版，第218页。

在我们就要出错的时刻我们不能控制住自己"①。陶行知先生非常重视师生共同生活,以此让教师为学生做出良好的表率。"最重要的是教职员和学生共甘苦,共生活,共造校风,共守校规。我认为这是改进中学教育和一切学校教育的大关键。……断不能有一个例外。如有例外,一定失败。我希望你住校一个月,以示表率。"②

(五) 关爱

先来看两位学生的言论。一位 2010 级心理学专业的本科生刘××如此评价自己的中小学教育:

> 中国学校教育最大的问题是教育中没有爱,没有人性的发掘,没有人性的关怀。只重视学生的成绩发展而不关注而它的方面,没有一丝的温暖。我的孤单、我的孤寂……我只有慢慢地沦落。我的家庭让我的心累了,但是学校教育竟然让我伤痕累累……

而另一位性格开朗、乐观自信的 2011 级小学教育专业的学生徐××在回忆自己的高中生活则饱含着满满的幸福与感恩之情。这个学生之所以会如此,是因为他遇到了一些真正关爱学生的老师。这位学生如是写道:

> 是老师的爱滋养了我的思想与心灵,使我具备了良好的道德品性。他们不光教我知识,更教会我的是如何做人处事。学校里良师济济,我受益无穷。其中有位让我至今都非常崇拜的老师,也是对我影响最大的一位老师——韦老师。他的语言幽默风趣,课堂氛围自由宽松,课堂内容丰富,更具有独特的人格魅力。我和他更像是朋友、知己。还记得那是我总爱往他办公室跑,我们在他位于角落的办公桌前聊天,谈理想、讲人生、说梦想……我津津有味地听他讲他的人生经历,听他曾经的大学生活;仔细听他透过小事品出的大道理、大智慧。他不惜花费时间与我分享思想,也是从他那里我学会了思考。

---

① [加] 马克斯·范梅南:《教学机智——教育智慧的意蕴》,李树英译,教育科学出版社 2001 年版,第 284—285 页。

② 陶行知:《师生共同生活——给姚文采弟的信》,方明编《陶行知名篇精选》(教师版),教育科学出版社 2006 年版,第 30—31 页。

杜威认为教师即爱人。他强调教师首先必须具有的爱就是要喜欢与儿童和青少年在一起。喜欢和学生接触对于教师深入了解学生非常重要。喜欢与学生在一起，保持一颗年轻的心，是杜威所强调的优秀教师必须具备的爱。如果教师真正关爱学生，就不会从个人的目的出发或教条主义的目的出发去利用和控制他们。爱不允许教师这样做。如果教师对学生足够关爱，就不允许教师习惯性地利用学生，将学生视为个体升职、加薪、谋生的手段和筹码。杜威在《自由的哲学》中这样论述道：对人类自由视野的真正具有活力的兴趣会表现为审慎地、坚持不懈地关注，即社会机构对好奇心、探究能力、权衡和检测证据等态度的影响的关注。当我看到大多数学校和其他机构的主要目的是培养持久的和有鉴别力的观察和判断的能力时，我首先会认为我们对自由是非常关注的，而不是将个人的意志强加于他人并控制他人。当然杜威所强调的教师即爱人，除了上面所谈到的喜欢与儿童接触之外，成功教师的爱还应该包括热爱他人、热爱学习、热爱知识、热爱某一门科目、热爱交流知识、热爱激发智力兴趣和热爱思考。[①] 我们此处所谈的关爱，是就教师关爱学生而言。

一位2011级小学教育专业的学生边××如是写道：

> "爱"，一个永远也不能在教育中消失的字眼，教师的爱能感化每一个学生的心灵，爱不仅能鼓励学生，还能尊重学生，更能感化学生。所以一旦学生失去了老师的爱，空虚、自卑、迷茫、堕落等一切负面东西都会随之而来，这恰恰印证了那句话"没有爱就没有教育"。一个标榜为学生好的教师，如果不以关爱学生为前提，不以适合学生自身的方式引导其发展的话，那么这个老师肯定不是个好老师。

评判一个教师，关键是看他是否真正出于对学生的关心，是否真正采取有效的方式去促进学生发展。现实生活中，那些所谓的笨孩子其实并不笨，因为我们还没有发现他聪明的地方，没有发现他的闪光点。只要用心，我们就能发现每个孩子的优点和闪光点，就能寻找到适合他成长和发

---

① [美] 辛普森、杰克逊等：《杜威与教学的艺术》，耿益群译，中国轻工业出版社2009年版，第34—37页。

展的教育方式，就能真正挖掘和解放每个孩子的天性，从而促进每个孩子健康快乐地成长。很多所谓的不争气学生之所以没有成功，就是因为在其成长的道路上，还缺乏真正关爱他的老师。曾荣获第77届奥斯卡金像奖影片的《放牛班的春天》，其塑造的主人翁克莱蒙·马修就是一个关爱学生的好老师。他是真正的关心学生，真正地按照教育的本性和规律来引导孩子，无论孩子们的表现有多么荒唐和多么糟糕。马修的教育理念无疑是让学生找到真实的自己，让他们的人生充实起来。他让孩子们看到了自己发展的可能，看到了生活的希望。在他的身上，我看到了一个老师应具有的素养和品性，他做得相当出色，尽管他存在着不足。

武汉钟家村小学教师桂贤娣从教30多年，每周都必问自己3个问题：你爱你的学生吗？你会爱你的学生吗？你的学生感受到你的爱了吗？当然，关爱不能仅仅停留在口头上，而必须付诸实践中，让学生感受到和体会到。教师要通过具体切实的关爱行为来唤醒学生沉睡的心灵或抚平学生受伤害的心灵，在他们内心深处埋下善良、公平、真诚、友爱、正义的种子。"热爱教育生活最直接的体现就是热爱学生。爱是教育的灵魂和生命，是架构师生心灵的桥梁，是教育成功的基石。爱可以弥补教育才能的不足，使教师的影响长久地保存在学生的心中。只有热爱学生，才能乐于奉献、积极工作，才能真正把学生看作教育的主体，尊重学生的人格、权利、需要，关注学生的身心发展和生命价值，才会逼近教育的真谛，获得教育的成功。"[1]

第三节 教师公民教育素养的提升路径

导致教师公民教育素养薄弱的原因是复杂的，并且"冰冻三尺，非一日之寒"。因此，改变教师公民教育素养比较薄弱的现状绝非易事，亦非朝夕之功，需要多方面的共同努力。至少教师教育、学校和教师个人三方的努力是尤为必要的。

---

[1] 沈又红、黎钰林：《教师幸福：一种基于师德的心性能力》，《湖南师范大学教育科学学报》2008年第3期。

一 教师教育要突出公民意识培养

为了有效提高教师的公民教育素养，教师教育应该从目标定位、课程设置、教学形式等方面突出公民意识养成。就目标定位而言，作为教育事业"工作母机"的教师教育更应致力于教师公民意识的启蒙和教化，将培养具有自由平等、民主法治、公平正义、公共精神与批判能力等公民素养的现代教师作为重要目标。教育原本就是一个价值性概念，包含了教人为善的价值判断。教师教育不仅要教给师范生如何教学的知识，更重要的还在于，要教给他们如何做一个好公民的知识，后者就包括教师公民意识的养成。判定好教师的根本标尺不应是教学技能和技巧，而是教师的道德品质和公民人格。就课程设置方面，要构建完整科学的公民教育课程体系。当然，公民教育课程体系的构建并不是一定要设立直接的公民教育课程，而是要在课程中有所体现，渗透在相关课程中，包括校园文化、教师文化等隐性课程。"两课"毫无疑问是公民意识培养的重要途径。在"两课"教学中，一定要强化权利、法治、民主等公民意识内容，把宪法教育作为一个重要内容，彰显"两课"的公民教育价值。而《教育学》、《班主任工作》等教师教育类课程则强化教师职业道德素养方面的内容和知识，注重教师公民德性成长。另外，人文社会科学课程也是培养公民意识和批判性思维的重要途径，因此，教师教育课程体系的架构对此方面的内容应予以足够重视。就教学形式而言，在注重公民理论和知识课堂讲授的同时，更应侧重讨论、辩论、模拟训练、角色扮演、社会实践活动等公民教育形式，更多地让他们在实践、体验与互动中培养自己的公民意识，提升自己的公民素养。

二 学校为教师赋权增能

理想的学校应是一个尊重个人权利，倡导公共精神，提倡自由和创新，师生和谐相处的民主化实践场域。教师能否在学校生活中过一种公民的生活，对于其公民教育素养的提升无疑发挥着关键性作用。如果一个教师在学校中享受不到所应享有的公民权利和教师专业权利，不能履行教师所肩负的公民义务和专业义务，如果一个教师在学校中不能以公民的方式生活，那么我们根本就无法想象这些教师怎么能够有效培养学生的公民意识。我国《教师法》第七条明确规定教师享有下列权利：（1）进行教育教学活动，开展教育教学改革和实验；（2）从事科学研究、学术交流，参加专业的学术团体，在学术活动中充分发表意见；（3）指导学生的学习和发展，评定学生的品行和学业成绩；（4）按时获取工资报酬，享受国家规定的福利待遇以及寒暑假期的带薪休假；（5）对学校教育教学、管理工作和教育行政部门的工作提出意见和建议，通过教职工代表大会或者其他形式，参与学校的民主管理；（6）参加进修或者其他方式的培训。因此，学校应保障教师的合法权益，让教师在学校生活中使用合法的权利，为教师赋权增能。

学校为教师赋权增能主要体现在两个方面：一是保障教师的教学和学术权利；二是保障教师的参与学校管理的权利。就保障教师的教学和学术权利而言，教师可以根据所教学科、所教班级、所教学生的实际情况开展有针对性的教育教学活动，校长和管理者应尊重教师的专业发展自主权，鼓励和提倡教师大胆创新，形成自己的教学风格和管理特色。"有德行的学校通过认同教师的专业承诺和教师的技艺知识，来表达对教师的尊重。教师们自由决定教什么和怎样教，并可以用别样的方式表达他们个人对教学的见解。教师对这种认同的回应，则通过承担采取与专业理想相一致的行为这一责任来体现。"[①] 赋予教师们以权力并允许他们拥有自己的教育价值取向，坚持自己的教育教学立场，本身就符合公民教育的精神。如果想促进学生公民意识的成长，教师就必须具有一定程度的教学自主权，允许他们根据一些新的观念采取行动，让他们可以自由评价这些行动的结果，让他们与学生一起反思自己的教育立场与教育行为。

就保障教师参与学校管理的权利而言，学校不仅仅是校长的学校，还是教师和学生的学校，是全校师生结成的教育共同体。要做到权力共享，校长和学校的各层次教职工都有机会参与学校公共决策的制定，发表自己的看法和观点。学校里的任何一位教师都是具有权利和责任的伦理主体，都是学校共同体的一员，因此，他们有权参与学校的决策过程，并且对学校的公共政策和决议担负一定的责任。如果教师不能参与学校公共事务决策，又没有被告知不能直接参与决策的理由，那么，这个学校无疑剥夺了教师参与学校管理事务的权利，也没有把教师看作学校共同体的一员。而

---

① [美]托马斯·J. 萨乔万尼：《道德领导：抵及学校改善的核心》，冯大鸣译，上海教育出版社2002年版，第128—129页。

在此过程中，校长角色的转变是关键。校长需要从传统的权威式领导转变为服务式的领导，即校长抛弃旧有的等级观念，转变"家长制"、"一言堂"的作风，增强民主观念，建立民主参与、协商对话、共同决策的管理文化与管理机制，让教师以一种学校主人翁的姿态为学校发展建言献计、出谋划策，切实保障教师对学校管理事务的知情权、参与权、监督权和决策权，从而增强教师的政治效能感。

三 教师自觉提升公民教育素养

涂尔干在《教育与社会学》一书中指出教育本质上是一种权威性的活动。对儿童来说，义务是具体化和人格化的。儿童只有通过教师或父母才能懂得义务；只有通过成年人揭示义务的方式和他们的言行，儿童才能知道什么是义务。因此，道德权威成为教育者的主要素质。并且，教师不能从外部掌握他的权威，权威只来源于他的内心，只来源于他内心的信念，即来源于他的职责和这种职责的重要意义。为此，教师必须自觉加强自身的公民教育素养，完善自己的公民人格，增强自身的人格魅力。教师提高自身公民教育素养主要有三条途径：阅读、反思和参与社会公共生活。

阅读是提高教师公民教育素养的一条基本途径。教师要广泛涉猎各种人文社会科学书籍，尤其是与公民有关的政策、著作、文件和资料。具体来说，教师阅读要把握三个方面的内容。第一是阅读经典性的公民著作。对一些经典性的公民著作要适当阅读，对公民思想的来龙去脉、基本观点的形成与嬗变、不同公民理论的内在逻辑与内在局限形成一个较理性客观的认识。比如，亚里士多德的《政治学》、洛克的《政府论》、密尔的《论自由》、梭罗的《论公民的不服从权利》、罗尔斯的《正义论》，还有吉林出版集团有限责任公司出版的《公民身份的条件》《何谓公民身份》等一套公民丛书。第二是阅读和公民密切相关的法律法规和政策文件。比如，要认真阅读《中华人民共和国宪法》《联合国人权宣言》《儿童权利公约》《中华人民共和国未成年人保护法》。第三是阅读代表性的公民教育著作，比如，杜威的《民主主义与教育》、古特曼的《民主教育》、怀特的《公民品德与公共教育》、理查森和布莱兹主编的《质疑公民教育的准则》。国内公民教育研究者和推动者的著作也要有选择性地批判性阅读，代表性的有北京师范大学檀传宝教授主编的《公民教育引论：国际经验、历史变迁与中国公民教育的选择》、湖南师范大学刘铁芳教授的《公共生活与公民教育：学校公民教育哲学探究》、首都师范大学蓝维教授等著的《公民教育：理论、历史与实践探索》等。

范梅南强调教育学的影响具有情境性、实践性、规范性、相关性和自我反思性的特点。在他看来，教育学首先召唤我们行动，而后又召唤我们对我们的行动进行思考。与孩子们一道生活并反思与孩子们生活的方式，二者皆是我们教育性生存的表现。教育的行为不断促使我们反思，我们的为人处事是否是恰当的、正确的，是否是可能的最佳方式。美国教育学者波斯纳则提出经验＋反思＝教师的成长。一位性格内向、沉默寡言且没有留名的教育学专业2011级学生在提交我布置的作业"反思自己的中小学生活"时，是这样描述自己的中小学生活的：

> 我十二年在学校所接受的教育，尤其是小学阶段的教育对我内向性格的形成和影响是最为重要的。我所接受的小学教育是十分死板的教育，这让本来就沉默的我变得更加沉闷。课堂上感受不到学习的乐趣，只是一味地接受知识。老师会布置大批量的作业，尤其是四年级常常熬夜到很晚。而一旦不能完成就会棍棒相加。我经常因为背不出书、忘带红领巾或上课中的一点小动作而受到十分严厉的惩罚。回到家被父母发现，又是一顿训斥。所以，我内心里有对老师的深深畏惧。我不知道那些师长为何要通过这种方式来建立自己的威严，其实只要你关爱呵护学生，学生也会更尊重你。

由上述事例可见，教师的思想与观念、言说与行动对学生产生多么深远深刻的影响。基于此，教师应体认到反思的重要性，让反思成为自己教育生活的重要组成部分。就公民意识培养而言，教师需要反思如下问题：我们到底要把学生培养成什么样的公民？他们应该具备什么公民意识？我开启每一个学生有意义的教育旅程了吗？我关注了他们作为公民所享有的一切自由和权利了吗？我尊重每一个学生的个性差异了吗？我按照自由、民主、平等、宽容的精神营造课堂氛围了吗？我结合自己所教学科的特点适时开展公民意识教育了吗？我将社会主义核心价值观的基本内容贯穿和渗透到教育过程了吗？我按照现代公民应具有的公民意识来规约自己的言行了吗？我恪守教育的基本精神与教师职业道德的基本要求开展教育教学工作了吗？我与学生建立自由、平等、民主、共生的师生关系了吗？……在这种反思的过程中，教师的公民教育素养自然会得以提升。

2004年9月8日，《南方人物》周刊发表的《影响中国的公共知识分子50人》一文提出了公共知识分子的三条标准：第一，具有学术背景和专业素质的知识者；第二，进言社会并参与公共事务的行动者；第三，具有批判精神和道义担当的理想者。在我们看来，教师不仅是知识分子，而且应该是公共知识分子。也就是说，教师不仅肩负着教书育人的使命和职责，还应充满公共精神与社会责任感，具备参与社会公共生活的勇气，敢于就社会公共生活中的问题与事件提出自己的看法，敢于对社会公共生活中的不正义、不公正、不正派的现象进行批判，敢于向侵犯公民权利的行为进行抗争，敢于同危害社会公共利益和国家整体利益的行为做斗争。民国时期著名的文学家和教育学家彭基相强调民治社会的教育目的，就是要发展同情的、智慧的和自动的公民。而在公民训练过程中，"教师可以用正当社会的观念来训练好的公民。教师要能在他们的职业工作以外而参加于为公共谋福利之动作中，对于儿童将极有影响。好的教师有和善的性情与精巧的教授对于儿童之发展极有帮助，并可以使他们知道在学校以内与学校以外如何动作。教师最大之责任为发展儿童使知道在思想上与实行上最大的满足即为公共福利有所贡献"[①]。也正如金生鈜教授所强调的那样，教师必须承担他们作为知识分子的责任，"采取批判和反思的立场，使他们的教育行动与更广泛的社会和文化联系起来，以开放、深刻、高尚的心灵，关怀社会，关心教育，真诚地与学生的心灵交往，创造教育的文明，培养学生的精神人格，培育他们创造更好的社会和更文明的生活的心智能力和道德品格"[②]。

当然，做到此点自然需要教师具备一种敢于担当的魄力和勇气。自古希腊以来，勇气一直被视为公民的重要德性。柏拉图、亚里士多德、马基雅维利都赋予了勇气相当重要的地位。近代由于社会和个体对生命利益的高度关注并将其置于首位，导致勇气的地位失落。阿伦特对这种一门心思关心生命的事实持批判态度，并坚持认为勇气是政治的一项主德。当然，

[①] 彭基相：《公民的训练》，载王小庆编《如何培养好公民》，清华大学出版社2013年版，第215页。

[②] 金生鈜：《教育的终极价值与教师的良知》，《教师教育研究》2012年第4期。

阿伦特所界定的勇气，并不是一个人只是在面临危险或死亡的时候，为了活得纯粹彻底而甘冒生命危险的那种大无畏精神，也不是用来满足个体生命感觉的，而是源自于公共领域本身的性质。对于人类所共同生活的世界，不能仅仅靠着对个体生命及其相关利益放在首位来维系。"离开私人领域四面墙的保护和进入公共领域之所以需要勇气，不是因为有什么特定危险等着我们，而是因为我们将跨入这样一个领域，在那个领域中，对生命的关切不再是正当的了。勇气让人摆脱生命的忧虑，一心追求世界的自由。勇气不可或缺，乃是因为在政治中，安危所系的不是生命，而是世界。"① 在一个私人生活日益丰富和发达，人们愈发重视个体利益的社会里，教师需要增强和提升自己的公民勇气，既体现一个良好公民应具有的公民美德，又展现一个教师的人文精神和教育情怀。

---

① ［美］汉娜·阿伦特：《过去与未来之间》，王寅丽、张立立译，译林出版社2011年版，第148页。

结语

学校公民教育：坚守中前行

学校公民教育的目标是培养合格的公民。而要想培养合格的公民，就需要良好的学校教育。有什么样的学校，就会有什么样的学生，就会有什么样的公民，进而就会有什么样的国家。那么，什么样的学校才是好学校呢？这个问题关系到我们到底要培养什么样的公民这一根本的教育问题。

在柏拉图的心目中，一所好的学校就是根据个体的不同特点施加不同的教育影响，培养不同的品性，以保障培养出的社会成员符合正义城邦的需求。在柏拉图看来，人的灵魂包括理性、欲望和激情三种成分。有的个体可能是欲望占主导地位，有的可能是激情占主导地位，还有的人则是理性占据主导地位，学校就要根据个体不同的特点进行分类教育。受欲望主导的人，就把他们培养成农夫、建筑者、酿酒师等；受激情主导的人则接受军事技艺教育，成长为军人；理性主导的人则为其提供范围广泛的智力与哲学教育，以使其成为立法者和统治者。教育的过程就是唤醒，就是实现灵魂的转向。《理想国》中的"洞穴隐喻"就充分体现了这一立场。"教育实际上并不像某些人在自己的职业中所宣称的那样。他们宣称，他们能把灵魂里原来没有的知识灌输到灵魂里去，好像他们能把视力放进瞎子的眼睛里去似的。……知识是每个人灵魂里都有的一种能力，而每个人用以学习的器官就像眼睛。……这方面或许有一种灵魂转向的技巧，即一种使灵魂尽可能容易尽可能有效地转向的技巧。它不是要在灵魂中创造视力，而是肯定灵魂本身与视力，但认为它不能正确地把握方向，或不是在看该看的方向，因而想方设法努力促使它转向。"[1]

在卢梭的心目中，一所好的学校就是要尊重和顺应儿童的天性，减少

---

[1] ［古希腊］柏拉图：《理想国》，郭斌和、张竹明译，商务印书馆1986年版，第277—278页。

和避免过多的人为干预或指导,让儿童自由而自然地成长。他倡导的是一种"消极"的教育,是一种"无为"的教育。而这种"无为"在他看来则是最有意义的。"最初几年的教育应当纯粹是消极的。它不在于教学生以道德和真理,而在于防止他的心沾染罪恶,防止他的思想产生谬见。如果你能够采取自己不教也不让别人教的方针,如果你把你的学生健壮地带到十二岁……他在你的手中很快就会变成一个最聪明的人;你开头什么也不教,结果反而会创造出一个教育的奇迹。"①

在杜威的心目中,一所好的学校就是呈现简化的现实生活,通过活动的形式呈现给儿童,鼓励儿童探究,提倡儿童"做中学",让儿童在民主生活中成长为民主公民的社会生活形式,是一个雏形的社会共同体。"我认为现在教育上许多方面的失败,是由于它忽视了把学校作为社会生活的一种形式这个基本原则。现代教育把学校当作一个传授某些知识,学习某些课业或养成某些习惯的场所。这些东西的价值被认为多半要取决于遥远的将来;儿童所以必须做这些事情,是为了他将来要做某些别的事情;这些事情只是预备而已。结果是,它们并不成为儿童的生活经验的一部分,因而并不真正具有教育作用。"②

在陶行知的心目中,一所好的学校就是以生活为中心,师生共同生活的场所。并且学校有死的有活的,那以学生全人、全校、全天的生活为中心的,才算是活学校;师生必须同甘共苦,只有如此,才能实现二者精神的沟通和感情的融洽。在他看来,学校生活仅仅是社会生活的一部分。学校不是道士观,不是和尚庙,必须与社会生活息息相通。陶行知还强调学校生活是社会生活的起点。改造社会环境要从改造学校环境着手。全校师生应当以美术的精神共同改造学校环境。凡是应当改造的,一丝一毫都不肯轻易放过,这样才能表现真精神。师生不能共同改造学校环境而侈谈社会改造,不过是自欺欺人。③

在夏山学校的现任校长佐薇·尼尔·里德黑德的心目中,一所好的学校就是:在那里,爬树和搭个小窝的重要性绝不亚于分数。在那里,如果

---

① [法]卢梭:《爱弥尔》,李平沤译,商务印书馆1978年版,第96页。
② [美]约翰·杜威:《学校与社会·明日之学校》,赵祥麟、任钟印等译,人民教育出版社2005年版,第7页。
③ 陶行知:《我之学校观》,方明编《陶行知名篇精选》(教师版),教育科学出版社2006年版,第40—41页。

你想的话,可以冲着老师大喊大叫。在那里,规范日常生活的各项规定是由大家一起民主协定的。在那里,如果孩子想的话,他们可以整天玩耍……这个学校被誉为"最富人性化的快乐学校"和"世界上最古老的民主学校"。

北京十一学校李希贵校长对好学校的定义很简单:学生要快乐,教师要幸福,社会要满意。如果一所学校不能让学生和教师感受到幸福和快乐,无论外界的评价多高,都不算是一所好学校。他特别欣赏加拿大教育家马克斯·范梅南的一句话——教育学就是迷恋他人成长的学问。所以,他在校园里迷恋着孩子们成长,要把学校变成一个孩子们向往的新学校。在他的规划与引领下,全校教职员工集思广益,形成了《学校行动纲要》。《学校行动纲要》的第一条是学校的愿景——我们的使命是:创造适合学生发展的教育,将十一学生塑造成为一个值得信任的卓越的品牌;把十一学校建设成为一所受人尊敬的伟大的学校。

在成都市武侯实验中学的校长李镇西看来,好的学校应该给学生的未来留下充满人性温度的记忆。他经常说好的教育是既有意义,又有意思。有意义是站在成人的角度,体现了教育者的责任、理想和使命,但如果教育只有意义,可能比较枯燥乏味。有意思是站在孩子的角度,他觉得教育生活好玩,有意思,妙趣横生。说得更直白些,如果孩子在学校里度过的一天让他觉得快乐又有收获,那就是好学校。

在山东省寿光世纪学校的郑立平老师看来,好学校是人才的摇篮,梦想的故乡。"能使教师都做梦的校长是智慧的,能使学生都做梦的教师是神圣的。好奇心是梦想的源泉,好书和游戏是梦想的火把。能保护孩子的好奇心,养育教师的童心;能给孩子提供好书和游戏,能给教师提供观众和舞台,使教师和学生都爱做梦的学校,就是我心中的理想学校。"[①]

……

历史上和现当代著名教育思想家和优秀教育实践工作者基于不同的立场和视角,诠释或演绎了自己的好教育观和好学校观。培养人是教育的本性和宗旨,这决定了教育活动的开展不能没有对好教育、好学校、好生活、好人与好公民的追问。教育内蕴着价值应然和价值期待,这是教育的本性所在。今天的学校培养学生的公民意识,提升学生的公民人格,就必

---

① 翟晋玉:《好学校是一方"池塘"》,《中国教师报》2011年3月2日第1版。

然要确立一种好的学校教育观，这是教育存在和发展的内在逻辑使然。没有对好的学校教育图景的勾画，没有对好的学校教育的坚守，我们就无法实现公民教育的价值诉求和目标承诺。在我们看来，要想真正促进学生公民意识的成长与公民人格的完善，一所好的学校应该是一个尊重儿童天性，维护儿童权益，促进儿童公民品性完善的地方；是一个师生和睦相处、共同治理、民主生活的地方；是一个充满理性气息、法治观念与人文关怀的地方；是一个自由言说、平等对话、探寻真理与智慧的地方；是一个守护公平正义，促进社会平等，传递社会正能量的地方；……概而言之，一所好的学校应该是用现代公民理念和公民文化精神打造的实践场域。在这里，自由、平等、公平、理性、德性、自治、参与、宽容等精神贯穿和渗透于学校生活的方方面面。当用这样的精神来建构我们的学校生活时，那么我们的学校对于学生来说，就是一个让他们心生欢喜、心有眷恋、心能成长的地方，那么公民意识与公民人格的养成就是水到渠成的事情。

当然，基于公民意识的养成，我们对好学校的描绘可能会失之于片面或主观，但我们此举的根本目的并不是要给出一个关于好学校的确切答案或标准答案，而是意在强调学校教育对好教育、好学校的坚守，即学校教育对理想坚守的必要性。对理想的坚守是体现教育本性和宗旨的内在所依，也是教育实现自身目标的必然要求。正如鲁洁教授所说："教育赋予人以现实的规定性，是为了否定这种规定性，超越这种规定性。一切现实的规定性只能规定人的现在，而不是去解决他的未来。理想的教育并不是要以各种现实的规定性去束缚人、限制人，而是要使人从现实性中看到各种发展的可能性，并善于将可能性转化为现实性；它使人树立起发展和超越现实的理想，并善于将理想付之于现实。培养一种理想与现实相统一的人，超越意识和超越能力相统一的人，这才是教育之宗旨。"① 正是对好教育、好学校的坚守和问询，才能保证学校教育的教化本性而不至于成为其他东西的附属品或牺牲品，也不至于裹足不前或偏离方向，甚至是走向反方向，导致非教育、假教育、伪教育、反教育现象的滋生与蔓延。

反观现实中的许多中小学，正是由于它们放弃了对好教育、好学校的问寻与坚守，它们成为应试教育的帮凶，随波逐流，将学生引向或推向私

---

① 鲁洁：《论教育之适应和超越》，《教育研究》1996 年第 2 期。

利化、工具化的境地。受过教育的人掌握了更多的技术、手段、知识与信息，却缺乏自主、平等、正义、民主、参与意识，缺乏社会责任感，缺乏批判精神。学校肩负的公民教育使命落空了。"真正的教育应先获得自身的本质。教育须有信仰，没有信仰就不成其为教育，而只是教学的技术而已。教育的目的在于让自己清楚当下的教育本质和自己的意志，除此之外，是找不到教育的宗旨的。如果整个教育本质毫无遮蔽地呈现出来，这就是教育的本然内涵，而教育自然是有其固定形式的。教育是极其严肃的伟大事业，通过培养不断地将新的一代带入人类优秀文化精神之中，让他们在完整的精神中生活、工作和交往。"① 对教育本性的问询和坚守是学校公民教育开展的必需。

学校教育应沉思我们到底要把学生培养成什么样的人和公民？怎样才算好人与好公民？怎样的生活才是有价值的？什么样的教育才是民主、正义、充满人文精神的教育？毫无疑问，不同的时代对人成长的素质要求不同。"教育总是服从于人类事业的规律的，它总是变得衰老，逐渐枯萎。如果教育要继续成为一个生气勃勃的有机体，能够运用智慧和精力去满足个人的和社会发展的需要，那么它就必须克服自满和墨守成规的缺点。教育必须经常检查它的目标、内容和方法。"② 在当前时代背景下，培养合格公民就是学校教育的根本价值诉求。具体来说，培养认同并践行"富强、民主、文明、和谐、自由、平等、公正、法治、爱国、敬业、诚信、友善"社会主义核心价值观的合格公民应成为我国中小学教育的中心任务和根本任务。

当然，中小学开展公民教育之路绝非一片坦途，而是阻碍重重，困难重重。全面建成小康社会、全面深化改革开放、全面依法治国，已经成为当前社会发展最大的政治问题。学校教育作为推动社会变革不可或缺的有机力量，必定有所担当，有所坚守，有所创新。学生公民意识的养成，学校公民教育的扎实有序推进，需要我们的中小学校和教师心怀梦想、充满勇气、富有创新和探索精神，并且持之以恒地坚持下去。在回答"如何才能成为和平政治家"这个问题时，以色列政治家佩雷斯说过这样一段

---

① ［德］雅斯贝尔斯：《什么是教育》，邹进译，生活·读书·新知三联书店1991年版，第44页。

② 联合国教科文组织国际教育发展委员会：《学会生存——教育世界的今天和明天》，华东师范大学比较教育研究所译，教育科学出版社1996年版，第109页。

话:"永远睁大你们的眼睛。别被你们所看到的痛苦和灾难吓住了。你们必须使自己明了,大多数人都十分喜欢回忆往事:他们向后看,不是向前看。但是只有把目光投向未来,人们才能重新安排和改造世界。当然,你们不应该忘记过去,但是你们要有勇气希望得到点什么,你们可以想象这个世界,你们最希望世界成为什么样子。为此而经受一切艰难困苦也都是值得的。你们要永远忠于你们的理想,不要因失败和挫折而泄气,不要因绝望和恐惧而气馁。你们要永远像你们自己那样平凡,永远像你们的愿望那样伟大。"① 这段话对于愿意为中国公民教育事业而努力的中小学校和教师特别有启迪意义。希望并期待中国公民教育之花在学校中尽早尽情绽放。

---

① [以色列]佩雷斯:《什么是政治》,载[德]贝蒂娜·施蒂克尔编《诺贝尔奖获得者与儿童的对话》,张荣昌译,生活·读书·新知三联书店 2003 年版,第 13—14 页。

参考文献

著　作　类

1. ［古希腊］亚里士多德：《政治学》，颜一、秦典华译，中国人民大学出版社 2003 年版。
2. ［德］伊曼努尔·康德：《论教育学》，赵鹏、何兆武译，上海世纪出版集团 2005 年版。
3. ［德］雅斯贝尔斯：《什么是教育》，邹进译，生活·读书·新知三联书店 1991 年版。
4. ［英］马克·沃恩：《夏山学校的百年故事——献给当代的教师、校长和家长》，沈兰译，教育科学出版社 2011 年版。
5. ［英］德里克·希特：《公民身份——世界史、政治学与教育学中的公民理想》，郭台辉、余慧元译，吉林出版集团有限责任公司 2010 年版。
6. ［英］恩斯·伊辛、布雷恩·特纳编：《公民权研究手册》，王小章译，浙江人民出版社 2007 年版。
7. ［英］希特：《何谓公民身份》，郭忠华译，吉林出版集团有限责任公司 2007 年版。
8. ［英］奥德丽·奥斯勒、休·斯塔基：《变革中的公民身份：教育中的民主与包容》，王啸、黄玮珊译，教育科学出版社 2012 年版。
9. ［英］巴特·范·斯廷博根编：《公民身份的条件》，郭台辉译，吉林出版集团有限责任公司 2007 年版。
10. ［美］基思·福克斯：《公民身份》，郭忠华译，吉林出版集团有限责任公司 2009 年版。
11. ［美］托克维尔：《论美国的民主》，董果良译，商务印书馆 1988

年版。

12. ［美］加布里埃尔·A.阿尔蒙德、西德尼·维巴:《公民文化——五个国家的政治态度和民主制》,徐湘林、戴龙基等译,东方出版社2008年版。

13. ［美］玛莎·努斯鲍姆:《告别功利——人文教育忧思录》,肖聿译,新华出版社2010年版。

14. ［美］约翰·杜威:《人的问题》,傅统先、邱椿译,上海人民出版社1965年版。

15. ［美］约翰·杜威:《民主主义与教育》,王承绪译,人民教育出版社2001年版。

16. ［美］罗尔斯:《正义论》,何怀宏、何包钢等译,中国社会科学出版社1988年版。

17. ［美］本杰明·巴伯:《强势民主》,彭斌译,吉林人民出版社2006年版。

18. ［美］麦金太尔:《德性之后》,龚群、戴扬毅译,中国社会科学出版社1995年版。

19. ［美］柯尔伯格:《道德教育的哲学》,魏贤超译,浙江教育出版社2000年版。

20. ［美］艾米·古特曼:《民主教育》,杨伟清译,译林出版社2010年版。

21. ［美］汉娜·阿伦特:《人的境况》,王寅丽译,上海世纪出版集团2009年版。

22. ［美］汉娜·阿伦特:《过去与未来之间》,王寅丽、张丽丽译,译林出版社2011年版。

23. ［美］汉娜·阿伦特:《黑暗时代的人们》,王凌云译,江苏教育出版社2006年版。

24. ［美］罗纳德·德沃金:《民主是可能的吗?——新型政治辩论的诸原则》,鲁楠、王淇译,北京大学出版社2012年版。

25. ［美］公民教育中心:《民主的基础》,刘小小、赵文彤译,金城出版社2011年版。

26. ［美］墨菲:《美国"蓝带学校"的品性教育——应对挑战的最佳实践》,周玲、张学文译,中国轻工业出版社2002年版。

27. ［美］罗伯特·A. 达尔：《论民主》，李风华译，中国人民大学出版社 2012 年版。

28. ［美］沃尔特·C. 帕克：《美国小学社会与公民教育》，谢竹艳译，江苏教育出版社 2006 年版。

29. ［美］凯文·瑞安：《在学校中培养品德——将德育引入生活的实践策略》，苏静译，教育科学出版社 2010 年版。

30. ［美］亨德森、凯森：《课程智慧——民主社会中的教育决策》，夏惠贤、严加平等译，中国轻工业出版社 2010 年版。

31. ［美］赫尔德：《民主的模式》（最新修订版），燕继荣等译，中央编译出版社 2008 年版。

32. ［美］托马斯·里克纳：《美式课堂：品质教育学校方略》，刘冰、董晓航等译，海南出版社 2009 年版。

33. ［美］卡罗尔·佩特曼：《参与和民主理论》，陈尧译，上海人民出版社 2006 年版。

34. ［美］罗伯特·纳什：《德性的探询：关于品德教育的道德对话》，李菲译，教育科学出版社 2007 年版。

35. ［加］马克斯·范梅南：《教学机智——教育智慧的意蕴》，李树英译，教育科学出版社 2001 年版。

36. ［加］威尔·金里卡：《当代政治哲学》，刘莘译，上海三联书店 2004 年版。

37. ［加］威尔·金里卡：《少数的权利——民族主义、多元文化主义和公民》，邓红风译，上海世纪出版集团 2005 年版。

38. ［加］乔治·H. 理查森、大卫·W. 布莱兹编：《质疑公民教育的准则》，郭洋生、邓海译，教育科学出版社 2009 年版。

39. ［巴西］保罗·弗莱雷：《被压迫者教育学》，顾建新、赵友华等译，华东师范大学出版社 2001 年版。

40. ［西班牙］拉蒙·弗莱夏：《分享语言——对话学习的理论与实践》，温建平译，华东师范大学出版社 2005 年版。

41. ［苏联］苏霍姆林斯基：《公民的诞生》，黄之瑞等译，教育科学出版社 2002 年版。

42. 联合国教科文组织国际教育发展委员会：《学会生存——教育世界的今天和明天》，华东师范大学比较教育研究所译，教育科学出版社

1996 年版。

43. 联合国教科文组织：《教育——财富蕴藏其中》，联合国教科文组织总部中文科译，教育科学出版社 1996 年版。
44. "人的安全网络"组织编写：《人权教育手册》，李保东译，生活·读书·新知三联书店 2005 年版。
45. 檀传宝主编：《公民教育引论：国际经验、历史变迁与中国公民教育的选择》，人民出版社 2011 年版。
46. 刘铁芳：《公共生活与公民教育：学校公民教育的哲学探究》，教育科学出版社 2013 年版。
47. 蓝维、高峰等：《公民教育：理论、历史与实践探索》，人民出版社 2007 年版。
48. 金生鈜：《保卫教育的公共性》，福建教育出版社 2008 年版。
49. 金生鈜：《规训与教化》，教育科学出版社 2004 年版。
50. 傅国涌编：《过去的小学》，同心出版社 2012 年版。
51. 傅国涌编：《过去的中学》，同心出版社 2012 年版。
52. 章秀英：《公民意识评价与培育机制》，中国社会科学出版社 2012 年版。
53. 王文岚：《社会科学课程中的公民教育研究》，中国社会科学出版社 2006 年版。
54. 林火旺：《正义与公民》，吉林出版集团有限责任公司 2008 年版。
55. 李长伟：《古典传统与公民教育》，教育科学出版社 2010 年版。
56. 唐克军：《比较公民教育》，中国社会科学出版社 2008 年版。
57. 卜玉华：《班级生活与公共精神的养成》，江苏教育出版社 2008 年版。
58. 周金华：《新公民论——当代中国个体社会政治身份建构引论》，中国社会科学出版社 2010 年版。
59. 王小庆编：《如何培养好公民》，清华大学出版社 2013 年版。
60. 谈火生编：《审议民主》，江苏人民出版社 2007 年版。
61. 马德普编：《中西政治文化论丛》（第 3 辑），天津人民出版社 2003 年版。
62. 蔡定剑：《民主是一种现代生活》，社会科学文献出版社 2010 年版。
63. 王啸：《全球化时代的中国公民教育》，福建教育出版社 2006 年版。
64. 蔡汀、王义高等主编：《苏霍姆林斯基选集》（五卷本），教育科学出版社 2001 年版。
65. 张香兰、张夫伟等：《多元文化与德育课程资源开发》，山东人民出版社 2013 年版。
66. 张夫伟：《道德选择与道德教育的现代性危机》，中国社会科学出版社 2014 年版。

论 文 类

1. 李慎之：《修改宪法与公民教育》，《改革》1999 年第 3 期。
2. 龚群：《公民与公民教育》，《光明日报》2013 年 12 月 7 日。
3. 吴鹏森：《社会重建视阈下的公民精神培育》，《探索与争鸣》2013 年第 8 期。
4. 张文军：《从控制的课程文化转向自我负责的课程文化》，《全球教育展望》2005 年第 6 期。
5. 郭忠华：《民族国家理论的悖论性发展——安东尼吉登斯访谈》，《社会科学报》2010 年 1 月 21 日。
6. 张秀雄：《审议民主与公民意识》，《学术研究》2008 年第 8 期。
7. 冯建军：《教育转型·人的转型·公民教育》，《高等教育研究》2012 年第 4 期。
8. 冯建军：《西方公民教育的理论分歧与整合》，《教育科学研究》2013 年第 9 期。
9. 冯建军：《多元文化主义公民身份与公民教育》，《比较教育研究》2014 年第 1 期。
10. 冯建军：《自由主义公民身份与公民教育》，《南京社会科学》2013 年第 7 期。
11. 叶飞：《公共生活的四维功能与公民教育的建构》，《高等教育研究》2014 年第 1 期。
12. 叶飞：《公共交往与学校公民教育的实践建构》，《华东师范大学学报》（教育科学版）2012 年第 9 期。
13. 傅慧芳：《公民意识的多维向度》，《理论学刊》2011 年第 9 期。
14. 姜涌：《中国的"公民意识"问题思考》，《山东大学学报》（哲学社会科学版）2001 年第 4 期。

15. 姜涌：《公民意识的自觉》，《理论学刊》2003 年第 5 期。
16. 何蕴琪：《我们需要怎么样的公民教育——与王人博、秋风一席谈》，《南风窗》2013 年第 3 期。
17. 蔡迎旗、唐克军：《学校的本质与公民教育》，《教育学报》2013 年第 4 期。
18. 汪凌：《法国普通高中公民教育课程》，《全球教育展望》2001 年第 7 期。
19. 傅国涌：《从教科书看历史上公民教育转型》，《深圳特区报》2011 年 4 月 19 日。
20. 金生鈜：《教育的终极价值与教师的良知》，《教师教育研究》2012 年第 4 期。
21. 金生鈜：《公民的伦理身份及其养成》，《北京大学教育评论》2014 年第 2 期。
22. 金生鈜：《国民抑或公民：教育中的人如何命名》，《高等教育研究》2014 年第 5 期。
23. 张夫伟：《消费文化语境中的道德教育》，《教育科学研究》2014 年第 4 期。
24. 张夫伟：《传统诚信思想的现代教育价值及其限度》，《内蒙古师范大学学报》（教育科学版）2012 年第 5 期。
25. 张夫伟：《自由视野中的道德教育》，《山东社会科学》2014 年第 12 期。
26. 张夫伟：《参与式公民教育：价值与路径》，《教育科学研究》2015 年第 3 期。
27. 龙宝新：《论"三维"学校公民教育》，《教育科学研究》2013 年第 3 期。
28. 张向众：《班级民主与公民式生活——一种"成为公民的教育"的新思考》，《教育科学研究》2013 年第 3 期。
29. 朱小蔓、施久铭：《思想品德更加关注公民意识教育》，《人民教育》2012 年第 6 期。
30. 楚燕、叶飞：《"服务学习"：公民责任教育的实践基础》，《中国德育》2013 年第 2 期。

31. 翟楠：《从政治冷漠到政治的回归——大学公民教育的困境与出路》，《青海师范大学学报》（哲学社会科学版）2014 年第 3 期。
32. 李萍、钟明华：《公民教育——传统德育的历史性转型》，《教育研究》2002 年第 10 期。
33. 李俊卿：《主动公民塑造与公民参与能力提升》，《江西社会科学》2012 年第 7 期。
34. 马兰霞：《公民教育视野下"班级公共生活的构建"》，《思想理论教育》2010 年第 20 期。
35. 孙智昌：《公民教育的逻辑起点》，《教育研究》2011 年第 11 期。
36. 张昌林：《公民美德与共和——共和主义的视角及其启示》，《华中科技大学学报》（社会科学版）2010 年第 5 期。
37. 程德慧：《学校公民意识教育：公民个体政治社会化的价值诉求》，《湖北社会科学》2012 年第 4 期。
38. 尚红娟：《论近代中国"公民科"的设置》，《教育发展研究》2012 年第 2 期。
39. 李长伟：《古典公民教育透析——一个目的论的视角》，《教育研究》2015 年第 4 期。
40. 曹婧：《个体发展与公民成长：公民教育的实践逻辑研究》，博士学位论文，湖南师范大学，2013 年。

附录一

学生问卷调查

亲爱的同学们，你们好！非常感谢你能抽出宝贵时间参与这份问卷调查。本调查主要是了解我国基础教育阶段公民教育开展现状。答案没有对错，不要上网查阅。调查资料仅在研究中使用。感谢你们的积极配合！

1. 你就读的中学是（　　　）
   A. 乡镇普通中学　　B. 城市普通中学
   C. 城市重点中心　　D. 私立中学
2. 你所在初中的《思想品德》能够按课程表正常上课吗？（　　　）
   A. 总是　　B. 经常　　C. 偶尔　　D. 从不
3. 你所在初中的《思想品德》采用的教学方式是（　　　）
   A. 讲授　　B. 讲授为主，偶尔讨论
   C. 教师划知识点，学生背诵　　D. 自学
4. 在学校里，如果你的公民权利受到学校、教师侵犯，你通常会采取什么方式？（　　　）
   A. 抗议　　B. 申诉　　C. 沉默　　D. 沟通
5. 作为学生，你了解《未成年人保护法》吗？（　　　）
   A. 了解　　B. 知道一点　　C. 一点不了解
6. 班干部是全体学生民主选举的吗？（　　　）
   A. 是　　B. 部分是　　C. 教师指定
7. 班干部能很好地传达学生的意见，为学生服务吗？（　　　）
   A. 总是　　B. 经常　　C. 偶尔　　D. 从不
8. 班干部任期时间一般为（　　　）
   A. 1学期　　B. 1年　　C. 2年　　D. 2年以上
9. 班费开支会征求学生意见吗？（　　　）

A. 总是　　　B. 经常　　　C. 偶尔　　　D. 从不

10. 初中的《历史与社会》能够按课程表正常上课吗？（　　　）

A. 总是　　　B. 经常　　　C. 偶尔　　　D. 从不

11. 初中的《历史与社会》教学能够结合内容开展道德教育吗？（　　　）

A. 总是　　　B. 经常　　　C. 偶尔　　　D. 从不

12. 高中的《思想政治》能够按课程表正常上课吗？（　　　）

A. 总是　　　B. 经常　　　C. 偶尔　　　D. 从不

13. 高中《思想政治》采用的教学方式是（　　　）

A. 讲授　　　B. 讲授为主，偶尔讨论

C. 教师划知识点，学生背诵　　　D. 自学

14. 班会主题谁来确定？（　　　）

A. 学校　　　B. 教师　　　C. 班委　　　D. 师生讨论

15. 班会通常采取的形式是（　　　）

A. 教师讲　　　B. 讨论　　　C. 辩论　　　D. 其他

16. 你们班级为学生提供参与班级管理事务的机会了吗？（　　　）

A. 偶尔　　　B. 从不　　　C. 经常

17. 你知道各级人大代表的一届任期时间是（　　　）

A. 2年　　　B. 3年　　　C. 4年　　　D. 5年

18. 你知道各级人大代表是怎么产生的吗？（　　　）

A. 不知道　　　B. 部分知道　　　C. 知道

19. 你觉得你的批判性思维有没有得到发展？（　　　）

A. 没有　　　B. 一点　　　C. 较好　　　D. 很好

20. 学校出台一些与学生利益关系密切的文件，征求过学生意见吗？（　　　）

A. 总是　　　B. 经常　　　C. 偶尔　　　D. 从不

21. 你们学校为学生提供参与学校管理事务的机会了吗？（　　　）

A. 偶尔　　　B. 从不　　　C. 经常

22. 你在中小学一共参加过几个社团组织？（　　　）

A. 0个　　　B. 1个　　　C. 2个　　　D. 3个以上

23. 社团活动培养了你的合作、沟通、民主意识了吗？（　　　）

A. 一般　　　B. 较好　　　C. 好　　　D. 差

24. 你们学校每年开展几次社会实践活动？（　　　）

　　A. 0 次　　B. 1 次　　C. 2 次　　D. 3 次以上

25. 学校或班级会针对当前的一些社会热点问题组织公开讨论或辩论吗？（　　　）

　　A. 总是　　B. 经常　　C. 偶尔　　D. 从不

26. 你就读的学校（　　　）教师能够公平对待每一个学生吗？

　　A. 少部分　　B. 大多数　　C. 个别　　D. 没有

27. 老师允许你们在课堂中自由表达不同的看法和观点吗？（　　）

　　A. 少部分　　B. 大多数　　C. 个别　　D. 没有

28. 如果你的观点和别人的观点冲突，你会坚持自己的观点吗？（　　）

　　A. 总是　　B. 经常　　C. 偶尔　　D. 从不

29. 教师解决学生之间的冲突，通常采取的方式是（　　　）

　　A. 对话协商　　B. 训斥　　C. 说服　　D. 批评　　E. 体罚

30. 你就读的学校（　　　）教师会使用体罚。

　　A. 少部分　　B. 大多数　　C. 个别　　D. 没有

31. 你认为最应该加强教师哪方面的意识？（　　　）

　　A. 民主　　B. 责任　　C. 公平　　D. 尊重

32. 你所在的学校通常采取（　　　）提高学生法律意识。

　　A. 课堂教学　　B. 讲座　　C. 很少关注　　D. 课外活动

　　E. 其他_____（请填空）

33. 你认为你们的中学是一个民主的机构吗？（　　　）

　　A. 是　　B. 基本算是　　C. 不是

34. 你身为一个中国公民感到自豪吗？（　　　）

　　A. 总是　　B. 经常　　C. 偶尔　　D. 从不

35. 你认同社会主义核心价值观吗？（　　　）

　　A. 不　　B. 部分　　C. 大部分　　D. 完全

36. 你知道社会主义核心价值观的具体内容吗？请写下来。

_____

37. 公民意识主要包括哪些内容，请列举，不少于 5 个。

_____

38. 民主意识主要包括哪些内容？

_____

39. 公民享有哪些基本权利，请列举，不少于 3 个。

40. 中学生享有哪些教育权利？请列举，不少于 3 个。

41. 公民应尽哪些基本义务，请列举，不少于 3 个。

42. 你认为当前中小学班级管理中，存在的最突出的问题是什么？

43. 如果中小学开展公民教育，你有什么好的建议，请至少提 1 条。

再次感谢你们，真心祝愿你们生活开心、学习进步！

附录二

教师访谈提纲

1. 你是如何理解公民意识的？
2. 你认为公民意识包括哪些方面？
3. 你们学校开展公民教育的状况如何？
4. 你会结合自己的学科教学开展公民教育吗？
5. 你们学校在学生参与学校管理和班级管理方面有什么做法？遇到了什么问题？你对此有什么看法？
6. 班干部是民主选举的吗？教师在其中应扮演什么角色？
7. 强调学生自治吗？学生自治过程中容易出现哪些问题？
8. 班会主题是谁确定的？班会开展的形式是什么样的？

附录三

中国公民的基本权利和义务

《中华人民共和国宪法》第二章规定了公民的基本权利和义务。具体内容如下：

第三十三条　凡具有中华人民共和国国籍的人都是中华人民共和国公民。

中华人民共和国公民在法律面前一律平等。

国家尊重和保障人权。

任何公民享有宪法和法律规定的权利，同时必须履行宪法和法律规定的义务。

第三十四条　中华人民共和国年满十八周岁的公民，不分民族、种族、性别、职业、家庭出身、宗教信仰、教育程度、财产状况、居住期限，都有选举权和被选举权；但是依照法律被剥夺政治权利的人除外。

第三十五条　中华人民共和国公民有言论、出版、集会、结社、游行、示威的自由。

第三十六条　中华人民共和国公民有宗教信仰自由。

任何国家机关、社会团体和个人不得强制公民信仰宗教或者不信仰宗教，不得歧视信仰宗教的公民和不信仰宗教的公民。

国家保护正常的宗教活动。任何人不得利用宗教进行破坏社会秩序、损害公民身体健康、妨碍国家教育制度的活动。

宗教团体和宗教事务不受外国势力的支配。

第三十七条　中华人民共和国公民的人身自由不受侵犯。

任何公民，非经人民检察院批准或者决定或者人民法院决定，并由公安机关执行，不受逮捕。

禁止非法拘禁和以其他方法非法剥夺或者限制公民的人身自由，禁止非法搜查公民的身体。

第三十八条　中华人民共和国公民的人格尊严不受侵犯。禁止用任何方法对公民进行侮辱、诽谤和诬告陷害。

第三十九条　中华人民共和国公民的住宅不受侵犯。禁止非法搜查或者非法侵入公民的住宅。

第四十条　中华人民共和国公民的通信自由和通信秘密受法律的保护。除因国家安全或者追查刑事犯罪的需要，由公安机关或者检察机关依照法律规定的程序对通信进行检查外，任何组织或者个人不得以任何理由侵犯公民的通信自由和通信秘密。

第四十一条　中华人民共和国公民对于任何国家机关和国家工作人员，有提出批评和建议的权利；对于任何国家机关和国家工作人员的违法失职行为，有向有关国家机关提出申诉、控告或者检举的权利，但是不得捏造或者歪曲事实进行诬告陷害。

对于公民的申诉、控告或者检举，有关国家机关必须查清事实，负责处理。任何人不得压制和打击报复。

由于国家机关和国家工作人员侵犯公民权利而受到损失的人，有依照法律规定取得赔偿的权利。

第四十二条　中华人民共和国公民有劳动的权利和义务。

国家通过各种途径，创造劳动就业条件，加强劳动保护，改善劳动条件，并在发展生产的基础上，提高劳动报酬和福利待遇。

劳动是一切有劳动能力的公民的光荣职责。国有企业和城乡集体经济组织的劳动者都应当以国家主人翁的态度对待自己的劳动。国家提倡社会主义劳动竞赛，奖励劳动模范和先进工作者。国家提倡公民从事义务劳动。

国家对就业前的公民进行必要的劳动就业训练。

第四十三条　中华人民共和国劳动者有休息的权利。

国家发展劳动者休息和休养的设施，规定职工的工作时间和休假制度。

第四十四条　国家依照法律规定实行企业事业组织的职工和国家机关工作人员的退休制度。退休人员的生活受到国家和社会的保障。

第四十五条　中华人民共和国公民在年老、疾病或者丧失劳动能力的情况下，有从国家和社会获得物质帮助的权利。国家发展为公民享受这些权利所需要的社会保险、社会救济和医疗卫生事业。

国家和社会保障残废军人的生活，抚恤烈士家属，优待军人家属。

国家和社会帮助安排盲、聋、哑和其他有残疾的公民的劳动、生活和教育。

第四十六条　中华人民共和国公民有受教育的权利和义务。

国家培养青年、少年、儿童在品德、智力、体质等方面全面发展。

第四十七条　中华人民共和国公民有进行科学研究、文学艺术创作和其他文化活动的自由。国家对于从事教育、科学、技术、文学、艺术和其他文化事业的公民的有益于人民的创造性工作，给以鼓励和帮助。

第四十八条　中华人民共和国妇女在政治的、经济的、文化的、社会的和家庭的生活等各方面享有同男子平等的权利。

国家保护妇女的权利和利益，实行男女同工同酬，培养和选拔妇女干部。

第四十九条　婚姻、家庭、母亲和儿童受国家的保护。

夫妻双方有实行计划生育的义务。

父母有抚养教育未成年子女的义务，成年子女有赡养扶助父母的义务。

禁止破坏婚姻自由，禁止虐待老人、妇女和儿童。

第五十条　中华人民共和国保护华侨的正当的权利和利益，保护归侨和侨眷的合法的权利和利益。

第五十一条　中华人民共和国公民在行使自由和权利的时候，不得损害国家的、社会的、集体的利益和其他公民的合法的自由和权利。

第五十二条　中华人民共和国公民有维护国家统一和全国各民族团结的义务。

第五十三条　中华人民共和国公民必须遵守宪法和法律，保守国家秘密，爱护公共财产，遵守劳动纪律，遵守公共秩序，尊重社会公德。

第五十四条　中华人民共和国公民有维护祖国的安全、荣誉和利益的义务，不得有危害祖国的安全、荣誉和利益的行为。

第五十五条　保卫祖国、抵抗侵略是中华人民共和国每一个公民的神圣职责。

依照法律服兵役和参加民兵组织是中华人民共和国公民的光荣义务。

第五十六条　中华人民共和国公民有依照法律纳税的义务。

附录四

《教育部关于培育和践行社会主义核心价值观进一步加强中小学德育工作的意见》

教基一〔2014〕4号

各省、自治区、直辖市教育厅（教委），新疆生产建设兵团教育局：

社会主义核心价值观是中国特色社会主义的本质体现。培育和践行社会主义核心价值观、加强中小学德育是推进中国特色社会主义事业的必然要求，是深化教育领域综合改革、促进学生健康成长的现实选择。为贯彻党的十八大和十八届二中、三中全会精神，落实《中共中央办公厅关于培育和践行社会主义核心价值观的意见》（中办发〔2013〕24号），切实把立德树人作为教育的根本任务，针对当前的新形势新要求，现就培育和践行社会主义核心价值观，进一步增强中小学德育的时代性、规律性、实效性，提出如下意见。

一　充分体现时代性，加强中小学德育的薄弱环节

1. 加强中华优秀传统文化教育。各级教育部门和中小学校要深入开展中华优秀传统文化教育，弘扬以爱国主义为核心的民族精神和以改革创新为核心的时代精神，引导学生增强民族文化自信和价值观自信。要深入浅出地讲清楚中华优秀传统文化的历史渊源、发展脉络、基本走向，让学生逐步明白中华文化的独特创造、价值理念、鲜明特色。要加强中国特色社会主义宣传教育和中国梦主题教育活动，探索形成爱学习、爱劳动、爱祖国教育活动的有效形式和长效机制。改善时事教育，举办中小学时事课堂展示活动，用鲜活事例教育广大学生，引导他们逐步树立中国特色社会主义的道路自信、理论自信、制度自信。尊重学生个性发展，帮助学生树立积极向上的个人理想，引导他们自觉将个人理想与祖国发展紧密联系起来，为个人幸福、社会进步、国家富强而不断成长。

2. 加强公民意识教育。各级教育部门和中小学校要大力开展公民意识教育，培养公民美德，发扬社会公德，增强国家认同，引导广大学生了解公民的基本权利与义务。要认真落实《中小学法制教育指导纲要》，促进学生树立社会主义民主法治、自由平等、公平正义理念，养成遵纪守法、遵守规则的意识和行为习惯。认真落实《中小学文明礼仪教育指导纲要》，引导学生养成诚实守信、孝敬感恩、团结友善、文明礼貌的行为习惯。

3. 加强生态文明教育。各级教育部门和中小学校要普遍开展生态文明教育，以节约资源和保护环境为主要内容，引导学生养成勤俭节约、低碳环保的行为习惯，形成健康文明的生活方式。要深入推进节粮节水节电活动，持续开展"光盘行动"。加强大气、土地、水、粮食等资源的基本国情教育，组织学生开展调查体验活动，参与环境保护宣传，使他们认识到环境污染的危害性，增强保护环境的自觉性。加强海洋知识和海洋生态保护宣传教育，引导学生树立现代海洋观念。

4. 加强心理健康教育。各级教育部门和中小学校要认真落实《中小学心理健康教育指导纲要（2012年修订）》，全面推进心理健康教育。加强制度建设，建立健全心理健康教育的各项规章制度，规范和促进学校心理健康教育工作。加强课程建设，保证心理健康教育时间，合理安排教育内容，创新活动形式，科学有效开展心理健康教育。加强场所建设，有条件的学校要设立中小学心理辅导室，保证心理健康教育必要的活动空间。加强队伍建设，每所学校至少配备一名专兼职心理健康教育教师，关心其生活条件与专业发展。加强心理健康教育教师专业培训，同时要提高全体教师特别是班主任开展心理健康教育的能力，培养学生积极健康的心理品质。加强生命教育和青春期教育，促进学生身心和谐发展。

5. 加强网络环境下的德育工作。各级教育部门和中小学校要不断探索网络环境下德育工作的有效途径，引导学生正确对待网络虚拟世界，合理使用互联网、手机以及微博、微信等新媒体。加强网络道德教育，引导学生文明上网，树立网络责任意识，增强对不良信息的辨别能力，防止网络沉迷或受到不良影响。加强网络法制教育，培养学生依法使用网络的意识，自觉抵制网络不法行为。加强网络正面引导，推进德育工作信息化建设，充分利用国家教育资源公共服务平台和积极健康的网络教育资源，凝聚广大师生，形成良好互动。鼓励开展积极向上的校园网络文化活动，组织以"中国梦""三爱""三节"为主题的微视频创作展示。

二 准确把握规律性，改进中小学德育的关键载体

6. 改进课程育人。各级教育部门和中小学校要充分发挥课程的德育功能，将社会主义核心价值观的内容和要求细化落实到各学科课程的德育目标之中。加强品德与生活、品德与社会、思想品德、思想政治课程的教育教学。推动学科统筹，特别是加强德育、语文、历史、体育、艺术等课程教学的管理和评价，提升综合育人效果。开发有效的地方课程和学校课程，丰富学校德育资源。开展学科德育精品课程展示活动，引导各学科教师依据课程标准和学生实际情况，设计相应的教学活动，在传授知识和培养能力的同时，将积极的情感、端正的态度、正确的价值观自然融入课程教学全过程。

7. 改进实践育人。各级教育部门和中小学校要广泛开展社会实践活动，充分体现"德育在行动"，要将社会主义核心价值观细化为贴近学生的具体要求，转化为实实在在的行动。要普遍开展以诚实守信、文明礼貌、遵纪守法、勤劳好学、节约环保、团结友爱等为主题的系列行动；组织学生广泛参加"学雷锋"等志愿服务和社会公益活动；教育学生主动承担家务劳动；组织学生在每个学段至少参加 1 次学工学农生产体验劳动，农村学校应普及适当形式的种植或养殖。要广泛利用博物馆、美术馆、科技馆等社会资源，充分发挥各类社会实践基地、青少年活动中心（宫、家、站）等校外活动场所的作用，组织学生定期开展参观体验、专题调查、研学旅行、红色旅游等活动。逐步完善中小学生开展社会实践的体制机制，把学生参加社会实践活动的情况和成效纳入中小学教育质量综合评价和学生综合素质评价。

8. 改进文化育人。各级教育部门和中小学校要挖掘地域历史文化传统，因地制宜开展校园文化建设，将社会主义核心价值观融入校园物质文化、精神文化、制度文化、行为文化之中。要加强图书馆建设，提升藏书质量，开展经常性的读书活动。学校要张贴社会主义核心价值观 24 字或书写上墙，让学生熟练背诵。要利用升国旗、入党入团入队等仪式和重大纪念日、民族传统节日等契机，开展主题教育活动，传播主流价值。要加强校风班风学风建设，组织开展丰富多彩、生动活泼的文艺活动、体育活动、科技活动，支持学生社团活动，充分利用板报、橱窗、走廊、校史陈

列室、广播电视网络等设施,营造体现主流意识、时代特征、学校特色的校园文化氛围。

9. 改进管理育人。各级教育部门和中小学校要积极推进学校治理现代化,将社会主义核心价值观的要求贯穿于学校管理制度的每一个细节之中。学生的行为规范管理、班级民主管理和各种面向学生制定的规章制度,都要充分体现友善、平等、和谐。要明确学校各个岗位教职员工的育人责任,把育人要求和岗位职责统一起来,将学生的全面发展作为学校一切工作的出发点和落脚点。要加强班主任培训,提高班主任工作能力,探索推行德育导师制。加强师德建设,落实《教育部关于建立健全中小学师德建设长效机制的意见》,引导广大教师自觉践行社会主义核心价值观,爱岗敬业,教书育人,做学生健康成长的指导者和引路人。

三 大力增强实效性,夯实中小学德育的基本保障

10. 改进方式方法。各级教育部门和中小学校要加强德育规律研究,从中小学生的身心特点和思想实际出发,注重循序渐进、注重因材施教,润物细无声,真正把德育工作做到学生心坎上。要突出知行结合,着力培养学生养成良好的行为习惯,客观真实记录学生行为表现情况,引导学生将道德认知转化为道德实践。要勇于改革创新,探索德育工作的新途径、新方法,定期开展德育教研活动,提升教师德育专业能力。

11. 加强组织领导。各级教育部门和中小学校要将德育工作纳入教育发展规划和学校工作计划,确立年度德育工作目标和任务,明确相关责任主体。保障德育工作经费,纳入教育经费年度预算,满足学校德育工作需求。

12. 强化协同配合。各级教育部门和中小学校要主动联系综治、公安、民政、共青团、妇联、关工委等相关部门,切实加强对进城务工人员随迁子女、农村留守儿童的关爱和教育。开展流浪未成年人、有严重不良行为未成年人的教育帮扶,做好预防青少年违法犯罪工作。大力推动家庭教育,普及中小学家长委员会和家长学校,改进家访制度,鼓励家长参与学校管理,树立科学观念,运用良好家风,促进子女成长成才。要积极争取当地党委政府支持,整合社会资源,净化社会环境,形成育人合力,共同发挥正能量。

13. 完善督导评价。各级教育督导部门要加强对中小学德育工作的督

导检查，将其纳入教育综合督导的重要内容及责任区督学的工作范畴，使之制度化、规范化。督导评价结果要以适当方式向社会公布。教育部将定期表彰全国中小学优秀德育课教师、优秀班主任、优秀德育工作者和德育工作先进集体，探索品德优秀学生表彰激励机制。各地教育部门和中小学校也要完善相应的表彰激励机制，发挥榜样示范作用，努力促进年青一代全面发展和健康成长。

教育部

2014年4月1日

后　记

本书是在教育部人文社会科学研究青年基金项目"培养学生公民意识的学校生活建构研究"（课题批准号：11YJC880 158）最终成果的基础上加以修改完成的。

首先要感谢课题组全体成员（张鲁宁博士、张红艳讲师、李长伟博士和白正府博士）。课题能够顺利通过教育部的鉴定验收，并最终形成本书，得益于课题组全体成员的辛勤劳动与通力合作。

要特别感谢鲁东大学教育学、小学教育和心理学本科专业的学生，特别是2011级教育学和小学教育专业的学生。和他们一起学习和交流教育问题、追寻和分享教育智慧的时光是美好的、温暖的。我们在相互学习、共同成长的过程中增加了对教育的理性认识和情感认同。与此同时，他们也为课题研究提供了许多有价值的、源自于自身中小学生活的教育故事和教育感悟。这些教育故事和教育感悟作为本研究重要的论证材料，保证了研究的鲜活性、客观性和真实性。再次谢谢你们，我的那些有梦想、有担当、有追求且对中国教育忧虑和憧憬并存的可爱学生们。

在课题研究和书稿撰写的过程中，苏春景教授、孙承毅教授、唐汉卫教授、娄立志教授、张香兰教授、韩延伦教授、张济洲教授、田殿山教授、辛治洋教授、程天君教授、闫旭蕾教授、张峰博士、闫志明博士、魏雪峰博士等国内同行专家提出了一些富有建设性的意见和建议。没有他们的关心和支持，课题研究不会进展得如此顺利。本课题研究还得到了鲁东大学社科处领导和鲁东大学教育科学学院领导的鼎力支持，为课题研究提供了良好的科研与工作环境，有效保障了课题研究的顺利开展。另外，中国社会科学出版社的任明主任为本书的出版也付出了大量辛勤的劳动。在此一并向他们表示诚挚的谢意。

书稿虽即将出版，但我们对公民和公民教育问题的思考还远远没有结束，甚至才刚刚开始，需要探索和研究的问题还很多。不仅如此，无论如何，必须坦言，尽管我们做了种种努力，但由于我们的研究能力和研究视野的限制，书中肯定还存在着一些偏颇和谬误之处。为此，我们真诚求教于各位专家、学者，期盼你们的真知灼见。

张夫伟
2015 年 4 月